本书受西南财经大学全国中国特色社会主义政治经济学研究中心“中国特色社会主义政治经济学理论体系构建研究”项目资助
中央高校基本科研业务费专著出版与后期资助项目（JBK1804005）：“法律、声誉机制与市场交易治理”
国家社科基金年度项目（14BJL022）：“信息与法律双重局限下的市场交易治理研究”

法律、声誉机制与市场交易治理

袁 正◎著

中国·成都

图书在版编目(CIP)数据

法律、声誉机制与市场交易治理/袁正著.—成都:西南财经大学出版社,2019.7
ISBN 978-7-5504-4015-9

Ⅰ.①法…　Ⅱ.①袁…　Ⅲ.①市场交易—管理体制—研究　Ⅳ.①F713.50

中国版本图书馆 CIP 数据核字(2019)第 138267 号

法律、声誉机制与市场交易治理
袁正 著

责任编辑:李晓嵩
责任校对:田园
封面设计:何东琳设计工作室
责任印制:朱曼丽

出版发行	西南财经大学出版社(四川省成都市光华村街 55 号)
网　　址	http://www.bookcj.com
电子邮件	bookcj@foxmail.com
邮政编码	610074
电　　话	028-87353785
照　　排	四川胜翔数码印务设计有限公司
印　　刷	四川五洲彩印有限责任公司
成品尺寸	170mm×240mm
印　　张	16
字　　数	224 千字
版　　次	2019 年 7 月第 1 版
印　　次	2019 年 7 月第 1 次印刷
书　　号	ISBN 978-7-5504-4015-9
定　　价	68.00 元

前　言

按照古典经济学的斯密传统，分工是经济发展的源泉，分工受限于市场范围。亚当·斯密认为市场范围与运输效率有关，因为运输效率可以拓展市场范围。杨小凯等发展的新兴古典经济学把斯密传统和科斯的交易费用理论结合在一起，交易效率促进分工演进，从而促进经济发展。杨小凯等吸收了新制度经济学的制度因素，认为交易费用既包括外生交易费用，也包括内生交易费用，前者指运输效率意义上的交易费用，如交通、通信等物流设施，后者指交易有关的制度因素。我国近年来推进的供给侧改革符合古典增长思维，即强调市场配置资源，强调降低交易费用，强调制度改革，从而激活市场供给要素的活力。

分工专业化和市场交易是一枚硬币的两面，分工发展必然导致交易扩张。我们分析了具有禀赋差异的经济主体，可以通过交换获得更高的效用，即贸易双赢。交易费用、交易效率与经济发展的逻辑遵从斯密-科斯框架，我们可获得数据构筑交易效率指数。交易效率指数由外生交易费用指标和内生交易费用指标构成，前者包括运输条件、通信条件和服务业三项指标；后者包括市场效率、政府效率、法律制度和国民教育四项指标。我们测度了中国各省级行政区的交易效率，北京、天津、河北位居前三，青海、宁夏、新疆位列最后三位。相关系数表明，分工水平与交易效率呈明显的正相关关系，经济发展水平与分工水平呈明显的正相关关系。随着分工的发展，市场交易扩张，交易从人格化交易扩张到非人格化匿名交易，熟人社会的关系型治理可能逐渐瓦解，市场交易需要治理机制应对匿名交易中的产权保护和契约执行。我们采取威廉姆森（Williamson，1985）对“契约人”的行为假设进行研究，即有限理性和机会主义行为，这两点基本上反映了人类的本质特征。在有限理性和机会主义行为假设下，需要有效的制度机制来治理交易，以约束人的机会主义行为。制度包括正式制度和非正式制度。正式制度依靠正式的权威机构强制实施；非正式制度依靠人们在长期交往过程中形成的行为准则自我实施，可以称为私序。

主流经济学界强调法律是市场经济的基础，任何纠纷都假想存在万能的法律会加以解决，这叫法律中心主义。法律作为强制实施的正式规则，可以改变行为人的行动空间和支付函数，从而改变博弈的均衡结果，基于法律的惩罚机制可以实现诚信和信任。法律作为可以预见的结果对行为人起到威慑作用。因此，法律这样的正式机制是治理交易的一种手段。本书从世界价值观调查（WVS）获得社会信任度指标，从世界正义工程（WJP）获得法治指数，匹配国家数据，发现这两项指标呈现明显的正相关关系，即法治指数越高的国家，其社会信任度也越高。然而，主流经济学界经常忽视了法律可能存在的诸多局限性。例如，法律执行的成本，立法滞后导致无法可依，契约是不完备的，一些违约行为不可证实，司法公正和判决的执行也是问题，等等。法律还有一个“天生未解”的难题，即强调法律是假想存在一个天使般的执法者，若执法者也是理性人，那么监管执法者就是必要的，这使问题更进一步——谁来监管监管者？

声誉机制始终是治理交易的有效手段。正式制度总是存在一定的局限性，非正式的自发秩序可以作为正式机制的有效补充。声誉机制是主要的非正式秩序。人们在长期的市场交易中，有激励保持诚信的声誉。声誉机制依赖于有效的信息传递和惩罚手段。若欺骗信息无法传递，人们无法识别交易主体的声誉状况，轻易信任他人易陷入受骗的境地。因此，欺骗者有恃无恐，人们普遍不信任。若对欺骗者的惩罚难以实施，也会导致同样的结果。一般来说，声誉机制在熟人社会运作良好，如乡土社会、社团组织、俱乐部等。声誉机制包括单边声誉机制、双边声誉机制和多边声誉机制。单边声誉机制是指自觉维护自己的声誉，已内化为个人的道德修养，是自我实施的自律行为。双边声誉机制基于双边惩罚，在双边的无限重复博弈中参与人为了长期利益保持诚信的声誉。多边声誉机制基于多边惩罚或集体惩罚。多边声誉机制包括熟人社会的多边声誉机制与匿名社会的多边声誉机制，前者已形成共识，我们认为匿名社会只要建立起征信系统，欺骗信息的传递和多边惩罚就可以实现匿名交易的有效治理。匿名交易主体通过征信系统查询交易对象的声誉信息，避免与信用记录不好的人交易，中断与欺骗者交易就是一种自我实施的惩罚。在这种机制下，交易主体有激励保持诚信的声誉，社会信任也会重建起来。我们把匿名社会的声誉机制称为匿名声誉机制。在不完全信息情况下，即使重复博弈的次数是有限的，只要博弈次数足够大，人们有激励建立起合作的声誉，合作在有限重复博弈中仍然可以出现。即使是坏人，因为不完全信息，其可能在重复博弈开始时装作好人，保持合作，直到最后阶段才暴露坏人的本性。在这种情况下，发送信号至关重要，人们会根据接收的信号对参与人的类型做贝叶斯修正，好人发送好人的信号，维护自己是好人的声誉，坏人也可能发送好人的信号，掩盖自己是坏人，装扮自己是好人，从而获得一些合作的机会。在连锁店悖论这样的博弈中，参与人可以利用不完全信息，开始阶段发送好斗的信号，从而建立起好斗的声誉。

乡土熟人社会的交易治理，体现了熟人社会的多边声誉机制。乡土社会是熟人社会，人口流动性小，信息传递快，具有差序格局，容易实施多边惩罚。村庄的流言蜚语可以迅速传递信息，人们会避免与口碑不好的人交往，这就构成一种多边惩罚。我们在问卷星网站上发布问卷，针对来自农村的受访者调查，共收集到 489 份有效问卷。调查发现，在乡土熟人社会，道德自律是绝大多数村民的行为理念。当出现交易纠纷时，有采取法律、仲裁和行政手段解决的情况，但比较少，双方协商解决交易纠纷的情况比较普遍，民间调解（如长辈、邻里、村里能人、村干部等）解决纠纷比较普遍。力量较弱的一方可能选择忍让、回避或逃避，骂街、咒骂的情况也较为常见，但通过暴力解决纠纷的情况还是很少。在乡土熟人社会，协商和解、忍让、逃避可能比暴力相向、骂街这样的自我解决方式更为普遍。可见，在熟人社会，单边声誉机制、双边声誉机制和多边声誉机制都发挥着作用。

城市匿名社会的交易治理，法律当然起到重要的作用。在法律之外，匿名声誉机制也可以实现诚信交易。若存在一个征信系统，匿名交易主体可以从征信系统查询交易对象的信用账户，根据其过往的声誉状况决定是否与之交易。信息传递通过征信系统完成，惩罚通过交易主体自发实施，中断与声誉不佳的交易对象交易，就是一种惩罚。我们模拟了一个体现征信系统的实验，在信任博弈实验的基础上，对委托人的投资信息进行公布，可以显著提高委托人的投资水平。这表明，征信系统可以有效提高匿名市场交易的信任水平。对代理人的返还信息进行公布，可以明显提高代理人的意愿返还率。这表明，征信系统可以促进代理人的交易诚信。即使在实验组取消信息公布的操作之后，代理人的返还率仍然表现出和基准组不一样的特征，征信系统可以起到一种教育或威慑的作用。对于征信机构本身可能存在的欺骗，司法、政府管制以及行业自律可以起到一定的作用，在征信系统作用下，多边声誉机制仍然可以抑制征信机构本身的欺骗。

袁　正

2018 年 1 月于成都

目　录

导论

提出问题

近年来，我国在经济上取得了巨大的成就，但在市场化进程中，出现了诚信缺失、道德滑坡和信任危机等社会问题。人们不信任陌生人，“不要和陌生人说话”已成主流倾向，国人甚至不敢扶救摔倒的老人。现在，恶性不诚信事件几乎每天都在发生。

2017 年，东北大学毕业生李文星因找工作面试误入传销组织，之后不幸遇害。该传销组织利用互联网在“BOSS 直聘”网冒用“北京科蓝软件系统有限公司”之名，发布虚假招聘信息，将李文星骗至传销组织。2016 年，南京邮电大学新生徐玉玉因被诈骗电话骗走全部学费 9 900 元，伤心、恐慌致死。同年，西安电子科技大学学生魏则西通过百度搜索到莆田系医疗机构，遭受虚假治疗，20 多万元救命钱被骗光，人最终也含恨死去……我们常常都会收到诈骗电话，在网上看到诈骗信息，我们每一个人都可能成为李文星、徐玉玉、魏则西。2007 年，南京的彭宇扶救跌倒在地的老人，被老人及其家属咬定是肇事者，一审法院判决彭宇承担受害人损失的 40%，即 45 876.6 元，判决引发轩然大波，很多国人从此甚至不敢扶救摔倒的老人。2017 年，107 篇中国医学论文被国际权威期刊撤稿，原因是同行评议造假，论文中介机构使用评审人的真实姓名，假冒其电子邮件地址，操纵了虚假评审流程。笔者从百度搜索下载安装 PDF 文件阅读器“Adobe Reader”，搜索到排名靠前的以“Adobe Reader”为标题的安装文件，结果是虚假文件，点击安装之后，电脑被强行装上了爱奇艺、QQ 浏览器、腾讯视频、网址导航、鲁大师、上网导航、2345 加速浏览器，这种被欺骗、被愚弄的感觉，离美好生活需要相距甚远。2017 年 11 月 24 日新闻报道“男子称父亲被撞成植物人 2 年，肇事者买车买房不赔钱”，肇事司机一边声称自己没钱，百般推脱责任，拒不履行法院判决，一边又买房买车四处旅游。2017 年 11 月，接连曝光携程亲子园、红黄蓝幼儿园虐童事件。2017 年 12 月 4 日，媒体报道河北燕郊上百名白血病患者家属的救命钱被“伪慈善家”骗走，案值超过 1 000 万元……可以看出，社会中充斥着这样负面的因子，有时危险就在我们身边，我们的安全感、幸福感被摧残，社会秩序难说和谐、稳定。

党的十九大报告指出，中国特色社会主义进入新时代。中国共产党形成了新时代中国特色社会主义思想。明确坚持和发展中国特色社会主义，总任务是实现社会主义现代化和中华民族伟大复兴，在全面建成小康社会的基础上，分两步走，在 21 世纪中叶建成富强、民主、文明、和谐、美丽的社会主义现代化强国。新时代中国特色社会主义思想提出十四条坚持。其中，第三条指出，坚持全面深化改革，必须坚持和完善中国特色社会主义制度，不断推进国家治理体系和治理能力现代化。第六条指出，坚持全面依法治国，坚持依法治国、依法执政、依法行政共同推进，坚持法治国家、法治政府、法治社会一体建设，坚持依法治国和以德治国相结合，依法治国和依规治党有机统一，深化司法体制改革，提高全民族法治素养和道德素质。

我国社会主要矛盾已经转化为人民日益增长的美好生活需要和不平衡不充分的发展之间的矛盾。在新时代，人民美好生活需要日益广泛，不仅对物质文化生活提出了更高要求，而且在民主、法治、公平、正义、安全、环境等方面的要求日益增长。我们认为，社会诚信是人民美好生活需要的一部分。富强、民主、文明、和谐、自由、平等、公正、法治、爱国、敬业、诚信、友善的社会主义核心价值观也包含了“诚信”。

诚信缺失、信任危机问题引起了党和国家的高度重视。中国共产党一直重视思想道德建设，并把诚实守信作为思想道德建设的重点内容。党的十六大提出，“以诚实守信为重点，加强社会公德、职业道德和家庭美德教育”。党的十六届三中全会强调，“增强全社会的信用意识，政府、企事业单位和个人都要把诚实守信作为基本行为准则”。胡锦涛同志曾指出，要建设社会主义和谐社会，应该是民主法治、公平正义、诚实友爱的社会。社会主义荣辱观中，把“以诚实守信为荣，以见利忘义为耻”作为其内容之一。党的十七届六中全会指出，要“把诚信建设摆在突出位置，抓紧建立健全覆盖全社会的诚信体系”。党的十八大报告六次出现“诚信”二字，主张“加强政务诚信、商务诚信、社会诚信和司法公信建设”。党的十八届五中全会指出，要“加强思想道德建设和社会诚信建设”。国家“十三五”规划纲要提出，要“加强综合监督和诚信建设”“加快推进政务诚信、商务诚信、社会诚信和司法公信等重点领域信用建设，推进信用信息共享，健全激励惩戒机制，提高全社会诚信水平”。党的十九大报告指出：“人民有信仰，国家有力量，民族有希望。要提高人民思想觉悟、道德水准、文明素养，提高全社会文明程度。推进诚信建设和志愿服务制度化，强化社会责任意识、规则意识、奉献意识。”党的国家要加强和创新社会治理，不断促进社会公平正义，形成有效的社会治理、良好的社会秩序，使人民更幸福，社会更和谐。诚信建设是国家走向文明、社会走向现代的一项紧迫任务。

中国特色社会主义进入新时代，我国不断推进市场化、城市化，越来越多的人口走向匿名城市社会，市场范围不断扩大，交易的匿名性、不确定性与风险无处不在，如何加强和创新市场交易治理，推进国家治理体系和治理能力的现代化，是一项重要的、紧迫的时代课题。

文献综述

分工与交易费用

著名的斯密定理提出，分工是经济增长的源泉，分工受限于市场范围。斯密认为，生产力的进步是分工的结果，各种生产因分工而显著增长，这是国民富裕的基础。分工受到交换能力的限制，如果市场太小，人们没办法发展分工。斯密将市场范围与运输效率联系在一起，因为运输可以在一定程度上解决市场范围的问题。分工的生产力效果，马克思在《资本论》中也有论及：一个民族的生产力与分工的发展程度息息相关。很多人共同劳动时，不同的人负责不同的操作，人们分工协作，可以节约生产一定产品的劳动时间。马克思把分工协作的生产力效果称为集体力。

杨格（1928）在其经典论文《报酬递增与经济进步》中指出，“分工取决于市场规模，而市场规模又取决于分工，经济进步的可能性就存在于上述条件之中”，这样“斯密定理可以改写为分工一般地取决于分工”①。杨格第一次论证了分工自我演进的机制，从而超越了斯密关于分工受市场范围限制的思想②。杨格关于劳动分工自我演进的思想被称为“杨格定理”，解释了分工会自我演化，揭示了经济发展与分工演进之间存在一种正反馈机制。

以杨小凯为代表的新兴古典分析框架结合了斯密的专业化分工思想与科斯的交易费用思想。专业化分工必然产生交换。分工的好处与分工产生的交易费用的两难冲突决定了分工的水平。交易效率的改进会促进

---

① 阿林·杨格，贾根良. 报酬递增与经济进步［J］. 经济社会体制比较，1996（2）：52-57.

② 贾根良. 报酬递增经济学：回顾与展望［J］. 南开经济研究，1998（6）：29-34.

分工的发展。杨小凯把交易费用区分为外生交易费用和内生交易费用，前者包括运输、通信基础设施等。中国流行的一句话——“要想富，先修路”就是这个道理。内生交易费用是指自利决策时人的机会主义行为引起的交易费用。像逆向选择、道德风险、欺诈、掠夺等行为，可能使可以增进福利的交易流产。交易费用与制度息息相关，科斯等人开创的新制度经济学旨在研究组织和制度的选择，以降低交易成本。

科斯之前的经济学家把交易费用和运输条件联系在一起。区位理论的开山鼻祖杜能（1826）在《孤立国》一书中认为，运输成本决定生产者的利润，近郊应该种植相对于其价值来说笨重、体积大、不易运输的东西，离城较远的地方应种植运输费用低的东西。1952 年，萨缪尔森首先用“冰山交易成本”的概念考察交易费用，即产品在运输途中，如同冰山，有一部分在途中被“融化”掉了。美国现代工商企业的产生与 19 世纪下半叶迅猛的技术革新有关，铁路和电报打通了美国全国范围的大市场，电报提供了信息和沟通的及时性，铁路缩短了运输所需的时间[①]。阿罗（Arrow，1969）、诺思（North，1990）都认同“信息成本”是交易成本重要组成部分的观点。降低信息成本，就会提高交易效率。亨德里克斯（Hendriks，1999）、帕特和程（Pant & Cheng，1990）认为，通信领域的进步可以增加信息沟通渠道、减少信息不对称，可以降低市场主体的有限理性和机会主义行为，使交易活动的速度、质量和效率大大提高。内生交易费用是指市场主体的机会主义行为产生的交易费用。内生交易费用可以通过制度的创新和完善、习惯的形成来得以减少[②]。法律对产权和合同进行保护，有利于合作的非正式制度，如社会规范、道德、习俗、惯例等都可以减少内生交易费用。科斯（Coase，1960）指出，财产权的安排和保护将影响经济发展。杨小凯（2003）指出，工业革命始于英国，一个原因是英国于 1624 年通过了专

① 小艾尔费雷德·D. 钱德勒. 看得见的手［M］. 重武，译. 北京：商务印书馆，2004.

② 杨小凯. 发展经济学：超边际与边际分析［M］. 北京：社会科学文献出版社，2003.

利法，英国成为世界上首个保护技术专利权的国家，这样的法律可以减少窃取知识产权、技术专利的行为，鼓励知识和技术的创新。除了个人的机会主义行为之外，来自国家或政府的机会主义行为也可以产生内生交易费用。政府的行为取向对交易费用影响极大，有效率的政府作为第三方强制力能降低交易成本①。沃利斯和诺思（Wallis & North，1986）认为，政府建立基础设施、提供教育机会等公共服务，制定法律加强财产权保护，可以为经济主体提供良好的预期，从而降低交易费用。施莱弗和维什尼（Shleifer & Vishny，2004）以及萨克斯和沃纳（Sachs & Warner，1995）认为，政府对经济活动的干预、变化无常的法律规章、低效的公共服务、腐败和寻租等行为都会降低经济主体的交易效率②。

交易治理

分工专业化促进经济增长。分工必然产生交易，交易受限于交易效率。交易费用包括外生交易费用和内生交易费用。如何在制度层面，构建有效的交易治理机制，降低内生交易费用，这是制度经济学关心的重要主题。威廉姆森（1985）把人视为“契约人”，人们处于各种交易关系之中，通过正式或非正式的契约联结在一起。“契约人”具有两种行为假设：一是有限理性，二是机会主义行为。人具有机会主义行为倾向，人们在经济活动中总是尽最大能力追逐利益，甚至不惜损人利己。威廉姆森在《资本主义经济制度》的绪论部分指出：“机会主义是人类无处不在又难以把握的本性，组织问题的基本分析单位是交易，研究经济组织的核心目的在于调和交换关系。”

随着交易的扩展，人格化交易向非人格化交易转变，匿名交易面临

---

① NORTH D. Institutions, Transaction Costs and Economic Growth [J]. Economic Inquiry, 1987, 25 (3): 419-428.

② 赵红军，尹伯成，孙楚仁. 交易效率、工业化与城市化——一个理解中国经济内生发展的理论模型与经验证据 [J]. 经济学季刊，2006 (4): 1041-1066.

信息不对称和代理问题，匿名交易以货款和货物在时空上的分离为特征[①]。这时交易的交付就变成一个囚徒困境问题。首先实施交易契约的一方将面临机会主义风险[②③]。在市场经济中，信任是所有交易的前提，任何一笔交易，如果买方对卖方提供的产品的品质、质量没有信任，或者卖方对买方的支付手段和支付方式没有信任的话，交易就没办法进行（张维迎，2003）。因此，交易离不开治理机制。各种经济制度的主要目标和作用都在于节省交易成本。研究经济制度，应该把交易作为基本分析单位，研究经济组织的核心问题是根据不同的治理结构，选择不同的交易方式，从而节省交易成本。

交易治理是指对交易行为的治理，即通过一定的制度约束，抑制交易主体的机会主义行为。威廉姆森（1985）根据专用性投资、不确定性和交易频率三个维度把交易的治理机制区分为市场治理、第三方治理、双边关系治理和一体化。合同理论旨在揭示理性经济主体之间的合同关系，机制设计理论强调合同前交易契约的激励，是典型的市场思维。这种思维假设事后纠纷习惯地提交法庭解决，而法庭也确实能有效地、不费成本地作出裁决。合同的激励机制固然重要，但事后的合同纠纷应跳出法律中心主义。交易成本经济学认为，各种合同关系需要依靠各种制度来治理[④]。

为了治理交易，有的学者（North，1990）强调正式制度、非正式制度及其实施机制，有学者（Li Shuhe，2003）区分了关系型治理和规则型治理。张维迎（2001）指出，法律与声誉是维持市场有序运行的

---

① AVNER GREIF. The Birth of Impersonal Exchange：The Community Responsibility System and Impartial Justice［J］. Journal of Economic Perspectives，2006，20（2）：221-236.

② WILLIAMSON O E. The Vertical Integration of Production：Market Failure Considerations［J］. American Economic Review，1971（61）：112-123.

③ WILLIAMSON O E. Organization Form，Residual Claimants，and Corporate Control［J］. Journal of Law and Economics，1983，26（2）：51-66.

④ WILLIAMSON O E. The Economic Institutions of Capitalism［M］. New York：Simon & Schuster Press，1985.

两个基本机制。格雷夫（Greif，2003）把契约执行机制区分为基于声誉的私人执行机制和基于法律的公开执行机制。交易成本经济学认为，对各种合同关系，主要是靠私人秩序形成的各种制度来治理，而不是通过法律中心主义来解决（威廉姆森，1985）。彭泗清（1999）认为，关系运作和法律手段是建立信任的两种机制。扎克和耐克（Zak & Knack，2001）认为，两类机构可减少欺骗：一类是正式机构，如司法系统；另一类是非正式机构，如声誉机制。

法律与交易治理

正式制度的逻辑是人应该按规则行事，否则将受到惩罚。因此，法律这样的正式机制是治理交易的重要手段。钱颖一（2000）指出，法治是现代市场经济有效运作的条件。一方面，法治约束政府，限制政府对经济活动的任意干预；另一方面，法治约束经济人的行为，其中包括产权的界定和保护、合同的执行、公平裁判、维护市场竞争。吴敬琏（2007）呼吁推进改革，建立公正、法治的市场经济制度。

法律的实施可以改变行为人的行动空间或支付函数，从而改变博弈的均衡结果（Basu，1989），基于法律的惩罚机制可以实现诚信和信任。克罗斯（Cross，2005）指出，法律保护契约的实施，有助于建立诚信。一些学者（Alesina & Ferrara，2002；Zak & Knack，2001；Berggren & Jordahl，2006）认为，法律影响信任，因为法律惩罚犯罪行为，降低了信任被利用时的成本。一些学者（Knack & Keefer，1997；Zak & Knack，2001；Algan & Cahuc，2013）的经验研究都得出法律对信任存在正向影响的结论。耐克和扎克（Knack & Zak，2002）指出，加强正式制度可以提高社会信任，这些正式制度包括契约实施（如法治）和政府的治理质量等。根据霍布斯主义哲学，信任依赖于强有力的政府去实施契约、惩罚偷盗，否则合作是不可能的，信任是不理性的（Hardin，1992）。费尔和盖切尔（Fehr & Gatcher，2000）通过公共品投资实验得知，若实验允许合作者（贡献多的被试）对背叛者（贡献少或无的搭便车者）实施惩罚，即使惩罚是有成本的，搭便车者会被合作者实施惩罚，在惩罚的威胁下，公共品投资博弈的合作水平大大增加。

但是，正式机制背后有一个假想的监督者在实施规则，于是又产生了一个新的问题，谁来监督监督者[①]？正式规则的实施基于国家的强制力量，这会产生一个困境，能够保护产权的强制力量也可能侵犯产权，或者采取无效率的产权，这会削弱市场经济的基础[②③]。事实上，执法者也是理性人。法律不但要规制个体的行为，也要规制执法者的行为[④]，谁来规制执法者的问题又是悬而未决的。事实上，信息不对称也存在于法官与合同人之间，法官对于不可验证的违约行为往往无能为力。法律这样的正式机制还有其他局限性：合同是不完备的；欺骗行为难以被证实；法律判决难以执行；执法者不是天使（司法腐败或司法不公），司法是有成本的，小额的交易纠纷使用法律是无效率的；有些法律缺失时，无法有效地保护产权和合同执行。

声誉机制与交易治理

格雷夫（Greif，1996）认为，法律制度的作用被大大地夸大了，法律制度并不是合同得以执行的唯一制度安排。即使不借助国家的权威，非正式的合约也可以支持交易的进行。私序作为自我实施的非正式

---

① AVNER GREIF. The Birth of Impersonal Exchange：The Community Responsibility System and Impartial Justice［J］. Journal of Economic Perspectives，2006，20（2）：221-236.

② WEINGAST BARRY. Constitutions as Governance Structures：The Political Foundations of Secured Markets［J］. Journal of Institutional and Theoretical Economics，1993，149（1）：286-311.

③ BUCHANAN J M. Explorations into Constitutional Economics［M］. College Station：Texas A&M University Press，1989.

④ GLAESER EDWARD，OLIVER HART. On the Design of a Legal System［Z］. Working Paper，Harvard University，2000.

制度（Greif，2006），是保护产权和执行契约的一种有效机制（Macaulay，1963；Glanter，1981；Williamson，1985；Greif，1993，2006；Dixit，2004）。大量交易活动中，信任是靠声誉机制维持的（Macaulay，1963；Grief，1993）。

声誉可以理解为为了获得交易的长远利益而自觉遵守合约的承诺。在重复博弈中，为了获得长期的未来收益，人们会极力维护声誉，保持诚信合作（Kreps & Wilson，1982；Milgrom & Roberts，1982；Fama，1980；Holmstrom，1999）。在无限重复博弈中，只要参与人有足够的耐心，合作的结果总可以出现，这就是无名氏定理（Friedman，1971；Fudenberg & Maskin，1986）。阿克塞尔罗德（Axelrod，1984）的实验研究发现，即使在有限重复博弈中，诚信合作也频繁出现。一些学者（Kreps，Milgrom，Roberts & Wilsom，1982）将不完全信息引入重复博弈，合作行为在有限重复博弈中也会出现。

神取道宏（Kandori，1992）指出，在商业网络中，欺骗信息传输的速度要足够快，否则当事人就不会有建立声誉的积极性。信息传递可以通过正式机构，也可以通过流言蜚语等非正式方式（Zak & Knack，2001）。在封闭的乡村社会，人们的闲言碎语就可以在村民之间建立起高度的信任（Merry，1984）。格雷夫（Greif，2006）发现，社群责任制曾经流行于整个欧洲，社群责任制将个人的声誉转化为集体的声誉。古代中国有连坐制度和保甲制度，这是东方版的社群责任制（张维迎和邓峰，2003）。弗朗西斯·福山（Fukuyama，1995）和普特南（Putnam，1993，2000）强调中间组织对建立诚信和信任的作用，因为中间组织提供了信息传递与多边惩罚功能。中世纪的法律商人制度在陌生的商人之间建立起诚信合作，关键的因素是法律商人起到信用信息收集和传递的作用（Milgrom，North & Weingast，1990）。声誉机制基于双边或多边惩罚。重复博弈产生诚信合作，就是基于惩罚策略，如针锋相对策略、触发策略。一些学者（Kandori，1992；Abreu，1988）强调多边惩罚的社会规范，惩罚不诚信者，还要惩罚不惩罚不诚信者的人。格雷夫（Greif，1993，1994）分析中世纪行会与马格里布商人联盟在海外贸易中的作用。

格雷夫（Greif，1999）的历史比较研究发现，依靠多边声誉机制治理交易的马格里布商人最终衰落了，而热那亚商人通过契约、法律发展海外贸易，发展为近代资本主义市场机制。与此类似，有学者（Li Shuhe，2003）指出，随着经济发展和交易规模扩大，关系型治理要向规则型治理转变。史晋川（2004）基于对温州模式的考察，预言以人格化交易为特征的温州模式可能最终走向衰落。

研究框架

本书的研究的核心主题是探讨交易治理机制。为什么要研究这个主题？党的十八届三中全会强调使市场在资源配置中起决定性作用，主张深化经济体制改革，加快建设和完善统一开放、竞争有序、平等交换的现代市场体系。我国转型社会的交易特征从转型前的人格化交易向现代市场经济的匿名交易转变，由于法制不健全和欺骗信息缺乏传递机制，匿名交易中的不诚信和不信任问题明显，如何实现交易的治理是社会主义市场经济必须解决的问题。

本书的研究的逻辑框架是：按照古典经济学的斯密观点，分工是经济发展的源泉，而劳动分工受限于市场范围，市场范围又取决于运输效率。杨小凯等发展的新兴古典经济学建立起斯密-科斯框架，交易费用和交易效率影响分工演进，进而促进经济发展。分工必然导致交易，分工发展的同时，交易扩张。禀赋各异的经济主体通过交易可以提高交易双方的利益。新古典经济学的完全信息、完全理性、完全契约假设，没有分析交易相关的制度，认为法律会解决一切交易纠纷。事实上，交易主体是有限理性的，并且具有机会主义倾向，不完全信息和不完全契约使得交易的治理至关重要。交易治理机制包括以法律为代表的正式机制和以声誉为代表的非正式机制。基于法律实施的惩罚可以实现交易主体的诚信合作，但普遍忽视了法律存在种种局限性。声誉机制可以自发地实现诚信合作，声誉机制包括单边声誉机制、双边声誉机制、多边声誉机制，多边声誉机制包括熟人社会的声誉机制与匿名社会的声誉机制。即使没有法律或不依靠法律，熟人社会的声誉机制也可以有效地治理交易。现代市场经济社会出现了匿名市场交易的普遍性，在一个征信系统的作用下，匿名声誉机制也可以实现城市匿名社会的交易治理。如何确保征信机构本身的诚信？在征信系统作用下，声誉机制可以实现征信机构的诚信。

研究内容

党的十八届三中全会公报 22 次提到“市场”二字，3 次讲到“使市场在资源配置中起决定性作用”，会议主张深化经济体制改革，处理好政府和市场的关系，加快建设和完善统一开放、竞争有序、平等交换的现代市场体系。近年来，我国实施的供给侧改革把经济发展的视角从促投资、促消费等转向古典的斯密传统。

亚当·斯密把经济增长的源泉归因于劳动分工，而分工受限于市场范围。亚当·斯密认为，市场范围与运输效率有关，因为运输效率可以拓展市场范围。斯密在《国富论》中认为，沿海沿江的地区受益于低成本的航运，总是最先发达起来的地区，斯密甚至提到，中国也是如此。杨小凯等发展的新兴古典经济学把斯密传统和科斯的交易费用理论结合在一起，交易效率促进分工演进，从而促进经济发展。杨小凯等吸收了新制度经济学的制度因素，认为交易费用既包括外生交易费用，也包括内生交易费用，前者指运输效率意义上的交易费用，如交通、通信等物流设施，后者指交易有关的制度因素。

古典增长理论强调，储蓄和投资是发展分工的工具，储蓄和资本是发展劳动分工的必要条件，但不是充分条件，发展劳动分工的关键是创新主体、市场范围以及制度因素。经济主体在一个自由市场开展自由竞争和自由贸易，“看不见的手”调节人们实现社会合意的结果。经济主体的重点在于有好的教育、适度的人口增长以及创新精神。社会存在自由试验各种经济组织结构的机会并保护私人产权。通过良好的基础设施建设，建立统一、开放的全国市场甚至全球市场，适当的人口增长和藏富于民可以扩大市场容量。基础设施建设可以降低外生交易费用，法律、管制等制度建设可以保护产权和契约执行以降低内生交易费用。上述思想反映了本书第一章的内容。

分工专业化和市场交易是同一枚硬币的两面，分工发展必然导致交易扩张，反过来，市场交易也会固化和促进分工发展。亚当·斯密认为，人类天生具有交易倾向。人类的智慧能够发现交易带来的好处。耶鲁大学的一名经济学家（Keith Chen）在实验中发现了猴子学会了用货币进行交换，这些热衷于食物的猴子在理解了货币的本质之后，很自然地用手中的货币交换食物。该研究发现，猴子也具有消费者行为理论给出的理性消费决策。在第二章，我们分析了具有禀赋差异的经济主体可以通过交换获得更高的效用。市场是人类伟大的制度发明，人们通过市场交易，可以把禀赋各异的经济主体联结在一起，通过市场交易增进彼此的福利。如果没有市场，买卖双方之间的互相发现和匹配就难以实现，开放的集市贸易，提供了交易双方的匹配。交易费用、交易效率与经济发展的逻辑遵从斯密-科斯框架，在第一章已进行了详细论述。我们获得数据构筑交易效率指数，交易效率指数由外生交易费用指标和内生交易费用指标构成，前者包括运输条件、通信条件和服务业三项指标，后者包括市场效率、政府效率、法律制度和国民教育四项指标。我们测度了我国各省级行政区的交易效率，北京、天津、河北位列前三位，青海、宁夏、新疆位列最后三位。相关系数表明，分工水平与交易效率呈明显的正相关，经济发展水平与分工水平呈明显的正相关。交易效率和交易的重要性在理论上与经验上都得到了证明。

主流经济学假设交易发生在无摩擦的市场里，信息完备、契约完备、经济主体完全理性、完全竞争，因此没有讨论交易冲突与制度问题。当交易出现纠纷时，法律会解决一切问题。实际上，人们面临信息局限，如不确定性、不完全契约以及有限理性。我们采取威廉姆森（Williamson，1985）对“契约人”的行为假设进行研究，即有限理性和机会主义行为，这两点基本上反映了人类的本质特征。显然，制度经济学不相信“性善论”。在有限理性和机会主义行为假设下，需要有效的制度机制来治理交易，以约束人的机会主义行为。制度可以分为正式制度和非正式制度。正式制度依靠正式的权威机构强制实施。非正式制度依靠人们在长期交往过程中形成的行为准则自我实施，即私序。私序无需法律来实现秩序，基于声誉机制的理性计算实现私序的自我实施。在交易治理机制中，法律是主要的正式制度，由国家统治机器强制执行。声誉机制包括单边声誉机制、双边声誉机制和多边声誉机制，多边声誉机制既包括熟人社会的多边声誉机制，也包括匿名社会的多边声誉机制。这是本书第三章的内容。

第四章探讨法律作为正式机制治理交易。法律作为强制实施的正式规则，可以改变行为人的行动空间和支付函数，从而改变博弈的均衡结果。法律作为可预见的结果对行为人起到威慑作用，基于法律的惩罚机制可以实现诚信和信任。因此，法律这样的正式机制是治理交易的一种手段。以法治为基础的良好的政府治理是建立信任的基础。本书从世界价值观调查（WVS）获得社会信任度指标，从世界正义工程（WJP）获得法治指数，匹配国家数据，发现这两项指标呈现明显的正相关关系，法治指数越高的国家，其社会信任度也越高。法律作为制度规则，若能得到良好的执行，定是一个参与人的纳什均衡，不符合参与人纳什均衡的规则，即使法律规定了，也可能形成法不责众的局面。因此，法律很大部分来源于社会规范，许多法律规则就是对社会规范的承认和记载，当代的合同法、商法等，很多来自中世纪地中海沿岸的商人之间、私人之间的交易规则的认可。法律的有效性，依赖于社会规范，如果法律与人们普遍认可的社会规范不一致的话，法律一般难以执行。随着交易范围扩大，关系型治理要向规则型治理转变，这种转变需要一个过程，可能会出现规则不足甚至规则缺失的现象。法律存在种种局限性，如法律执行是有成本的，特别是当交易合同涉及的金额还不够法律实施的成本时，人们会放弃用法律来解决纠纷；立法可能滞后，导致无法可依；契约是不完全的，没有协定的交易环节法律无法进行裁定，这给了法官自由裁量权，相当于存在一个“法律租”，形成一个寻租域；即使是契约协定清楚的内容，也可能存在违约行为无法证实的情况；法庭有时候做出了公正的裁决，但在执行裁决的过程中也面临困难和成本；执法者也不是天使，执法存在是否公正的问题。由于各种局限性，法律可能是好的法律，也可能坏的法律，这就需要对执法者有有效的监管。在经济理性的作用下，监管者也不是天使，谁来监管监管者在世界范围内仍是悬而未决的问题。

第五章讨论声誉机制对于交易的治理。由于存在信息局限，人们难以签订完备法律，法律还具有其他局限性，特别是监管监管者的问题始终存在。因此，即使是法律健全的国家，声誉机制始终是治理交易的有效手段。作为私序存在的自我实施的非正式制度是保护产权和执行契约的一种有效机制。私序何以运行？主要依靠基于声誉机制的经济理性。声誉机制包括单边、双边和多边声誉机制。单边声誉机制是指自觉维护自己的声誉，已内在化为个人的道德修养，是自我实施的自律行为。双边声誉机制基于双边惩罚，在无限重复博弈中参与人为了长期利益保持诚信的声誉。多边声誉机制基于多边惩罚或集体惩罚。多边声誉机制起作用，离不开两个要点，一是信息传递，二是多边惩罚。多边声誉机制适用于熟人社会，也适用于匿名社会。已有大量文献讨论熟人社会的多边声誉机制，似乎只有熟人社会才能提供有效的信息传递和多边惩罚。事实上，匿名社会能够在征信系统的作用下实现信息传递和多边惩罚，多边声誉机制也可以在匿名交易中实现有效治理，我们称之为匿名声誉机制。在现代匿名社会，只要建立起覆盖全社会的征信系统，征信系统起到信用信息传递的中介作用，匿名声誉机制就可以起作用。这样无论是熟人社会还是匿名社会，声誉机制都可以实现交易诚信和信任。投资建设覆盖全社会的征信系统，是法律存在局限时借助匿名声誉机制重建社会诚信的有效途径。

声誉机制的理论模型建立在无限重复的、完全信息博弈的基础之上，在无限重复博弈中，人们为了长期的合作收益，放弃短期的欺骗诱惑，注重建立和维护诚信合作的声誉。如果是有限重复博弈，如果是不完全信息，能否实现诚信合作呢？第六章探讨不完全信息下，交易主体如何实现诚信合作。KMRW 声誉模型证明，如果参与人对其他参与人的特性具有不完全信息，即使重复博弈的次数是有限的，只要博弈次数足够多，人们也有激励建立起合作的声誉，合作在有限重复博弈中仍然可以出现。即使是坏人，因为不完全信息，他可能在重复博弈开始时装作好人，保持合作。坏人早期的诚信合作是为了获得更多的合作机会，直到最后阶段才显露出坏人的本色。在不完全信息下，人们可以通过自己的行动发送信号，行为信号可以修正该人是好人的概率，人们根据新的信息从先验概率得到后验概率的方法叫贝叶斯法则。行为人通过发送行动信号来积累声誉，好人有激励做好事，坏人也可能通过做好事伪装自己，以谋取更多的合作机会。“连锁店悖论”的解决与不完全信息下的声誉机制联系在一起，若能伪装自己的高成本类型，在位者在开始阶段建立起斗争的声誉，每斗争一次，进入者就会修正在位者是低成本类型的先验概率，越来越倾向于认为在位者是低成本类型，从而不进入这个市场。推而广之，当参与人试图制止他人的侵犯时，往往开始阶段需要“给他点颜色看看”，即使自己不是好斗的类型，也要建立起强硬的声誉。

第七章研究乡土熟人社会的交易治理。乡土熟人社会具有以下几个特征：村落是熟人社会、人口流动性小、信息传递快、差序格局。中华人民共和国成立以后直到改革开放初期，我国乡土社会基本保持了传统乡土社会的特征。改革开放以后，农村剩余劳动力向城市流动，农村出现空心化，人口流动性增强，熟人社会有减弱的趋势。取消农业税之后，农村的政治生态也发生了一定的变化，经济发展起来后，老百姓变富裕了，一些宗族活动得到一定程度的恢复。总体说来，当前的农村还是一个乡土熟人社会。传统礼治在农村仍然存在，但有减弱的趋势，村民的法律意识随着法律下乡而不断增强。我们在问卷星网站上发布问卷，针对来自农村的受访者调查，共收集到 489 份有效问卷。调查发现，在乡土熟人社会，道德自律是绝大多数村民的行为理念。当出现交易纠纷时，采取法律、仲裁和行政解决的情况有，但比较少，双方协商解决交易纠纷比较普遍，民间调解（如长辈、邻里、村里能人、村干部等）解决纠纷也比较普遍。力量较弱的一方可能选择忍让、回避或逃避，骂街、咒骂的情况也较为常见，但通过暴力解决纠纷的还是很少。在乡土熟人社会，协商和解、忍让、逃避可能比暴力相向、骂街这样的自我解决更为普遍，暴力、骂街会在乡土社会留下很不好的名声。选择第三方解决时，调解远比法律诉讼、仲裁和行政解决更受欢迎。随着纠纷金额的扩大，选择法律解决的可能性增大。在影响村民选择何种纠纷治理机制的因素中，排第一位的是相关成本或费用和时间。

第八章研究城市匿名社会的交易治理。在法律之外，依靠私立秩序也可以实现部分的匿名市场交易治理。在征信系统的作用下，匿名声誉机制可以运行，人们从征信系统查询匿名交易对象的信用记录，并据此决定是否与之交易。人们的风险规避特征会让他们避免和信用记录不良的人交易。人的生存依赖于无限重复的匿名市场交易，如果信用记录不良会失去交易对象，那么每个人都有激励保持诚信的声誉。我们模拟了一个体现征信系统的实验，在信任博弈实验的基础上，对委托人的投资信息进行公布，可以显著提高委托人的投资水平，这表明征信系统可以有效提高匿名市场交易的信任水平。对代理人的返还信息进行公布，可以明显地提高代理人的意愿返还率，这表明征信系统可以促进代理人的交易诚信。即使在实验组取消信息公布的操作之后，代理人的返还率仍然表现出和基准组不一样的特征，征信系统可以起到一个教育或威慑作用，即只要让行为人知道有一个机制叫征信系统，就可以起到教育或威慑的作用。对于征信机构本身的诚信问题，主流观点是通过法律和政府管制实现征信机构的诚信，我们认可法律和政府管制的作用，但存在局限性，对于征信机构可能存在的欺骗问题，我们仍然强调多边声誉机制。把征信机构视为交易主体，在征信系统中也有其信用账户，任何人若从征信机构获得虚假信息而受损，他将这家征信机构欺骗的信息传递给行业协会和征信系统。一方面，行业协会将实施集体惩罚，行业内一个机构的欺骗行为可能影响整个行业的声誉，行业协会有激励采取措施对不良征信机构做出处理；另一方面，这家征信机构在征信系统中将存在不良记录，潜在交易对象将中断与之交易，使之失去生存的基础，在这种机制下，诚信成为征信机构的理性选择。

分工交易是经济发展的源泉。本书的研究指出了经济主体的有限理性和机会主义行为特征，需要交易治理机制实现交易主体的诚信合作。法律这样的正式机制可以实现交易治理，但具有一定的局限性。以声誉机制为核心的私序也是实现交易治理的有效机制。通过征信系统，多边声誉机制在匿名交易中也能发挥作用，我们称之为匿名声誉机制。对匿名声誉机制的首次提出以及通过实验证明征信系统可以实现匿名交易的诚信和信任，是本书的研究的两个主要贡献。显然，本书的研究的政策含义可以落脚到，一是加强法治建设，实现交易的有效治理；二是不可忽视法律天生的局限性，声誉也是治理交易的有效手段。熟人社会的声誉机制在华人社区早已司空见惯，但匿名声誉机制在我国尚未建立。我们呼吁投资建设覆盖全社会的征信系统，要像建设铁路、公路、机场等基础设施建设一样，重视建设覆盖全社会的征信系统。

研究的特色与不足之处

本书的研究的主要特色有三：其一，国内对信任问题的研究主要是社会学领域，本书的研究从经济学视野研究交易的诚信和信任问题。我们使用了博弈模型、统计计量分析、问卷调查以及实验研究等方法探索交易诚信与信任问题。不管是法律这样的正式机制，还是声誉机制这样的自发秩序，背后的逻辑都是经济理性。法律和声誉机制都蕴含着惩罚的威慑，让理性人选择诚信合作。因此，诚信和信任完全可以纳入主流经济学的分析范畴。

其二，主流观点过于强调法律对交易治理的作用，我们提出声誉机制也很重要，我们首次提出匿名声誉机制的概念，在征信系统的作用下，人们可以在匿名市场交易中自发地实现诚信和信任。主流经济学把市场视为完全信息、完全理性和完全契约的理想情形，把一切纠纷交给法律解决，因此忽视对制度的研究。本书的研究的制度建设-分工演进-经济发展的逻辑强调制度建设的重要性，不但要加强法制建设，而且要发展非正式的自发秩序。

其三，本书的研究理论与实际相结合，定性分析与定量分析相结合，已有数据库分析的结果、调查问卷的结果、实验数据的结果都符合理论预期。数据对理论的支撑使本书的研究结论更有说服力。本书的研究的应用价值在于贯彻落实党的十八届三中全会关于深化体制改革，完善制度环境，激活市场活力的精神，落实党的十八届四中全会关于加强法制建设，完善经济社会秩序的精神。我们建议在正式制度之外，关注以声誉机制为核心的自发秩序的完善，加紧建设覆盖全社会的征信系统，有助于实现市场经济广泛的匿名交易，重建诚信和信任。

本书的研究的不足之处之一是文献研究不够，我们没有做一个完整交易治理的文献综述，这一领域其实有很多著名的研究。之二是理论深度不够，不够细致，法律实现诚信和信任，传导机制是什么？声誉机制实现交易治理，可以有一些案例研究，或者更细致的实验研究。之三是对信息这一视角缺乏有效的分析。之四是数据分析限于统计图表和相关性，没有做深入的回归分析。这些是尚需进一步研究的问题。

1 分工与交易

如何使国民富裕起来，这是经济学研究的核心问题，而经济增长是提高国民生活水平最直接、最有效的方式。“我们之所以关注 GDP，是因为 GDP 的增长改善了穷人的生活、降低了贫困人口的比例，可以让富裕起来的人吃得更好，享受更好的医疗服务。”[①] “人们一旦考虑经济增长问题，便很难再考虑其他问题。”[②]

怎样减缓资源的稀缺性，使国民富裕起来？古典经济学关注的一个重点是劳动分工和专业化对经济发展的影响，这体现在著名的斯密定理中，即分工是经济增长的源泉，分工受限于市场范围。然而，马歇尔之后的新古典框架把分工专业化、经济组织问题以及决定组织运行的相关制度挤出了主流经济学的视野，重点放在既定组织结构下如何进行资源配置。[③] 以杨小凯为代表的新兴古典学派发展了超边际分析，将分工理论模型化，使微观经济学从资源配置问题回归到经济组织问题。在新古典增长理论中，投资和技术进步是经济增长的核心，但以诺思为代表的制度经济学家认为，资本积累、技术进步就是经济增长本身，而不是经

---

① 威廉·伊斯特利. 在增长的迷雾中求索——经济学家在欠发达国家的探险与失败 [M]. 姜世明，译. 北京：中信出版社，2005.

② LUCAS R. On the Mechanics of Economic Development [J]. Journal of Monetary Economics, 1988, 22 (1): 3-42.

③ 杨小凯，张永生. 新兴古典经济与超边际分析 [M]. 北京：社会科学文献出版社，2003.

济增长的原因。亚当·斯密认可资本积累和投资的作用，但它们只是发展分工的工具。在古典框架中，分工才是经济增长的根本。

近年来我国政府实施了一系列制度变革，近期提出的供给侧改革尤其引人注目。提出供给侧改革，表明高层更加注重中长期的经济健康发展，更重视供给方的管理，更强调充分发挥市场在配置资源中的决定性作用，通过供给要素的优化配置，增强经济健康持续发展的活力。在这一点上，供给侧改革与古典增长思维比较接近。因此，探讨和厘清经济增长理论的古典复兴路径，有助于从理论上更深刻地理解当下我国的供给侧改革。

1.1 古典增长思维：分工与专业化

亚当·斯密在《国富论》中以分工开篇，指出分工是指以前一个人做的工作现在由几个人来分别承担。斯密认为，生产力的进步是分工的结果，各种生产因分工而显著增长，这是国民富裕的基础。他以造针厂为例说明分工的生产力效果，凡能采用分工制的工艺，一经采用便能增进劳动生产力。究其原因主要有三个方面：一是劳动者因专业化而熟能生巧，二是专业化可以减少工作转换的时间，三是专业化能令劳动者在生产实践中钻研出许多可以简化和可以节约劳动的技术或机械方面的发明。

分工的过程必然伴随着专业化，即人们从事的经济活动范围变小，甚至专于一业或专于生产的某一环节。个人专业化选择自己最熟练的生产，并用自己的产品与别人的产品进行交换。斯密认为，人类天生具有互通有无的交易倾向，这种倾向为人类所共有和特有。分工受到交换能力的限制，如果市场太小，人们没办法发展分工。手工业者往往聚集在中心城镇，是因为村子的市场太小，专业化分工的产品卖不出去。斯密将市场范围与运输效率联系在一起，因为运输可以在一定程度上解决市场范围的问题。在斯密所处的年代，以马车为代表的陆路运输效率低下，水运效率则要高得多，直至今天，水运的成本效率仍具优势。因此，分工改良往往开始于沿海沿江地区，这些地区也往往据此而最先富裕起来。

马克思在《资本论》中对分工有许多精彩描述。在他看来，一个民族的生产力与分工的发展程度息息相关。很多人共同劳动时，不同的人负责不同的操作，人们分工协作，可以节约生产一定产品的劳动时间。马克思把分工协作的生产力效果称为集体力，集体力产生的原因与斯密的分析非常类似，只是表述不同。分工之后，局部劳动可以完善劳动方法，从经验中改进技艺，减少工作转换，缩短工作空隙，加强劳动强度，节约劳动的非生产性损耗。

早期的古典经济学家对分工专业化也赋予了重要意义。例如，古希腊的柏拉图指出专业化分工可以增进社会福利；色诺芬认为城市的产生与分工的演进息息相关[①]；威廉·配第（1671）发现，荷兰的商品运输之所以便宜，是因为他们将每只商船专门用于运输一种商品；亨利·马克斯威尔（1721）和乔舒亚·塔克（1755，1774）指出了分工的三大好处，即改进人力资本和提高技能、节省转换活动的时间和促进机器的发明；约瑟夫·哈利斯（1757）和乔舒亚·塔克（1756，1774）认为分工不断加深与产品种类数、生产迂回程度之间具有紧密关系，并具有生产力效果；李嘉图（1817）主张根据比较优势发展国际分工和国际贸易；巴比奇（1835）指出分工可以节省学习费用。

古典式增长强调分工专业化与自由市场交易，亚当·斯密用“看不见的手”描绘个体的自利决策最终将导致社会合意的结果。威廉·配第用“劳动是财富之父，土地是财富之母”描述财富增长的供给要素。而分工专业化将导致这些供给要素生产力的增进。在当时的历史条件

① 杨小凯. 经济学原理 [M]. 北京：中国社会科学出版社，1998.

下，古典经济学没有系统地强调制度因素。亚当·斯密将分工的受限条件归于市场范围，而市场范围主要决定于运输条件。

1.2 新兴古典增长框架

斯蒂格勒（1976）认为，斯密的分工理论的缺陷在于缺乏一个标准的、可操作的东西来解释他描述的经济进步之源泉。马歇尔（1890）对分工和专业化思想并非不重视，他在《经济学原理》中专门探讨了这一主题，并将分工网络描述为经济有机体，他甚至将巴尔顿和瓦特发明蒸汽机归因于发明活动中分工水平的提高。但因数学化处理存在困难，马歇尔未能将这个古典经济学的内核形式化，他通过边际分析对需求和供给以及价格机制做了漂亮的数学分析，又称“边际分析”（经济学史称其为“边际革命”），进而发展成为经济学的主流——新古典经济学。

古典经济学的核心是经济组织问题，即专业化分工问题，而新古典经济学的核心是资源配置问题，即市场问题。资源的稀缺性不是静态的，劳动分工可以提高生产力，减少资源的稀缺程度。要解决资源的稀缺性，一是经济组织问题，二是资源配置问题。在同样的资源规模和资源配置下，不同的经济组织有不同的效率，这就说明经济组织的重要性。对此，杨格（1928）指出，以分工专业化问题为核心来分析需求和供给才是正道。[①] 以杨小凯、罗森、贝克尔、博兰、黄有光为代表的一批经济学家，运用超边际分析将古典经济学关于分工和专业化的思想构建了决策和均衡模型。每个决策者既是消费者又是生产者，从专业化决策入手导出需求和供给，市场机制不但协调资源配置问题，也协调经济组织问题，这个全新的分析框架称为新兴古典经济学。

---

① 杨小凯. 经济学原理［M］. 北京：中国社会科学出版社，1998.

新兴古典经济学认为，每个人都面临两种类型的决策：一是专业化选择，即做什么和不做什么的决策，它与角点解联系在一起，边际分析对此无能为力；二是在选定的经济结构中配置有限的资源，即新古典经济学的边际分析。对每一角点的边际分析，可以解决给定分工结构时的资源配置问题。而对角点之间的效率比较决定了每个人的专业化模式，这属于经济组织问题。[①] 专业化分工的好处与分工产生的交易费用的两难冲突决定了分工的水平。经济体系之所以能从自给自足状态演进到分工状态，是由于交易效率提高之后，折衷这个两难冲突的空间增大。随着分工的演进，社会的商业化和市场化程度、产品种类、生产率、生产集中度也会随之发生演进，而这些正是经济发展的表现所在。对此，诺贝尔经济学奖得主阿罗给予的评价是：杨小凯的决策和均衡模型使得斯密的劳动分工理论与科斯的交易费用理论浑然一体，在某种程度上，新兴古典分析框架其实就是一个“斯密-科斯”框架，而其内核正是分工与专业化思想。新兴古典经济学运用现代分析工具复活了古典经济学的核心思想，使微观经济学从资源配置问题回归到经济组织问题，它比新古典经济学的思想更古老，却比新古典经济学的身躯更年轻。[②]

在经济发展初期，人们自给自足，每个人什么都干，自己生产的产品自己消费，专业化水平低。这时学习成本高昂，经验、知识积累缓慢，很难产生技术进步；生产率低下、储蓄有限、资本的积累也有限，人们处于穷困循环的境地。此时，人们互不交换，不发生交易费用。随着生产力水平的提高，人们慢慢地在各种活动中积累了一定的财富和生产经验，能够支付得起一定的试验费用和交易费用，于是开始试验较高的专业化水平，出现局部分工。此时每个人生产自己较擅长的产品，放

---

① 杨小凯，张永生. 新兴古典经济与超边际分析［M］. 北京：社会科学文献出版社，2003.

② 杨小凯，张永生. 新兴古典经济与超边际分析［M］. 北京：社会科学文献出版社，2003.

弃生产自己最不擅长的产品，生产集中度提高，个人生产的产品种类减少，生产力水平增进，但必须用自己擅长生产的产品交换别人擅长生产的产品，因此交易会出现，交易费用也会出现，市场开始发展。试验过程中，人们权衡分工的好处与交易费用，如果分工的好处小于交易费用，则回归到自给自足，如果分工的好处大于交易费用，则专业化生产得以固定。提高了的专业化水平反过来又会加速人力资本或经验的积累，使生产率进一步提高，进而能够支付得起更高的交易费用，可以进一步提高专业化分工水平，直至每个人只从事一种产品的生产并出售，同时从市场上购买其他人生产的产品。这时专业化程度最高，可以节省每个人的学习费用和转换工作的成本，增进熟能生巧的程度，因此生产力水平大大提高，同时生产的集中度、交易次数、交易费用、市场发展也大大提高。分工的结果必然产生分工网络，专业化的经济个体形成交换，彼此连接，互通有无。经济发展的过程就是一个分工网络不断扩大的过程，人们从自给自足过渡到局部分工，再过渡到完全分工。经济个体在不断扩大的分工网络中进行专业化选择，供给自己擅长生产的产品，购买别人擅长生产的产品，彼此都提高了生产率。分工越发展，分工网络越大，网络内的连接点越多，交易费用也会随之增加。

经济起步的国家，分工演进的潜力大，投资机会多，投资的回报率也较高。这些国家一般有较高的储蓄率或较大规模的外资引进，分工演进的速度较快，经济增长也较快。可是一旦分工演进的潜力逐渐耗尽时，分工演进便变得缓慢或渐趋停止，这时经济发展进入成熟阶段，即经济发达而经济增长放慢的阶段。此时，为创新进行投资的机会也在慢慢消失，资本向落后国家转移，经贸活动向全球扩张，以寻找分工演进的机会。

供给要素的组织问题（即谁干什么的问题）是解决稀缺性问题，增进国民财富的重要方面，但新古典框架放弃了这一重要思想，重点转向既定组织下的资源配置，从而忽视了组织和制度问题。新兴古典经济学回归到供给要素的组织方面（即专业化分工），把劳动分工和交易费用有机地融合在一起，从而重拾了新古典经济学忽视的组织和制度问题。

1.3 现代经济增长理论评析

1948年，英国经济学家罗伊·F. 哈罗德在《动态经济学导论》一书中提出了他的增长模型。差不多同时，美国经济学家埃夫塞·多马在他的《扩张与就业》《资本扩张、增长率和就业》《资本积累问题》等论文中也提出了与哈罗德模型基本相同的增长模型，之后被并称为哈罗德-多马模型。哈罗德和多马均认为经济增长与资本（储蓄率）以及资本产出率存在密切的关系。这一模型在20世纪50年代获得推广，是因为解释了为达到目标增长率必需的投资率，如果必需的投资与本国储蓄之间存在资金缺口，那么来自外国的投资援助是经济增长的重要支持。阿瑟·刘易斯（1954）提出“过剩劳动力模型”，认为资本是制约经济增长的唯一因素，建设工厂可以吸收过剩劳动力而不会影响农业生产，因此经济发展的核心问题是资本积累。罗斯托（1960）在《经济增长的阶段》中提出，最令人困扰的是从起飞进入自我维持的经济增长阶段，这一阶段唯一的决定因素是投资率能否从5%上升到10%。钱纳里（1966）基于投资缺口模型，强调国民储蓄的重要性，认为储蓄率必须足够高，方能使一个国家实现自我维持的经济增长，他建议援助国将援助数量与受援国提高储蓄率结合起来。1995年，世界银行的一篇报告指出：“如果拉美国家将储蓄和投资提高到GDP的8%，将会使其经济增长率提高大约2%。”①

哈罗德-多马模型给出了经济稳定增长的条件，即实际经济增长率

① 威廉·伊斯特利. 在增长的迷雾中求索——经济学家在欠发达国家的探险与失败[M]. 姜世明，译. 北京：中信出版社，2005.

等于有保证的增长率和自然增长率。要实现经济的稳定增长就像在“刀刃”上行走一样困难。新古典增长理论的代表人物索洛（1956）指出，经济增长除了劳动和资本两个内生因素外，还包括外生的技术进步。在长期内，资本投入必然遭遇报酬递减，资本投资并非经济增长的源泉，技术进步才是推动经济长期增长的原因。资本的边际收益递减使得投资机器设备并非维持经济增长的可行之路。因为只有机器设备刚开始稀缺时，投资机器设备的产出增长率才会提高，而当机器数量相对工人数量变得富余时，投资机器设备带来的产出增长率便会下降，以至为零。索洛模型提出可以实现经济长期稳定的增长。具体而言，在均衡状态下，总产出的增长率依赖于储蓄率、人口增长率和技术进步的速度；在未达到均衡增长时，投资率的上升可以提高经济增长率；在均衡增长路径下，技术进步可以克服资本的边际报酬递减，使经济能够持续地与技术进步同步增长。索洛（1957）将产出的增长分解为资本、劳动力和技术进步的增长，通过计算发现资本和劳动力只能解释12.5%左右的产出增长，另外87.5%左右的产出增长则归因于技术进步。索洛这种计算技术进步对经济增长贡献的方法，就是著名的“索洛剩余”。

索洛没有解释清楚外生的技术进步的源泉，但保罗·罗默提出知识、技术的增长可以通过投资取得。20世纪80年代中期，以罗默和卢卡斯为代表的经济学家将技术进步内生化，形成了与索洛的技术外生思想截然不同的内生增长理论，即技术、知识不仅能形成自身的递增收益，而且还能使要素投入也产生递增收益，进而成为经济长期增长的原动力。这一分析有些类似于阿罗的“干中学”思想。阿罗（1962）认为，人们通过学习而获得知识，技术进步是学习知识的结果，而知识又是经验的产物，这些知识的积累和外溢会形成报酬递增效应。

舒尔茨（1961）把资本分为物质资本和人力资本，认为通过教育、培训等方面的投资形成人力资本，能够产生收益递增，从而扭转资本和劳动要素的边际收益递减，因此人力资本是经济稳定增长的保证。卢卡斯（1988）指出，人力资本在提高投资者本身生产率的同时也会产生外部效应，即知识溢出效应，最终将形成生产的规模报酬递增。卢卡斯的增长模型表明，拥有大量人力资本的国家会实现持续、较快的经济增长，人力资本是“经济增长的发动机”。1997 年，世界银行《世界发展报告》针对“东亚奇迹”指出了人力资本对经济增长的作用：“许多人将东亚的经济成功归因于为基础教育提供大量公共资金，这是东亚发展的基础。”对国民的教育能直接促进经济增长，其影响的途径是提高生产率、收益、劳动力流动性、企业家才能和实现技术革新。

库兹涅茨认为，经济增长的因素包括知识存量增加、劳动生产率提高和经济结构转变等因素。其中，劳动生产率的提高往往是知识积累、技术进步所致。经济结构转变的因素对经济增长具有重要影响，发达国家在经济增长的过程中经历了经济结构的转变，经济活动从农业转向非农业，再从工业转向服务业，劳动力也从农业转向非农产业。但贫穷经济的结构变化非常缓慢，劳动力束缚在传统的农业部门，传统的生产技术和生产组织方式阻碍了经济的增长。

自从新古典经济学把研究对象从经济组织问题转向资源配置问题之后，现代经济增长理论对储蓄和投资效果的考察只见物不见人，只见果而不见因。那么是否只要有钱就能改进生产力？如果是，盛产黄金、石油、钻石和其他珍贵资源的国家，其劳动生产率理应最为发达，但事实并非如此，甚至有“资源诅咒”一说。亚当·斯密强调积累和投资对经济增长的作用，认为要想通过分工来改进劳动生产力，“预储资财是绝对必要的”。但在斯密看来，储蓄和资本是专业化分工的前提条件，资本和投资是发展分工的工具。古典经济学主张分工才是经济增长的源泉，储蓄、资本、人力资本进步、技术进步、研发都是伴随经济增长的应有之义。诺思和托马斯指出，与其说技术创新、规模经济、资本积累、知识进展等因素是经济增长的原因，不如说这些因素实际上就是经济增长本身。因此，探索经济增长的真正根源，要从促进分工发展的根源中寻求答案。

以中国电信业为例，我国对电信业的投资使它拥有世界上最先进的技术设备，但其生产率却没有达到应有的水准，资费仍然较高，原因在于中国电信业的专业化分工水平还不如发达国家。卢卡斯认为，若投资于教育，人力资本就会积累，未来的生产力就会增进。我们认可这种观点，但需要进一步分析教育的效率，现代教育体系通过引入专业化分工和班级教学大大提高了教育的效率。罗默认为，如果投资用于研发，就能提高生产力。但事实上，如果没有研发的分工，蒸汽机根本不可能发明出来，瓦特和巴尔顿雇佣了很多人专门研究蒸汽机的不同环节，才造出世界上第一台实用的蒸汽机。新古典理论强调技术进步对经济增长的贡献，而技术进步正是分工的结果，斯密早就论述过分工导致熟能生巧和机器发明。库兹涅茨强调结构因素对经济增长的影响，而结构变化正是分工演进的特征，随着分工水平的发展，新产品不断出现，旧产品不断淘汰，产业结构的调整是经济发展中的必然特征。

新古典增长理论强调的依然是生产要素的供给方面，把关注的重点放在投资、技术进步和人力资本方面，这正是新古典经济学对生产函数的定义内容。[①] 与新古典框架一样，新古典增长理论忽视了组织创新和制度因素，投资、技术进步、人力资本、结构变化是经济增长本身，而非经济增长的根源、经济增长的根源要从促进这些增长的因素中寻求答案。

1.4　回归古典式增长

分工影响经济增长的思想源远流长，斯密定理给出分工是经济增长的源泉，分工受限于市场范围。杨格（Young，1928）认为，市场容量

① 生产函数 $Y=AF(K, L)$，A 表示技术进步，K 表示资本，L 表示劳动力。

决定分工水平，反过来分工水平又决定市场容量，从而提出了分工决定分工的“杨格定理”。有学者（Yang & Borland，1991）用超边际分析将古典经济学中分工和专业化的思想变成决策和均衡模型，从而用劳动分工的内生演进解释经济增长。①

长期的经济增长离不开收益递增，而新古典经济增长模型的稳定均衡是以收益递减规律为基础的，以外生的技术进步抽象掉了长期增长的本质。事实上，早在亚当·斯密时代的古典增长理论就通过劳动分工和专业化给出了收益递增的机制，并构成长期经济增长的持续源泉。② 按照内生增长理论，长期增长的源泉在于技术创新，由于知识带来的溢出效应抵消了资本的报酬递减，从而实现了经济的内生增长。但郑东雅（2015）发现了内生增长理论违背经验事实的证据，并且构造了一个没有研发部门却依然实现长期增长的动态一般均衡模型，模型给出长期增长的源泉在于劳动分工，内生增长的机制在于劳动分工与市场规模不断深化的自我持续过程。

以杨小凯为代表的新兴古典分析框架复活了古典经济学的分工专业化思想。分工的另一面是交易，新兴古典框架结合了斯密的专业化分工思想及科斯的交易费用思想，分工的好处与分工产生的交易费用的两难冲突决定了分工的水平。交易效率的改进会促进分工的发展。杨小凯把交易费用区分为外生交易费用和内生交易费用，前者包括运输、通信基础设施等。斯密认为，分工受限于市场范围，而市场范围取决于运输条件。中国流行一句话叫“要想富，先修路”就是这个道理。内生交易费用是指自利决策时人的机会主义行为引起的交易费用。像逆向选择、道德风险、欺诈、掠夺这样的行为，可能使可以增进福利的交易流产。交易费用与制度息息相关，科斯等人开创的新制度经济学旨在研究组织和制度的选择，以降低交易成本。

---

① 黄少安，韦倩. 合作与经济增长［J］. 经济研究，2011（8）：51-64.

② 邹薇，庄子银. 分工、交易与经济增长［J］. 中国社会科学，1996（3）：4-14.

诺思认为，一种提供适当的个人激励的有效制度是促进经济增长的决定性因素。制度的作用在于通过一系列规则来界定交易主体间的相互关系，保护产权，减少不确定性和交易费用，使交易活动的潜在收益变成现实，进而保障生产性活动。1600—1850 年，世界海运业并没有发生重大的技术进步，但这期间海洋运输的生产力却提高了。研究发现，这是因为船运制度和市场制度的改进降低了海洋运输成本。由此看出，在没有技术改进的情况下，通过制度创新亦能提高生产率和实现经济增长。从史实上看，为什么首先实现现代化的是荷兰和英国？因为荷兰和英国是当时在确定制度和所有权体系方面走在最前面的两个国家，这可以有效地激励个人积极性，把资本和精力都用于对社会最有益的活动。诺思认为，西方世界率先兴起的主要原因是率先出现了保护产权的政治制度，如英国出现了世界上首部专利法，大大提高了知识产权的交易效率。《西方世界的兴起》开篇提出：有效率的经济组织是经济增长的关键……这需要在制度上做出安排和确立所有权以便造成一种激励，将个人的经济努力变成使私人收益接近社会收益的活动。德隆·阿西莫格鲁和詹姆斯·A. 鲁宾逊（Daron Acemoglu & James A. Robinson）在《国家为什么会失败：权力、贫困和繁荣的根源》一书中指出，国家失败的根源在于攫取性制度，而国家成功的必要条件为包容性制度。在攫取性制度下，经济增长可能会实现，但不可持续，只有包容性制度才能够实现经济的长期增长。数据显示，腐败与经济增长负相关，没有人愿意在腐败的国家进行投资，腐败还可能恶化其他影响经济增长的政策。斯瓦勒赫恩（Swaleheen，2011）通过分析腐败对人均收入增长率的影响，得出腐败对经济增长的影响为负的结论。19 世纪以前，民主制度主要依赖私有产权的保护来推动经济增长，而自此之后，人力资本的重要性（主要表现为基础教育的投资水平）逐渐凸显，开始成为影响民主制度的经济发展效应的最主要的制度机制。①

古典增长理论强调储蓄和投资是发展分工的工具。分工的发展来源于试验，在试验过程中，需要首先积累一些财富或接受资本投入，才能维持生活所需。农民常常不敢尝试经济作物的耕种，是怕万一试验失败而颗粒无收时生计难以保障。如果农民的储蓄足够维持几年的生活，他就乐意试验新作物的生产。储蓄和资本是专业化分工的必要条件，但并非充分条件。发展分工的关键要素是创新主体、市场范围和制度。

其一，乐意试验专业化分工的经济主体。这些就是熊彼特所说的有创新意识、具有企业家精神的人。人是生产力的创造主体，是生产力中最革命、最活跃的因素。这些人发现有潜力的创新，需要知识的积累和研发的外溢，需要他们本身人力资本的积累以及教育的支撑。熊彼特非常强调生产技术革新和生产方法变革在经济发展中的重要作用。所谓创新，就是建立一种新的生产函数，把一种从未有过的生产要素和生产条件的新组合引入生产体系，主要包括采用新产品、引用新技术（即新的生产方法）、开辟新市场、控制原材料的新供应来源和实现企业的新组织。熊彼特（1942）指出，经济增长的过程是从内部持续革新经济结构、旧的技术不断被破坏、新的技术不断产生的过程，这种创造性破坏的过程就是资本主义的精髓。在自由市场中，因为其他人进行模仿，技术革新者不能获得创新的全部收益，正的外部性使得私人进行技术创新的水平要低于社会最优水平，但专利、知识产权保护有助于解决这一问题。也正因为知识、技术外溢具有社会利益，所以一个可能的解决办法是政府对研发和采用外国先进技术提供补助或政府组织相关的机构进行研发和创新。技术落后的国家或地区可以通过采用或模仿技术先进的国家或地区的技术来提高技术水平；可以派遣留学生和技术人员向先进国家学习科学技术，也可以通过设备进口和引进外商直接投资来促进技术

① 彼得·林德特，郇雷. 民主制度如何影响经济发展［J］. 国外理论动态，2012（12）：23-32.

进步。

其二，社会存在自由试验各种经济组织结构的机会并保护私人产权。让市场在资源配置中起决定性作用，各种市场要素能在一个自由竞争、自由流动、自由创业的市场环境下开展各种组织试验，每个人具有自由和公平的机会。成千上万的经济主体不断地试验创新，虽然大部分失败了，但总有一部分会成功，正是这些成功的创新试验会将经济和社会推向前进。亚当·斯密认为，市场机制存在“看不见的手”，可以实现资源的有效配置，政府代表国家只需要维护公共安全、法律秩序且提供公共品。政府对私有产权的保护尤为重要，这会激励人们的创新活动，如果人们创新的成果可能被他人或政府侵犯，人们就会减少创新活动，或者把一部分精力和时间用于保护产权，从而减少生产性活动；如果人们可以通过侵犯别人的产权来获得利益，一些人就没有积极性从事创新和生产性活动。因此，政府应该保护国民对外免遭敌国侵犯，对内建立起法律秩序，保护人们免遭他人侵犯，同时要承诺不会运用公权力侵犯私有产权。

其三，交易费用较低，交易效率较高。人才和资本为什么总是向沿海发达地区流动？最重要的原因是发达地区有更好的基础设施，可以降低交易费用。骆永民（2008）构建的模型指出，公共物品可以通过提高交易效率来促进分工演进并最终带动经济增长，交通投资每增加GDP 的 1%，经济增长率就会提高 0.6 个百分点。人均电话拥有数量对经济增长也具有很强的正面影响。周浩和郑筱婷（2012）考察了交通基础设施质量对经济增长的影响，发现铁路提速将提速站点的人均GDP 增长率提高了约 3.7 个百分点。有学者（Qiang 等，2009）估计了120 个发达国家和发展中国家移动电话对人均 GDP 的影响，发现移动电话普及率每提高 10%，发展中国家的经济会增长 0.81 个百分点，而发达国家的经济会增长 0.6 个百分点。有学者（Ding 等，2007）使用中国的省级数据研究发现，电话普及率与地区收入之间存在显著的正向关系。另外，法律对产权和契约的保护，有利于合作交易的制度、规范、道德、习俗等都能减少内生交易费用。值得一提的是，除了私人的机会主义行为之外，国家或政府的机会主义行为造成的交易费用更大。诺思和温格斯特（North & Weingast，1989）指出，英国成功实现工业化最重要的驱动力是17世纪英国国家制度的演进，即政府建立了对宪政秩序可信的承诺机制，大大减少了国家的机会主义行为，也大大减少了人民的寻租行为和相关的交易费用。世界银行1997年的《世界发展报告》指出，经济发展的主要障碍是由于政府的机会主义行为引起的内生交易费用。来自政府的巧取豪夺、无理或低价征用私有产权、高额税收、恶意通胀、垄断性使用资源、设租寻租、高昂地价、滥用审批权、许可证操纵、官商勾结、行政干预司法等，都会造成高昂的交易费用。国家机会主义行为还会间接鼓励或迫使人们行使机会主义行为，导致“上梁不正下梁歪”。因为既然通过贿赂就可以得到利益，那为什么还要诚信苦干呢？伊斯特利（2004）指出，遏制腐败有助于长期经济增长，这需要建立良好的制度，尽可能消除政府对私有部门随意的控制和权力，取消不合理的过多审批，建立严格的行政规则，依法行政，避免对私人部门的掠夺，建立称职的公务员队伍。

其四，市场范围。新经济史学派将西方世界的兴起归因为两个至关重要的条件：一是建立并发展了有效率的制度来协调分工与交易；二是人口快速增长扩大了市场规模。市场规模有两个层面的含义：一是地理范围的市场。如果市场狭小，就无法实现专业化分工；市场范围越大，专业化分工的余地就越大，即使是单一细小的产品也可以实现专业化、规模化生产。钱德勒在《看得见的手》中提出，现代工商企业是为了适应19世纪下半叶美国技术革新的迅猛步伐以及不断增长的消费需求而出现的。铁路和电报连通了遍布全美的大市场，电报确保了价格信息的及时沟通和交易的密切联系，而铁路缩短了运输的时间，新形式的丰富能源以及革命性的运输和通信手段的几乎同时出现，促使了美国现代工商企业的兴起。二是有效需求，即市场容量。有效需求越大，市场规模越大，分工拓展的余地就越大。而需求决定于人口规模和劳动生产率，人口规模越大，分工发展的潜力越大，因此人口规模大的城市更容易支撑各种专业化的商品生产和服务业。美国、澳大利亚、新西兰早期的经济发展经验表明，人口增加对经济发展具有正面意义。经验发现，处于工业化加速过程中的一些国家和地区，即使人口密度已经很高了，仍然出现劳动力短缺和移民流入现象，而工业化落后的经济总是伴随着劳动力的过剩。但人口规模并不是分工发展的充分条件，如果市场分割、基础设施落后、机会主义行为严重、政局混乱或战争，造成交易费用极大，即使人口规模大，分工的发展也很困难。印度和中国过去的经验便证明了这一点。如果有好的法律、制度和公共基础设施，较高的人口密度便会成为分工发展的有利条件。当本地区人口有限，成为分工发展的障碍时，通常的做法就是打破地区分割，建立统一的全国大市场，反对地区保护主义。另一个做法就是国际贸易和市场全球化，体现在世贸组织、经贸一体化、区域性共同体（如欧盟）、自由贸易区、区域一体化等理念中。市场容量还取决于人口的有效购买力。而购买力由收入决定，收入由生产率决定。在斯密看来，劳动生产力的增进都是分工的结果，可见存在一个逻辑：专业化分工使劳动生产率提高、人均收入提高，进而购买力提高，市场规模扩大，而这一切又会反过来进一步促进分工的演进。因此，劳动分工与市场规模相互促进，循环演进。这正如杨格（1928）的论述："分工取决于市场规模，而市场规模又取决于分工，经济进步的可能性就存在于上述条件之中。"这样，"斯密定理可以改写为分工一般地取决于分工"。杨格第一次论证了分工自我演进的机制，从而超越了斯密关于分工受市场范围限制的思想。杨格关于劳动分工自我演进的思想被称为"杨格定理"，它解释了经济发展与分工之间的演进存在一种正反馈机制，即专业化分工会自我繁殖。

古典式增长回归到供给要素的组织方面，人、制度、组织成为经济增长的本源。亚当·斯密和马克思强调分工，奥地利学派强调创新，新制度学派强调制度，这比新古典增长更为深刻，既见物也见人，既见木也见根，既见果也见因。新兴古典框架的贡献在于把制度因素融入分工专业化这一古典增长之源，不但使古典增长思想模型化，还重拾起新古典框架长期忽视的制度因素。

1.5 供给侧改革及其古典增长思维

过去我国一直强调拉动经济增长的“三驾马车”，即投资、消费和净出口，常用凯恩斯主义的财政政策和货币政策进行需求侧管理。但多年的实践证明，仅靠需求侧管理容易滋生种种弊端，如产能过剩、资源浪费、通货膨胀、不可持续等。而供给侧改革从供给、生产端入手，强调生产要素的供给和有效利用，激活各种供给要素，有望为转型升级、结构调整和持续健康增长提供活力。因此，供给侧改革成为党中央、国务院加大改革力度的一个重要着力点。

顾名思义，供给侧改革具有供给学派的一些思想。供给学派认为，产量的增长决定于劳动力和资本等生产要素的供给及有效利用。家庭和企业提供生产要素或从事经营活动是为了谋取利益，人们根据市场信号选择某种经济行为以获取利益，市场会自发调节生产要素的供给和利用。人们随着市场刺激而动，为积极性刺激所吸引，且回避消极性刺激。政府可以通过行使职能改变刺激，从而引导人们的行为。供给学派相信萨伊定律的正确性，而凯恩斯方法则是错误的，政府不应当刺激需求，而是应当刺激供给。供给学派大致有下列几点主张：其一，供给创造需求。既然人们根据市场刺激供给要素就会获得相应报酬，自然会创造出购买力以满足人们的需求，且供给能力越强，需求越大。其二，坚持市场机制，反对政府干预。供给学派主张企业家的创业精神和自由经营活动是促进生产、增加供给的关键因素，强调由市场而不是政府来配置资源。其三，通过减税刺激投资，增加供给。减税可以降低生产成本，鼓励企业家冒险和创业，从而刺激创业、生产和供给。其四，重视智力资本，反对过多社会福利。先进的科学技术和人力资本会刺激创新活动，增加供给，过多的社会福利则会占用生产性资源，而且会刺激人们不努力进取，不利于增加供给。其五，主张控制货币，反对通货膨胀。货币价值保持稳定，人们的通货膨胀心理预期就会消失，进而人们乐意储蓄货币而不是囤积物资，乐意选择生产性投资而不是投机性投资。

本书认为，我国实施供给侧改革的系列举措符合古典增长思维。其一，强调创新驱动，重视分工专业化。党的十八大报告提出实施创新驱动发展战略，坚持走中国特色的自主创新道路。2015 年，李克强总理在政府工作报告中正式提出要推动大众创业、万众创新；2015 年 6 月，国务院发布的《国务院关于大力推进大众创业万众创新若干政策措施的意见》提出，要形成有利于创业创新的良好氛围，让千千万万创业者活跃起来，以创业带动就业、创新促进发展。强调创新驱动发展、大众创业、万众创新，正是强调分工演进和发展之意，旨在增进社会的创新创业文化和能力，在产业领域清理“僵尸企业”，淘汰落后产能，消化库存，着力产业结构调整，向新兴产业领域转型，培育新的经济增长点。其二，鼓励人力资本投资，培育分工专业化主体。国家加大了对教育的财政投入，2012 年，国家财政性教育经费支出为 2.2 万亿元，占 GDP 的比例达到 4.28%。教育有利于培育人力资本，有利于培养创新主体，塑造充满活力的分工主体。其三，强调市场机制，主张市场要素自由流动、自由竞争。党的十八届三中全会主张市场在资源配置中起决定性作用，政府简政放权，把原来政府掌握的权力放给市场、放给企业，搞活市场经济。其四，加强基础设施建设。国民经济“十二五”规划、“十三五”规划强调在多领域加强基础设施建设。基础设施的改善可以降低外生交易费用，有利于促进创新试验和分工发展。其五，加强制度建设，规范政府权力。国家按照市场经济的规律规范政府的权力，充分发挥市场配置资源的作用，确定好政府的边界，使政府有所为而有所不为，为企业和家庭创造良好的市场环境，鼓励创新、保护生产和交易。党的十八届四中全会提出全面推进依法治国。国家加大了反腐倡廉的力度，坚持全面从严治党，落实“三严三实”专题教育活动，推进简政放权、依法行政等。制度完善可以降低内生交易费用，有利于促进分工发展。其六，扩大市场范围。国家把“一带一路”、长江经济带建设上升到国家战略，批准上海、天津等地建设自由贸易区，加上如火如荼的高铁、互联网、通信基础设施建设，这些举措均有利于扩大市场范围，给分工发展营造更大的空间。其七，增大市场容量。2015 年 10 月 29 日，党的十八届五中全会宣布中国“全面实施一对夫妇可生育两个孩子政策”，“全面二胎”政策于 2016 年 1 月 1 日起正式实施。贾康、周天勇等学者认为，人口政策也是供给侧改革的重要内容，“全面二胎”政策有利于增加人口供给。政府强调千方百计提高城乡居民收入、加强社会保障、促进创业就业，这会提高人口的有效购买力，从而扩大市场容量，有助于促进分工发展。其八，推进简政放权、减税减负。降低交易成本、各种税费、融资成本和社会保障成本等企业运行成本，有利于增强企业创新能力、提高供给质量与效率。例如，广东省推出七大措施为企业减负，到 2016 年年底，拟为广东省企业减负约 4 000 亿元，包括降低制度性交易成本、企业人工成本、企业税负成本、社会保险费、企业财务成本、电力等生产要素成本和企业物流成本。[①] 给企业或个人减负有利于激发创新创业活力，有利于推动大众创业、万众创新，有利于推动新技术、新产业、新业态蓬勃发展。

过去较长一段时间，我们讲到经济增长必讲“三驾马车”，即投资、消费和净出口，这是凯恩斯主义的需求侧管理模式。凯恩斯主义对

---

① 《广东省人民政府关于印发广东省供给侧结构性改革总体方案（2016—2018 年）及五个行动计划的通知》，2016 年 2 月 28 日。

于分析短期经济波动是有效的，需求不足或需求过旺时通过财政、货币政策宏观调控需求，能使经济回到正常路径。但凯恩斯主义对分析长期经济增长无效。因为没有哪个国家的经济可以靠消费实现长期增长，也没有哪个国家的经济可以靠投资（特别是政府投资）实现长期增长，因为投资会受限于边际报酬递减，“打鸡血”式的无效投资只会导致产能过剩和资源浪费。净出口可以带来长期经济增长，但若出口的是资源、能源等供给要素，就是“吃上天饭”“吃祖宗饭”“夺子孙碗”；若出口的是廉价劳动力或伤亡劳动力生产的廉价商品，那是血汗式增长。只有通过技术创新、新产品研发带来市场竞争力，使中国产品出口到全球，这样的增长才是理想的增长。我们不可能通过凯恩斯主义的货币政策来实现长期经济增长（那样我们什么都不用干，开动印钞机就行了），也不可能通过政府的财政投资实现长期的经济增长（那样我们就不需要市场、企业，只要一个无所不包、无所不能的政府就可以了）。要实现经济的长期健康稳定增长，必须告别需求侧管理，回到供给侧管理。而分析长期的经济增长，必须回到亚当·斯密和熊彼特的理论，告别凯恩斯理论。

1.6 结语

边际革命之后，分工和专业化淡出了主流经济学的视野。在斯密看来，分工是经济增长的源泉，分工受限于市场范围。马克思对劳动分工的生产率效果同样给予高度评价。斯密把市场范围归结为运输条件。杨格发展了斯密定理，认为分工可以自我演进，分工取决于分工。杨小凯等人运用超边际分析方法把分工专业化思想模型化。分工的好处与分工带来的交易费用共同决定了分工的水平。分工的演进来自两个方面，一是交易费用降低促进分工发展，二是分工的内生演进。

新古典经济学基于储蓄和投资的经济增长受到边际报酬递减规律的

限制，为了获得长期的经济增长，必须依靠外生或内生的技术进步。根据诺思和托马斯的观点，与其说技术创新、规模经济、资本积累、知识进展等因素是经济增长的原因，不如说这些因素实际上就是经济增长本身。根据亚当·斯密的观点，技术及生产力的进步似乎都是分工的结果。因此，探索经济增长的真正根源，要从促进分工发展的根源中寻求答案。古典增长思维强调，发展分工的关键要素是分工主体、市场范围和制度，分工主体是人的因素，包括教育、人力资本投资以及创新创业精神；降低交易费用主要靠制度因素，政府是这一因素的主角，包括与外生交易费用有关的公共基础设施建设和内生交易费用有关的制度基础设施建设；市场范围既涉及人口和地理空间范围，也涉及政策层面的贸易空间、人口购买力等。

我国供给侧改革的系列举措符合古典增长思维，摒弃了过去依靠需求侧管理和投资驱动的增长模式。未来供给侧改革要取得良好成效，一方面要充分发挥市场在资源配置中的决定性作用，另一方面应加强制度供给、简政放权、依法行政和反腐倡廉，营造良好的法治环境，加强公共基础设施建设，保护供给要素自由、公平的流动和竞争。唯有如此，才能有利于生产要素的供给和有效利用，有利于创新试验和分工发展，进而有利于我国经济实现持续、健康的增长。

2 交易与交易效率

2.1 交易双赢

经济主体的禀赋各异，通过交易可以实现贸易双赢的结果。微观经济学用埃奇沃斯盒状图研究两个交易主体之间的交易。假设两个交易主体 A 和 B，生产 X_1和 Y_2两种商品。在初始时刻，每个交易主体都有其禀赋量：

$\omega^A = (\omega_1^A, \omega_2^A) \qquad \omega^B = (\omega_1^B, \omega_2^B)$

埃奇沃斯盒状图的长就是：

$\omega_1^A + \omega_1^B$

埃奇沃斯盒状图的宽就是：

$\omega_2^A + \omega_2^B$

在埃奇沃斯盒状图中，经济主体 A 和 B 拥有共同的禀赋点 E，经济主体 A 的无差异曲线和经济主体 B 的无差异曲线在 E 点处相交，表明在初始禀赋下，每个交易主体都有一个初始的效用。两条相交的无差异曲线构成一个透镜形状的互惠区域，对经济主体 A 和 B 来说，区域里的各点都比禀赋点具有更高的效用。因为在埃奇沃斯盒状图中，经济主体 A 的效用向右上方方向上升，而经济主体 B 的效用向左下方方向上升（见图 2-1）。

如果经济主体 A 和 B 通过交易，从 E 点走向透镜区域内任一点，双方的效用都将上升，称为贸易双赢。如图 2-2 所示，从禀赋点 E 走向 F 点的资源配置，A 放弃一部分 X_1，换取 X_2，B 放弃一部分 X_2换取 X_1，每个人都可以实现更高的效用。

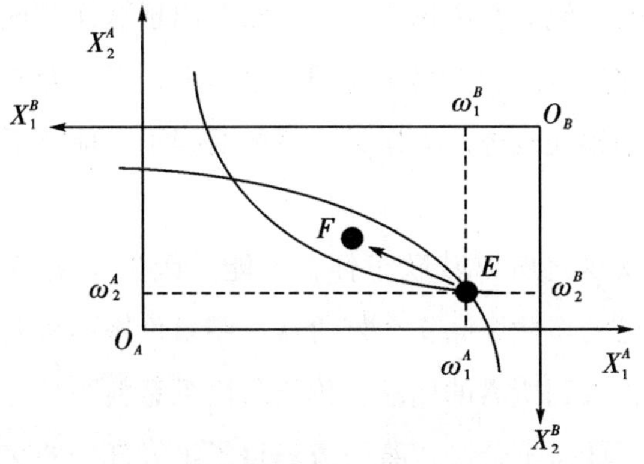

图 2-1

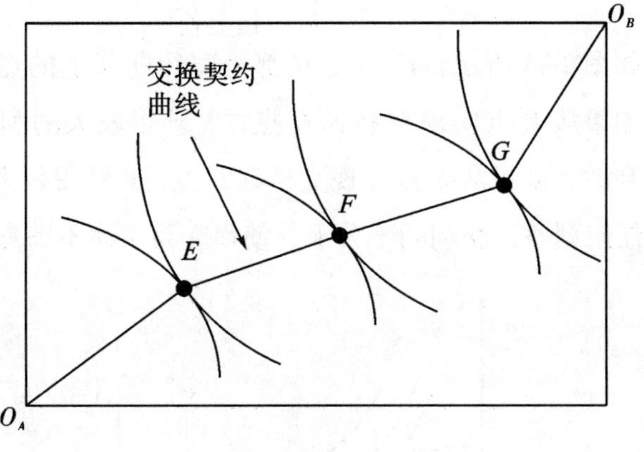

图 2-2

只要在这个新的 F 点上，双方的无差异曲线仍然相交，就会仍然存在一个新的透镜区域，说明还有进一步交易的可能性，使双方实现帕累托改进。直到双方走到的资源配置状态，无差异曲线不再相交，而是相切，这时，实现帕累托有效，互惠交易将不复存在。将所有无差异曲线相切的点，连接在一起，构成交易的契约曲线。

市场是人类伟大的制度发明，人们通过市场交易，可以把禀赋各异的经济主体联结在一起，通过市场交易增进彼此的福利。如果没有市场，买卖双方之间的互相发现和匹配就难以实现，开放的集市贸易，提供了交易双方的匹配。在市场交易中，常常出现这样的现象，某方在达成交易之后，抱怨自己在交易中受损，事实上，只要交易达成，就是基于各方偏好的帕累托改进，如果某方真的受损了，他就不会达成这项交易了。

某一方对交易之所以耿耿于怀，可能是因为与交易的预期相差太远，本希望自己的禀赋商品卖个好价钱，结果价格不从人愿，或者本希望以较低的价格买到所需的商品，价格却出乎意料的高。对交易不如意的另一个原因可能是不公平，某一方获得了绝大部分的交易利益，而另一方获得的利益较小或没怎么获利，那么这样的交易，获利小的一方就缺乏积极性。

例如，如图 2-3 所示，F、H、G 都是契约曲线上的点，都是帕累托有效的，如果从 E 点实现交易到 G 点，A 获得较大的利益，而 B 没有获得任何利益；如果从 E 点实现交易到 H 点，B 获得较大的利益，而 A 没有获得任何利益，获利的不公平，使得交易主体不满意交易，导致

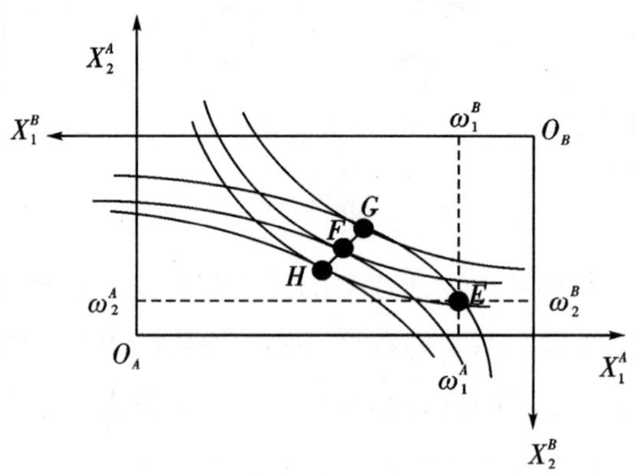

图 2-3

交易难以实现，在 FG 或 HF 上的点，尽管双方都能从交易中受益，但一方受益较多，而另一方受益较少，分享交易利益较少的一方觉得不公平，有吃亏的感觉，可能放弃交易。契约曲线上超出 G 点和 H 点的空间，交易都实现不了帕累托改进，必定使其中一方利益受损，因此交易都无法达成。

公平的交易在经济学中称为竞争均衡。在一组市场价格（P_1，P_2）下，形成一条通过禀赋点的预算线，这时经济主体 A 实现了消费者最优化，经济主体 B 也实现了消费者最优化，表现为这一条预算线既与 A 的无差异曲线相切，也与 B 的无差异曲线相切，两个最优消费点是同一个点，即

$$MRS^A = MRS^B = -\frac{P_1}{P_2}$$

且

$$x_1^{*A} + x_1^{*B} = \omega_1^A + \omega_1^B \qquad x_2^{*A} + x_2^{*B} = \omega_2^A + \omega_2^B$$

市场刚好出清，两种商品都既不过剩，也不短缺，市场实现均衡，即 F 点。可以想象，竞争均衡点正好是经济主体 A 和 B 的提供曲线的交点。经济主体的提供曲线是指经过禀赋点的每一条直线和该经济主体的无差异曲线的切点的轨迹。

2.2 交易效率

2.2.1 交易效率与经济发展

在经济发展的初期，人们自给自足，每个人什么都干，自己生产的产品自己消费，专业化分工程度很低，这时人们互不交换。但是人们要从事各种生产，使得生产率低下。学习成本高，经验、知识、技术进步缓慢，储蓄和资本的积累很有限。当慢慢积累了一定程度的财富和生产

经验之后，具有一定冒险精神和创新意识的人开始尝试专业化生产，他们支付得起相应的试验费用和交易费用。开始是局部分工，人们放弃最不擅长的生产，从事最擅长的生产，局部分工会产生交换，交易费用成为经济生活的一项内容。分工发展带来的生产率提高，会促进分工演进，最终实现完全分工。斯密定理认为，分工是经济增长的源泉，分工受限于市场范围。斯密将市场范围与运输效率联系在一起，“水运开拓了比陆运广大得多的市场，所以从来各种产业的分工改良，自然而然都开始于沿海沿河一带。这种改良往往经过许久以后才慢慢普及到内地”。[①] 开化最早的乃是地中海沿岸各国，原因在于那里良好的航海条件。[②] 18 世纪海洋文明大幅度甩开内陆文明，走向现代化；近代最先发达起来的国家是葡萄牙、西班牙、荷兰、英国等临海国家；中国的沿海、沿江经济比内地和西部地区经济更为发达，都是出于同一个道理，即运输条件扩大了市场范围，促进分工发展。

市场范围包括两方面的意思。一方面是地理范围，如果市场范围狭小，就无法容纳分工专业化。相反，市场范围越大，专业化分工的余地就越大，单一细小的产品环节都可以实现规模化生产。例如，专业化程度很高的服务业在大城市能得以生存，而在小城镇的生存空间有限。15 世纪末 16 世纪初，航海技术得到发展之后，地理大发现开拓了世界贸易，这为国际分工和国内分工带来新的发展。世界市场为产业革命和机器大工业的兴起起到推波助澜的作用。市场范围的另一个方面是有效需求，即市场规模。有效需求和市场规模越大，分工演进的余地就越大。有效需求和市场规模与人口和劳动生产率有关，人口规模增加市场需求，劳动生产率决定收入，进而影响人口的购买力。由于分工具有改进

① 亚当·斯密. 国民财富的性质和原因的研究（上卷）[M]. 郭大力，王亚南，译. 北京：商务印书馆，1972.

② 亚当·斯密. 国民财富的性质和原因的研究（上卷）[M]. 郭大力，王亚南，译. 北京：商务印书馆，1972.

生产率的效果，存在一个从分工到分工的循环，分工促进生产率，提高收入和购买力，进一步促进分工。杨格（1928）的经典论文《报酬递增与经济进步》指出：分工取决于市场规模，而市场规模又取决于分工，经济进步的可能性就存在于上述条件之中，这样斯密定理可以改写为分工一般地取决于分工。[①] 杨格第一次论证了分工自我演进的机制，从而超越了斯密关于分工受市场范围限制的思想。[②] 杨格关于劳动分工自我演进的思想被称为“杨格定理”，解释了分工会自我演化，经济发展与分工演进之间存在一种正反馈机制。

随着专业化分工的发展，分工网络扩大，市场交易也会增加，劳动分工的好处与分工带来的交易成本共同决定了专业化分工的水平。[③] 如果交易效率改进，劳动分工的成本就会减少，这会促进专业化分工演进。基于上面的分析，交易效率对于劳动分工的作用可以用图 2-4 表示。

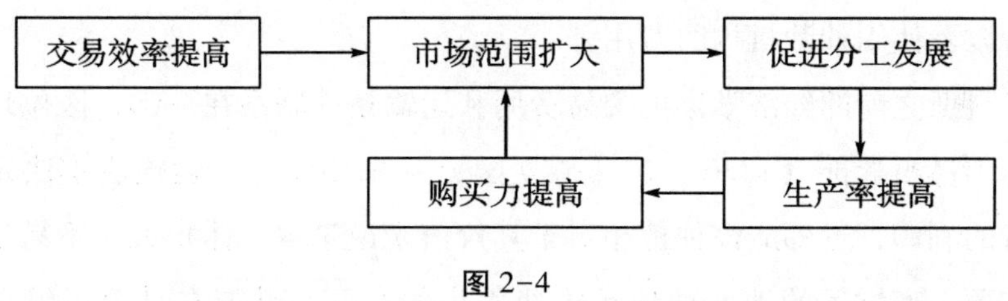

图 2-4

2.2.2 交易费用

交易是人类活动的基本单位，是制度经济学的最小单位。[④] 科斯在《企业的性质》一文中指出，使用价格机制是有代价的。在《社会成本

① 阿林·杨格，贾根良. 报酬递增与经济进步 [J]. 经济社会体制比较，1996（2）：52-57.

② 贾根良. 报酬递增经济学：回顾与展望 [J]. 南开经济研究，1998（6）：29-34.

③ 杨小凯，张永生. 新兴古典经济与超边际分析 [M]. 北京：社会科学文献出版社，2003.

④ 康芒斯. 制度经济学 [M]. 于树生，译. 北京：商务印书馆，1997.

问题》一文中，科斯探讨了契约的流程，在契约的签订和实施过程中是有成本的。“为了进行一项市场交易，有必要发现和谁交易，告诉人们自己愿意交易及交易的条件，要进行谈判、讨价还价、拟定契约、实施监督来保障契约的条款得以按要求履行。”为寻找交易对象、谈判、签订契约、履行契约、监督交易等方面的费用或支出就是交易费用。科斯本人并未使用“交易费用”一词，阿罗首先使用“交易费用”一词，并将其定义为市场机制运行的费用。其他学者对交易费用的定义也较为相似。威廉姆森（1985）认为，交易费用可分为事前交易费用和事后交易费用，前者指草拟合同、对合同内容进行谈判、保障合同得以履行产生的成本。后者指解决合同存在的问题时产生的成本，从改变合同条款到甚至退出合同。达尔曼（Dahlman，1979）认为，交易费用涉及搜索信息、协商、合同、监督、执行及转换等产生的费用。张五常（1999）将交易费用理解为契约过程中存在的识别、考核、测度、讨价还价以及使用仲裁机构的费用等。

科斯之前的经济学家把交易费用和运输条件联系在一起，区位理论的开山鼻祖杜能（1826）在《孤立国》一书中认为，运输成本决定生产者的利润，近郊应该种植相对于其价值来说笨重、体积大、不易运输的东西，离城远的地方种植运输费用小的东西。杜能在计算运输费用时，发现让马车携带草料，还不如多载些谷物，在沿途购买马的草料。这样，在商品运输过程中，要损失一定的价值。1952 年，萨缪尔森首先用“冰山交易成本”的概念考察交易费用，产品在运输途中，如同冰山，有一部分在途中被“融化”掉了。杨小凯认为，交易费用包括外生交易费用和内生交易费用。前者包括运输、通信、服务等方面的支出。美国现代工商企业的产生与 19 世纪下半叶迅猛的技术革新有关，铁路和电报打通了美国全国范围的大市场，电报提供了信息和沟通的及时性，铁路缩短了运输所需的时间。[①] 阿罗（Arrow，1969）和诺思（North，1990）都认同信息成本是交易成本重要组成部分，降低信息成本，就会提高交易效率。一些学者（Hendriks，1999；Pant & Cheng，1990）认为，通信领域的进步可以增加信息沟通渠道、减少信息不对称，可以降低市场主体的有限理性和机会主义行为，使交易活动的速度、质量和效率大大提高。专业化商人提供生产性服务来帮助生产活动降低交易成本。许多生产企业迫于成本压力，将一些生产服务环节外包，这也促进了生产服务业的发展。[②] 服务部门的发展可以降低制造业部门的交易成本，是制造业提高劳动生产率、提升产品竞争力的前提和保障。[③] 内生交易费用是指市场主体的机会主义行为产生的交易费用。一些人损人利己、欺骗、掠夺、不尊重产权和契约履行的行为使本来可以增进双方利益的交易流产。

穷国之所以穷，富国之所以富，其主要根源是富国形成了好的制度能有效地减少内生交易费用。内生交易费用可以通过制度的创新和完善、习惯的形成来得以减少。[④] 亚当·斯密主张自由放任的市场机制，但他认为，这需要每个人都有道德伦理的约束，否则“看不见的手”就会失灵。斯密把经济发展的根源归因于人类分工、交易与合作，而合作是人类的本性吗？或者合作实质上是法律、制度、道德、情操、规范、习俗等规约的结果吗？法律对产权和合同进行保护，有利于合作的非正式制度，如社会规范、道德、习俗、惯例等都可以减少内生交易费用。科斯（Coase，1960）指出，财产权的安排和保护将影响经济发展。杨小凯（2003）指出，工业革命始于英国，一个原因是1624年通过的

---

① 艾尔费雷德·D. 钱德勒. 看得见的手［M］. 重武，译. 北京：商务印书馆，2004.

② BHAGWATI J N. Splintering and Disembodiment of Services and Developing Countries［J］. The World Economy，1984，7（2）：133-143.

③ DNNIELS P W. Some Perspectives on the Geography of Services［J］. Progress in Human Geography，1989（13）：427-437.

④ 杨小凯. 发展经济学：超边际与边际分析［M］. 北京：社会科学文献出版社，2003.

专利法，英国成为世界上首个保护技术专利权的国家，这样的法律可以减少窃取知识产权、技术专利的行为，鼓励知识和技术的创新。中国古语有云："治天下及国，在乎定分而已。"孟子曰："有恒产者有恒心。"财产权的确定，可以避免人与人争夺利益而产生内生交易费用。

除了个人的机会主义行为之外，来自国家或政府的机会主义行为也可以产生内生交易费用。政府的行为取向对交易费用影响极大，有效率的政府作为第三方强制力能降低交易成本。① 沃利斯和诺思（Wallis & North，1986）认为，政府建立基础设施、提供教育机会等公共服务，制定法律加强财产权保护，可以为经济主体提供良好的预期，从而降低交易费用。施莱弗和维什尼（2004）以及萨克斯和沃纳（Sachs & Warner，1995）认为，政府对经济活动的干预、变化无常的法律规章、低效的公共服务、腐败和寻租等行为都会降低经济主体的交易效率。② 有效率的市场机制可以降低交易费用。在一个双边议价的交易中，讨价还价中的机会主义行为难以避免，市场机制是多边议价，形成的价格是非人格市价，对任何人都是明码标价。当分工非常发达时，每个人都要与其他人交易，非人格市价对于节省内生交易费用就大为可观。国民教育可以降低交易成本，其一，教育可以提高人们学习各种交易活动知识和技能的能力。其二，知识和技能对于个人识别与参与经济活动至关重要，当今以财产权、文字契约、网络信息为基础的交易体系下，知识和技能对于降低交易成本效果显著。③ 已有研究发现文盲程度影响劳动分工（Sen，1999）。

---

① NORTH D. Institutions, Transaction Costs and Economic Growth [J]. Economic Inquiry, 1987, 25 (3): 419-428.

② 赵红军，尹伯成，孙楚仁. 交易效率、工业化与城市化——一个理解中国经济内生发展的理论模型与经验证据 [J]. 经济学季刊，2006 (4): 1041-1066.

③ EIGEN-ZUCCHI CHRISTIAN. The Measurement of Transaction Costs [D]. Washington: George Mason University, 2001.

2.3　中国省级行政区交易效率测度

基于上面的分析，交易效率指数由外生交易费用指标和内生交易费用指标构成，前者包括运输条件、通信条件和服务业三项指标；后者包括市场效率、政府效率、法律制度和国民教育四项指标。指标的说明以及数据来源如表 2-1 所示。由于各项指标的量纲不同，我们对各项指标依下式做标准化处理，得到一个界于 0~10 的统一量纲的指标。

$$第\ i\ 项指标得分 = \frac{V_i - V_{min}}{V_{max} - V_{min}} \times 10$$

为简单起见，我们赋予各项指标相同的权重，交易效率指数由下式得到：

交易效率指数=(运输条件指数+通信条件指数+服务业指数+市场效率指数+政府效率指数+法律制度指数+国民教育指数)/7

表 2-1

	指标说明	数据来源
运输条件	单位面积铁路里程、单位面积公路里程	根据中国统计年鉴 2002—2006 年相应数据计算而得
通信条件	单位面积货运周转量、每万人邮电业务总量、互联网普及率、每百人拥有的电话线数、城镇居民每百户拥有的个人电脑数①	中科院：《2009 中国可持续发展战略报告》
服务业	第三产业占 GDP 的比重	中国统计年鉴 2002—2006 年相应数据
市场效率	政府与市场的关系，非国有经济发展，产品市场、要素市场、市场中介组织的发育程度，法律制度环境	樊纲，王小鲁等《中国市场化指数》（2001、2002、2003、2004、2005）

① 原始数据中包括了单位面积货运周转量这一项，对测算结果的影响可以忽略。

表2-1(续)

	指标说明	数据来源
政府效率	政府公共服务、公共物品、政府规模、居民经济福利	唐天伟等《“十五”期间中国省级地方政府效率测度及其分析》①
法律制度	生产者权益保护、消费者权益保护②	樊纲，王小鲁等《中国市场化指数》(2001、2002、2003、2004、2005)
国民教育	中等学校以上在校学生数占学生总数比例、成人文盲变动、大专以上教育人口比例的变化	中科院《2009 中国可持续发展战略报告》

计算得到省级行政区交易效率指数，如表 2-2 所示（鉴于数据可获得性和研究需要，未包括我国港、澳、台地区，下同）。

表 2-2

地区	2001 年	2002 年	2003 年	2004 年	2005 年	平均值
北京	8. 775 645	8. 753 766	9. 151 03	9. 620 621	9. 654 276	9. 191 068
天津	7. 526 327	7. 446 947	7. 361 208	8. 063 693	7. 698 188	7. 619 273
河北	5. 359 286	5. 335 979	4. 946 437	4. 515 484	4. 645 293	4. 960 496
山西	4. 959 447	4. 586 007	4. 023 777	3. 848 423	4. 375 802	4. 358 691
内蒙古	4. 763 176	3. 582 552	3. 912 55	4. 725 706	4. 817 985	4. 360 394
辽宁	5. 743 427	5. 692 317	5. 882 797	5. 795 639	5. 745 057	5. 771 847
吉林	5. 376 962	4. 601 419	4. 381 364	4. 688 226	4. 902 485	4. 790 091
黑龙江	5. 438 368	4. 410 681	4. 378 372	4. 810 531	4. 864 806	4. 780 552
上海	8. 412 063	8. 695 678	8. 974 246	9. 025 568	9. 199 26	8. 861 363
江苏	5. 963 073	5. 759 376	6. 257 564	6. 318 163	6. 947 423	6. 249 12
浙江	6. 102 169	6. 736 362	6. 412 382	6. 607 045	6. 348 135	6. 441 219

① 原文使用的是标准化数据，本书做了换算，使之换算成 0~10 的指数。

② 这项指标实际上包括在市场效率指数之中，为了强调本书的理论，即法律制度会影响交易效率，因此单独设为一个指标，对总的测算结果可以忽略，因为不会改变省际的数据对比。

表2-2(续)

地区	2001 年	2002 年	2003 年	2004 年	2005 年	平均值
安徽	4. 945 738	4. 035 148	4. 823 369	3. 793 051	4. 169 318	4. 353 325
福建	6. 282 303	5. 516 786	5. 458 965	5. 370 442	5. 831 627	5. 692 025
江西	4. 517 536	3. 534 865	4. 524 112	3. 430 312	3. 641 264	3. 929 618
山东	5. 962 672	5. 314 902	4. 858 805	5. 212 917	5. 155 157	5. 300 891
河南	4. 848 326	3. 873 763	3. 540 286	4. 078 052	3. 634 107	3. 994 907
湖北	4. 868 887	3. 999 944	4. 857 466	4. 515 867	4. 630 954	4. 574 624
湖南	4. 239 414	4. 348 004	4. 202 288	4. 523 374	3. 990 211	4. 260 658
广东	6. 139 486	6. 434 3	5. 814 946	5. 589 317	6. 129 165	6. 021 443
广西	4. 984 613	3. 931 935	3. 904 929	3. 578 602	3. 394 595	3. 958 935
海南	5. 229 492	4. 962 193	4. 578 122	4. 222 488	3. 829 536	4. 564 366
重庆	4. 470 061	4. 100 971	4. 264 147	3. 565 264	4. 629 971	4. 206 083
四川	4. 457 178	3. 774 898	4. 044 511	3. 836 909	3. 723 804	3. 967 46
贵州	3. 306 703	2. 341 811	2. 800 794	2. 085 24	3. 214 507	2. 749 811
云南	4. 078 057	3. 179 156	3. 256 186	4. 103 427	3. 112 942	3. 545 954
西藏	3. 452 176	4. 497 129	2. 159 125	2. 326 607	2. 160 923	2. 919 192
陕西	4. 461 148	3. 664 706	4. 466 851	4. 300 428	4. 207 114	4. 220 049
甘肃	3. 740 097	2. 479 757	3. 053 759	3. 118 127	3. 150 395	3. 108 427
青海	3. 450 432	3. 358 299	3. 261 926	2. 717 327	3. 318 957	3. 221 388
宁夏	4. 090 704	2. 751 26	3. 104 172	3. 596 487	3. 432 472	3. 395 019
新疆	3. 699 918	2. 929 661	3. 985 086	4. 059 499	3. 909 136	3. 716 66

根据交易效率的测度结果（取平均值），我们把交易效率指数大于6的省份称为高交易效率省份，把交易效率指数处于4~6之间的省份称为中等交易效率省份，而把交易效率指数小于4的省份称为低交易效率省份。可以看出，高交易效率省份出现在东部沿海发达地区，而低交易效率省份主要出现在西部地区（见表2-3）。

表 2-3

高交易效率省份	北京、天津、上海、江苏、浙江、广东
中等交易效率省份	河北、山西、内蒙古、辽宁、吉林、黑龙江、安徽、福建、山东、湖北、湖南、海南、重庆、陕西
低交易效率省份	江西、河南、广西、四川、贵州、云南、西藏、甘肃、青海、宁夏、新疆

2.4 交易效率、分工水平与经济发展的相关性

分工水平的测度在理论界仍未有统一的认识。杨小凯用商品化程度或贸易依存度来度量分工水平。本书认为，分工意味着新的产业活动的产生，分工水平与法人单位数或产业活动单位数正相关，因为总量与人口规模和区域面积有关，不能准确反映分工水平。因此，我们用每万人法人单位数和每万人产业活动单位数来衡量分工水平，受数据所限，我们只能得到2001—2004年的数据，数据来源于国家统计局的第二次全国基本单位普查主要数据公报和第一次全国经济普查主要数据公报。关于经济发展水平，我们用人均GDP来衡量。

我们根据测度的数据用EXCEL绘图（见图2-5~图2-8），可以发现：分工水平与交易效率呈明显的正相关关系，而经济发展水平与分工水平出呈明显的正相关关系。交易效率指数与每万人产业活动单位数的相关系数是0.67，交易效率指数与每万人法人单位数的相关系数是0.74，万人法人单位数与人均GDP的相关系数是0.89，万人产业活动单位数与人均GDP的相关系数是0.86。虽然逻辑上相关关系不代表因果关系，但是经济发展的古典框架告诉我们，提高交易效率，降低交易费用，是促进分工演进、经济增长的源泉。显然，我们的数据支撑了这一论点。

250
200
150
100
50
0
万人产业活动单位数
$y = 21.277x - 39.176$
$R^2 = 0.6722$
0
2
4
6
8
10
交易效率指数

图 2-5

200
180
160
140
120
100
80
60
40
20
0
万人企业数
$y = 20.032x - 49.045$
$R^2 = 0.7363$
0
2
4
6
8
10
交易效率指数

图 2-6

4.5
4
3.5
3
2.5
2
1.5
1
0.5
0
人均GDP
$y = 0.0221x + 0.1812$
$R^2 = 0.8932$
0
50
100
150
200
万人法人单位数

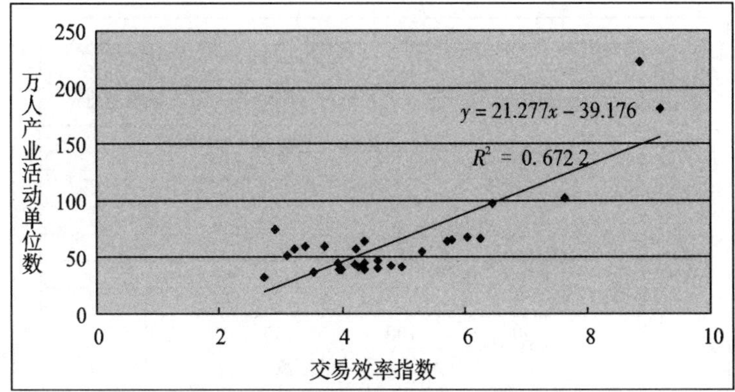

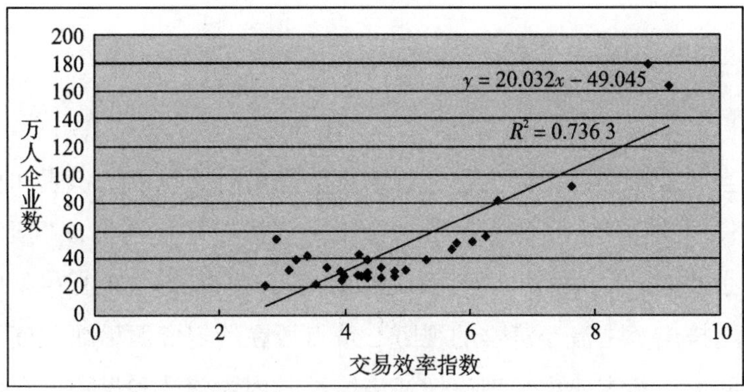

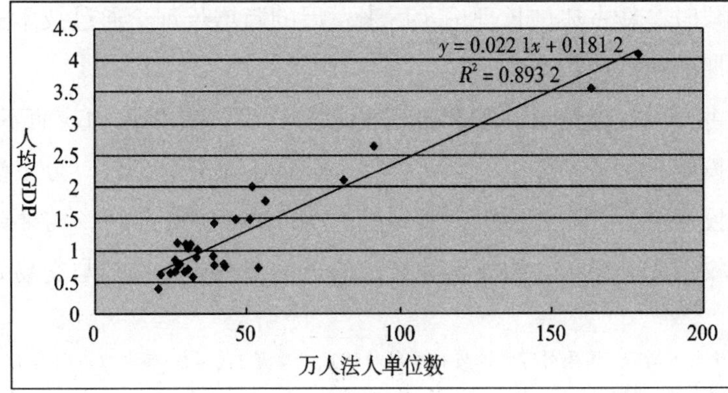

图 2-7

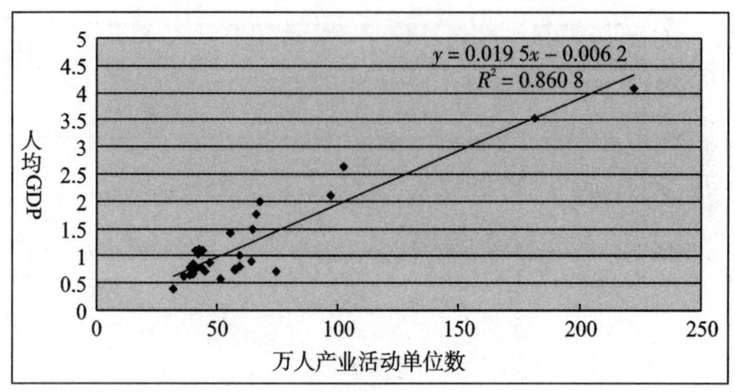

图 2-8

2.5 结语

亚当·斯密在强调分工是经济增长的源泉时，也承认积累和投资在经济增长中的作用。要想通过劳动分工来促进劳动生产力，“预储资财是绝对必要的”①。然而，马歇尔之后的新古典框架把分工专业化这一核心问题挤出了主流经济学的视野，重点放在给定资源稀缺程度下的资源配置问题。新古典增长理论把经济增长归因为储蓄和投资，它们使人均资本增加，从而提高生产率，增加产出。当资本投入面临边际报酬递减的局限时，新古典增长理论及后来发展的新增长理论通过技术进步来解释长期的经济增长。

新古典增长理论对储蓄和投资的过分强调，是只见物，而不见人。储蓄和投资只是劳动分工的必要条件，但并不是充分条件。分工演进还需要有投资机会，需要乐意试验专业化分工的经济主体②，需要政府对私人产权的充分保护，需要足够规模的市场范围，这些都与交易效率紧

① 亚当·斯密. 国民财富的性质和原因的研究（上卷）[M]. 郭大力，王亚南，译. 北京：商务印书馆，1972.

② 即熊彼特所指的有创新意识和企业家精神的人。

密地联系在一起。从历史上看，为什么率先实现现代化的国家是荷兰和英国？这是因为这两个国家在确定制度和所有权体系方面走在了最前面，有效地激励个体的积极性，把他们的资本和精力用在对社会最有益的经济活动[①]。诺思在《西方世界的兴起》的开篇就指出：有效率的经济组织是经济增长的关键…这需要在制度上做出安排并且确立所有权以形成一种激励，将个体的经济努力变成使私人收益与社会收益接近的水平。

根据经济增长的古典框架，分工是经济增长的源泉，储蓄和投资只是必要的工具。分工取决于两个方面，一是交易效率提高促进分工发展，二是分工的内生演进。对于任何一个开放的、自由的、有保护的市场经济国家，经济发展的真正阻碍不是缺储蓄，缺资金，缺劳动力，缺技术，即使国内缺，也可以向国外引进。探索经济增长的真正根源，要从促进分工演进的根源中寻求答案，交易效率提高是分工演进的首要根源，这既包括改善运输、通信等硬件基础设施[②]，也包括改善法律、制度、政府效率等软设施。我国在过去的三十年改革开放过程中，基础设施建设取得了巨大的成就，这为我国长远的经济发展打下了良好的基础。但是，在改革过程中，也出现法律、制度建设和公共管理等软设施跟不上的情况，这是我国应该努力改进的方向。

---

① 亨利·勒帕日. 美国新自由主义经济学［M］. 李燕生，王文融，译. 北京：北京大学出版社，1985.

② 我国广为流传的一句话叫“要想富，先修路”，就是这个道理。

3 交易行为假设与交易治理

3.1 交易行为假设

主流经济学视市场为基于货币和法律的非人格化匿名交易[①][②]，假设交易发生在一个没有摩擦的世界里[③]，即具有完全信息、签订完全契约，经济主体具有完全理性，进行完全竞争，因此没有讨论交易冲突及制度问题。当交易出现纠纷时，法律会解决一切。[④] 亚当·斯密认为，"看不见的手"会实现资源的有效配置，政府只需要充当"守夜人"的角色，国家维护公共安全、法律秩序且提供公共产品，法律和道德情操是市场有序运行的基础。事实上，并非人人都是天使，而且人们面临信息局限，如不确定性、不完全契约以及有限理性。[⑤][⑥][⑦] 威廉姆森把人视

---

① AVNER GREIF. The Birth of Impersonal Exchange: The Community Responsibility System and Impartial Justice [J]. Journal of Economic Perspectives, 2006, 20 (2): 221-236.

② MILGROM PAUL, DOUGLAS NORTH, BARRY WEINGAST. The Role of Institutions in the Revival of Trade: The Law Mechant, Private Judges, and the Champagne Fairs [J]. Economics and Politics, 1990 (2): 1-23.

③ NORTH D. Economic Performance through Time [J]. American Economic Review, 1994, 84: 359-368.

④ GALANTER M. Justice in Many Rooms: Courts, Private Ordering and Indigenous Law [J]. Journal of Legal Pluralism & Unofficial Law, 1981, 19 (1): 1-47.

⑤ KNIGHT F H. Risk, Uncertainty, and Profit [M]. Boston: Houghton Mifflin Company, 1921.

⑥ SIMON H A. Administrative Behavior [M]. NewYork: Macmillan, 1961.

⑦ GROSSMAN S J, OLIVER HART. The Costs and Benefits of Ownership: A Theory of Vertical and Lateral Integration [J]. Journal of Political Economy, 1986, 94 (4): 691-719.

为“契约人”，人们处于各种交易关系之中，通过正式或非正式的契约联结在一起。我们采用威廉姆森（Williamson，1985）对“契约人”的行为假设，即有限理性和机会主义行为，这两点基本上反映了人类的本质特征。

3.1.1 有限理性

有限理性是指经济主体试图达到理性，但只是有限的理性。经济人和经济理性假设是现代经济学的基石。古典经济学创始人亚当·斯密将经济活动主体抽象为追求私利的“经济人”，“经济人”的经济活动采取经济理性原则。经济理性的理论渊源可以追溯到重商主义的约翰·海尔斯及孟德尔等人，他们认为“人是追逐最大利益的”①，经济理性至今仍是主流经济学的基本信条。

经济理性基于“自利人”假设，人都是自利的，人的自利本性是一切经济行为的出发点。经济学对人性的这一基本假设，在中国古代也有体现，《史记·货殖列传》载：“天下熙熙，皆为利来；天下攘攘，皆为利往。”人的自利主义曾经受到国人的批判，把它视为资产阶级的腐朽思想。然而，这种思想正是西方资本主义世界经济行为的核心假设。斯蒂格勒（1976）指出，虽然斯密认为人的行为并非唯一地受自利性引导，他在《道德情操论》中探讨了“同情心”这种美德的涵义，但是归根结底，斯密相信最能贯彻始终的、最普遍适用的，从而也是最可靠的人类行为动机是人对自我利益的追求。②

这一假设的逻辑基础在于承认人的动物性，动物有求生和繁殖的本能。因此，人对生活资料的占有是其本能选择，如果资源是稀缺的，那么这种占有就会体现为生存竞争。物竞天择的结果把人的自利性固定下来，因为人们观察到，在生存竞争中取胜的幸存者都是按照自利原则行

---

① 孔泾源. 经济理性与体制变迁［J］. 经济研究，1989（12）：61-68.

② 汪丁丁. 经济学理性主义的基础［J］. 社会学研究，1998（2）：3-13.

事的人，不按自利原则行事的人被淘汰了。假设一个村庄只生活着两类人，一类人总是利他，另一类人总是利己，随着时间的流逝，人们发现，总是利己的人繁衍了下来，而总是利他的人消亡了。从这一点来看，自然进化论是经济理性的一个理论来源。

经济理性基于“理性计算”假设，“经济人”按照“最优化原则”来配置资源，力图以最小的代价获得最大的福利。这延续着边沁（J. Bentham）的功利主义道德哲学，个体追求最大化的幸福或追求最小化的痛苦。[①] 马歇尔的边际分析把这种功利计算精确到边际变量相等的程度。通过理性计算和资源配置，消费者追求效用最大化，生产者追求利润最大化，市场竞争可达到社会福利的最大化。理性计算也是动物的一种本能，一些动物会计算它的进食量，以积累足够的脂肪度过寒冬；一些动物会储蓄一定的食物，供食物短缺的季节享用；一些动物会权衡手中的猎物和面临的危险，经常不得不舍弃猎物而逃走。这种动物本能也是在物竞天择的自然进化中发展形成的。“物竞天择，适者生存”的自然规律把人的理性计算固定下来，因为人们观察到，在生存竞争中取胜的幸存者都是按照理性计算原则行事的人，不按这一原则行事的人被淘汰了。假设最初有两类家庭[②]，一类家庭的人胡乱花钱、随意消费；另一类家庭的人精打细算，以获得最大效用。随着时间的流逝，人们发现，理性计算的人繁衍了下来，而随意消费的人消亡了。

对于“经济人”理性原则的批判，主要来自人的有限的知识和计算能力。人们能否准确地界定其目标函数？能否准确地界定其约束条件？由于不完全信息和有限的知识，寻找最优化的理性计算常常是不可行的。“有限理性”概念的主要提倡者、诺贝尔经济学奖得主西蒙（Simon）主张将不完全信息、处理信息的成本和一些非传统的目标函数纳入经济分析。西蒙认为，人们总是试图去达到理性，尽管是有限的理性。

---

① 汪丁丁．经济学理性主义的基础［J］．社会学研究，1998（2）：3-13.

② 汪丁丁．在经济学与哲学之间［M］．北京：中国社会科学出版社，1996：10.

有限理性其实是关于人的认知能力的一个假定。人们面临的是一个复杂的、不确定的世界，信息是不完全的。人们对复杂的、不确定的环境的认识能力和计算能力都是有限的，不可能无所不知。西蒙指出，传统经济理论假设了一种“经济人”，他们具有经济理性，经济主体拥有完备的信息和知识，还拥有很强的计算能力，具有清楚的目标函数或偏好体系，能够在他们的可行空间中寻找最优的选择。实际上，这只是理想的状况，人们只是力图达到理性，但受限于信息、知识和计算能力的局限，只能实现有限的理性，在行动中，人们追求“满意”的标准，满意就好，而不是一定要追求最优化。以稻草堆中寻针为例，西蒙主张以有限理性的“管理人”替代完全理性的“经济人”，“经济人”的目标是找到最锋利的针，即寻求最优，而“管理人”只要找到能够缝衣服的针就心满意足了。

传统经济理论假设完全理性，人们有能力进行完备的事前缔约，即合约是完全的，交易在法律的框架下按部就班地进行。有限理性的假定排除了完全契约的可能性，在不确定性、信息、知识不完全、计算能力有限的情况下，所有的合约是不完全的，因此事前合约的签署策略以及事后合约的争端解决都是经济组织面临的交易问题。

张维迎（2013）从有限理性、有限毅力、有限自利三个维度来解释人的行为并不是完全理性的。第一是有限理性。西蒙认为，人的大脑加工能力、记忆能力均有限，人不可能是完全理性的，只能是有限理性的。第二是有限毅力。完全理性要求人们能够在眼前利益和长远利益之间进行精确的计算，但现实中，人们往往毅力不够，抵偿不住眼前的诱惑。例如，明知吸烟有害健康，却戒烟不成功；明知肥胖不好，却减肥不成功；年轻人总是很快把工资或零用钱花光了，常常陷入青黄不接的窘境。一个完全理性的人，花钱消费时用现金支付和用信用卡支付应该是完全一样的，但实际上并不一样，刷信用卡会让人们倾向于接受较高的价格且多消费。第三是有限自利。实际中，人们常常表现出利他性行为，除了血缘性利他之外，陌生人之间也有利他性偏好，最后通牒博弈、独裁者博弈的实验结果都发现了人的利他性偏好。另外，人还有情绪化行为，人常常会表现出某种情绪化行为，即使利益受损，也要表现出自己的情绪。例如，夫妻吵架，明明知道吵架会伤害感情，但情绪来了，还是会吵。

很多人将社会中出现的损人利己和道德败坏归罪于经济学对人的理性假设。一些研究结果发现，学习经济学会导致更加自私的信念和行为。卡特尔和艾恩斯（Carter & Irons，1991）做了一个最后通牒博弈实验，实验对象就 10 美元分别充当提议者和反应者进行分配，一个提议如果被拒绝，两者都一无所有。实验表明，作为提议者，经济学专业的学生提议自己分配的金额大大超过非经济学专业的学生（6. 15 美元比 5. 44 美元），而作为反应者，经济学专业的学生接受的金额又大大低于非经济学专业学生（1. 70 美元比 2. 44 美元）。

2013 年，《广州日报》刊登了一篇文章《经济学教授捐款最吝啬，学经济学会变得自私?》被很多媒体转载。一些研究显示，经济学专业的人在慈善捐助、公平态度、同情心等方面有一定的欠缺。康奈尔大学的罗伯特·弗兰克教授研究发现，经济学专业的教授的慈善捐助比其他专业的教授要少。经济学专业的学生（或至少学习过 3 门经济学课程的学生）更愿意对贪婪予以正面的看法。在选择合作和背叛的实验中，经济学专业的学生有更多的比例选择背叛。①

对人性的假设是经济社会制度的依据。经济学对经济理性的假设，总体上体现了人的自利性。但自利有诸多途径，第一种是损人利己，常常表现为利益的争夺，并没有增进“蛋糕”总量，浪费了很多非生产性活动的资源。第二种是不损人而利己，大部分人都是如此，人们对不损人而利己的行为更多地表现为羡慕和赞赏。例如，人们对通过创业发

① 经济学教授捐款最吝啬，经济学会变得自私？[N]. 广州日报，2013-11-10.

家致富的人表示欣赏，而对贪污受贿者表示痛恨。第三种是利人利己，这是英明的上策，合作共赢，互惠互利，市场交易中的合作行为就是利人利己。可见，经济理性通过与市场经济结合，产生了互利的结果，这正是市场经济的美妙之处。在市场制度发明之前，人们遵从丛林法则，战争不断，有了市场制度，人们通过交易就可以实现彼此的利益，因此市场是促进人类文明的一种方式。实行市场经济的国家，人们的合作精神和道德水准往往比非市场经济国家要高得多，市场是人与人合作最有效的手段。①

学习经济理性的人会更为自私，但是遵从市场经济的人们又找到了合作的出路。这是因为假设人的理性是为了寻求从理性出发得到互利结果的制度。西方假设人性本恶，因此发展了一系列制度和文化来激励人们行善，通过制度、文化、信仰激励人们以相互合作作为人的理性选择。如果假设人都是好人、都是利他的、都很善良，自然就没有动力发展出相应的制度和文化来约束人内心的那个魔鬼。

3.1.2 机会主义行为

机会主义行为是指损人利己的行为。威廉姆森（Williamson，1985）假定，人具有机会主义行为倾向，人们在经济活动中总是尽最大能力保护和增加自己的利益，自私且不惜损人，只要有机会，就会损人利己，为了利益不惜采取欺骗、偷窃、偷懒等损人利己的行为。人们以不诚实的或欺骗的方式追求自身利益，在信息不对称的情况下不完全如实地披露所有的信息而导致损人利己的行为。损人利己的行为大体可分为两类：一类是在追求私利的时候，"附带地"损害了他人的利益，如工厂排放污染物污染了环境；另一类是以损人利己为手段为自己谋利，如坑蒙拐骗、偷窃、偷懒等。

---

① 张维迎. 博弈与社会［M］. 北京：北京大学出版社，2013.

机会主义行为的发生可以归纳为以下两方面的原因：第一，机会主义行为源于人的逐利本性，人们在追求自身利益最大化时，常常走进机会主义，甚至为了自身利益不惜采取不正当的手段损人利己。第二，信息不对称和人的有限理性给机会主义行为提供了活动空间。有限理性的经济主体不可能对复杂的、不确定性的环境获取完备的信息，一些人利用信息不对称，向对方说谎、隐瞒和欺骗，以谋取私利，甚至损人利己。威廉姆森认为，由于某些交易的特殊性使交易双方存在信息不对称现象，掌握信息的一方可以通过隐藏信息或隐藏行动来获取个人利益，不对称性信息为机会主义行为提供了温床。信息经济学将不对称信息区分为事前的信息不对称和事后的信息不对称。前者常常产生逆向选择问题，后者容易导致道德风险问题。

逆向选择是指在信息不对称情况下，掌握私人信息的一方隐藏自己的类型信息使交易的另一方利益受损的现象。在柠檬市场中，由于买方和卖方对商品质量具有不对称信息，卖方只把差的商品推向市场，好东西卖不出好价格，次品驱逐优品，这就是逆向选择。

在旧车市场上，车的状况参差不齐，好车卖方的估值为 20 万元，买方的估值为 22 万元；卖方对差车的估值为 10 万元，买方对差车的估值为 12 万元。如果信息对称，好车卖价 21 万元，差车卖价 11 万元，双方皆大欢喜，于是好车卖好价钱，差车卖差价钱。若信息不对称，买方不知道旧车的质量，只知道好车和差车的概率各占一半，于是支付期望价值 $0.5\times22+0.5\times12=17$ 万元。这样的话，卖方若是持有好车，肯定选择不卖了，只愿意将差车推向市场；买方也是聪明人，知道卖方不会以 17 万元的价格来出售好车，卖方愿意出售的肯定是差车，于是最多只愿意出价 12 万元，于是只有差车可以成交，而好车退出了市场。由于信息不对称，差车将好车挤出了市场，“劣币驱逐了良币”。由于存在逆向选择，市场的有效性被破坏了。

逆向选择在保险市场也普遍存在，主要是保险公司不了解投保人的身体状况信息，若根据患病的平均概率来确定一个统一的保费水平，那么身体状况好的人不接受过高的保费而退出市场，而身体状况差的人参保，其结果是保险公司陷入亏损。若保险公司试图提高保费来弥补亏损，那么市场将陷入恶性循环，保费提高后，只会导致更多的较优质的客户流失，造成更高的赔付损失。在信贷市场，逆向选择的问题使得银行倾向于对贷款申请实行配给制①，并不是愿意支付较高利率的人一定能够得到贷款。

道德风险是指签订合同之后，由于信息不对称，一方不能监督另一方的行动（隐藏行动问题），导致当事人采取欺骗、偷懒等不道德行为，损害另一方的利益。签约一方不完全承担风险后果时采取使自身效用最大化却使另一方利益受损的机会主义行为。例如，购买了汽车保险的人不再注意保管自己的车；购买了火险的人，不再注意防火安全；购买了医疗保险的人，小病大看，要医生开贵重药品，这些都是一方隐藏行动导致的不道德的行为。在保险条款中，保险和激励可能存在矛盾，若完全保险，代理人就没了激励；若风险全部由代理人承担，这时激励最强，却不符合保险的本质，即风险分担。因此，实际的保险应该是处在两者之间，提供部分的保险。例如，10 万元的车丢了，保险公司保 80%的险，保险公司赔偿 8 万元，剩下的 2 万元由投保人承担，这使得投保人有激励保管好自己的汽车。张维迎（2013）提到另外一种激励手段，即每年的保费与过去索赔的历史记录有关，如果保险之后今年没有索赔，明年的保费将降低，否则明年的保费就上升。

如果从损人利己的角度来看，“搭便车”也是机会主义行为。公共品投资领域的“搭便车”行为可能导致集体行动的难题。公共品投资博弈容易陷入囚徒困境，在如图 3-1 所示的公共品投资博弈中，纳什均衡是双方都不投资，导致公共设施供给不足。实际上，若双方都投资，

① JOSEPH E STIGLITZ, ANDREW WEISS. Credit Rationing in Markets with Imperfect Information [J]. The American Economic Review, 1981, 71 (3): 393-410.

可以给双方都带来更大的利益。在公共品投资领域，各经济主体存在“搭便车”的心理，都指望别人去投资，自己想不劳而获，最后导致公共品供给不足，个人的理性选择导致集体的无效率。针对公共品投资中的“搭便车”的问题，通常的解决措施是由政府来投资建设公共设施。政府通过征税获得财政收入，通过财政投资建设公共设施。在区域合作中，如果是政府之间在区域合作中“搭便车”，那么可以由更高一级的政府来协调和投资建设公共设施。

	B：投资	不投资
A：投资	10，10	4，12
不投资	12，4	5，5

图 3-1

当交易出现资产专用性时，一方利用另一方的资产专用性而采取“敲竹杠”行为使自己在交易中处于有利位置却损害了另一方的利益。资产专用性是指某些耐用性实物资本或人力资本投入某一特定的交易关系后，不易转为他用，从而被锁定在这一交易关系中的程度。具有资产专用性的一方需要一个长期的双边交易关系才可能实现成本效益，因此对另一方产生依赖，专用性投资之后的谈判地位将减弱。由于事前的竞争被事后的垄断取代，处于垄断地位的一方具有机会主义行为倾向，利用合约的不完全性寻找种种借口对对方“敲竹杠”。

3.2 信息局限

西蒙提出有限理性理论正是考虑到限制决策者信息处理能力的约束，他提议将不完全信息、处理信息的费用和一些非传统的决策者目标引入经济分析。随着分工专业化的发展，每个专家知道的信息相对于全社会的知识越来越少，信息越来越分散在不同的专业中，而市场的功能是促进这种信息的分散化和信息不对称，以促进社会获取知识的总能力和增进生产力。市场并不是让所有人分享所有信息，而是让人们在不必知道他的专业之外的生产知识时也能享受社会的生产力。专业化分工之后，专家对自己专业的信息掌握得越来越多，而对别的专业的信息掌握得越来越少。因此，信息不对称或不完全信息愈发是成为常态。

信息不完全有两个层面的含义：一是由于认识能力的限制，人们不可能知道在任何时候、任何地方发生的任何情况。哈耶克预言计划经济失败的一个依据就是计划当局会面临信息失败，不可能获得完美的信息。二是信息作为一种有价值的资源，其交易容易陷入市场失灵。信息不同于普通商品，人们在购买普通商品时，先要了解它的价值，再决定是否购买。但是，购买信息商品却面临一个障碍，人们之所以愿意出钱购买信息，是因为还不知道它，一旦知道了它，就没有人愿意再为此进行支付。信息的购买也要基于信息的价值，这就出现了一个矛盾问题，卖者让不让买者在购买之前充分了解出售的信息的价值呢？如果不让，买者就可能因为不知道信息的价值而不去购买它；如果让，买者就可能因为已经知道了该信息而不去购买它。因此，关于信息的交易市场效率低下，这影响到信息的生产和消费。不完全信息的一种情况是信息不对称，一些人比另外一些人具有更多的信息，信息占优的一方可能利用信息上的优势行使机会主义行为。例如，二手车的卖方对车况的信息就多于二手车的买方；委托人无法监督代理人，不知道代理人工作情况的信息。信息不对称导致常见的两个问题是逆向选择和道德风险。

由于人们的有限理性、信息的不完全性以及交易的不确定性，使得拟定完全契约是不可能的，在复杂的、不可预测的世界中，人们很难做出完全的思考，并为可能发生的各种情况做出计划。因此，不完全契约是必然的。既然是不完全契约，在契约实施过程中，就可能出现纠纷。契约双方对契约没有约定的情况可能难以达成一致，即使提交法院，法官也缺乏判决的依据。若契约是不完全的，交易纠纷的治理机制成为必要。

3.3 交易治理

交易治理是指对交易行为的治理，通过一定的制度约束，抑制交易主体的机会主义行为。威廉姆森在《资本主义经济制度》的绪论部分指出："机会主义是人类无处不在又难以把握的本性，组织问题的基本分析单位是交易，研究经济组织的核心目的在于调和交换关系。"威廉姆森认为，有效的治理包括市场治理、第三方治理、双边关系治理和一体化等机制。机制设计理论强调合同前交易契约的激励，是典型的市场思维，这种思维假设事后纠纷习惯地提交法庭解决，而法庭也确实能有效且不费成本的作出裁决。张维迎（2001）指出，法律与声誉是维持市场有序运行的两个基本机制。格雷夫（Greif，2003）把契约执行机制区分为基于声誉的私人执行机制和基于法律的公开执行机制。交易成本经济学认为，对各种合同关系，主要是靠私人秩序形成的各种制度来治理，而不是通过法律中心主义来解决（威廉姆森，1985）。

新古典经济学着重研究消费和生产，生产者和消费者通过市场实现资源配置，市场有着非凡的功能，价格反映了市场中的一切，也协调着市场中的买卖双方。那么市场是如何运行的？既然通过市场可以协调生产者和消费者，为什么还要有企业？人们在现实经济活动中，除了价格之外，还有很多的非价格机制协调着市场行为，如声誉机制、社会规范、中介组织等，无论价格机制还是非价格机制，都是市场经济中人们协调预期和促进合作的手段。

康芒斯（1934）认为，应该把交易作为分析的基本单位。市场、企业及与之相关的签订合同问题都是市场交易的范畴；从市场交换到集权式的等级组织以及介于这二者之间的、不可胜数的混合形式，都是经济组织的选择问题；不论什么问题，只要能还原为合同问题，就应该从是否有利于节省交易成本的角度来思考，各种经济制度的主要目标和作用都在于节省交易成本。研究资本主义经济制度就应该把交易作为基本分析单位，应该承认经济组织在交易中所起的重要作用。研究经济组织的核心问题是根据不同的治理结构，选择不同的交易方式，从而节省交易成本。交易签约可以把时间区分为签约前和签约后，机制设计理论把注意力放在契约的事前激励方面，但人们更关心事后处理契约纠纷的各种制度。[①]

如果将市场交易视为人类历史上最为重要的合作形式，我们可以用非合作博弈来探讨交易问题。随着交易的扩展，人格化交易向非人格化交易转变，匿名交易面临信息不对称和代理问题，匿名交易以货款和货物在时空上的分离为特征[②]，这时交易的交付就变成一个囚徒困境问题，首先实施交易契约的一方将面临机会主义风险[③④]，因此交易离不开治理机制。

如图 3-2 所示，匿名交易对象 A 和 B，如果互相诚信，交易顺利完成，双方都得到 5 单位收益；如果双方都欺骗，交易结果很可能不理想，双方都得到 2 单位收益；如果一方诚信，另一方欺骗，那么诚信的一方收益为 0，而欺骗的一方可以获得一个较大的收益，即 10 单位收益。该博弈的纳什均衡是双方都欺骗，而实际上，双方诚信时，可以获得更高的收益，这时个体的理性选择不符合集体的理性，交易陷入一个囚徒困境，合作交易的剩余没有实现。

---

① WILLIAMSON O E. The Economic Institutions of Capitalism [M]. New York: Simon & Schuster Press, 1985.

② AVNER GREIF. The Birth of Impersonal Exchange: The Community Responsibility System and Impartial Justice [J]. Journal of Economic Perspectives, 2006, 20 (2): 221-236.

③ WILLIAMSON O E. The Vertical Integration of Production: Market Failure Considerations [J]. American Economic Review, 1971, 61: 112-123.

④ WILLIAMSON O E. Organization Form, Residual Claimants, and Corporate Control [J]. Journal of Law and Economics, 1983, 26 (2): 351-366.

	B:诚信	欺骗
A:诚信	5，5	0，10
欺骗	10，0	2，2

图 3-2

如图 3-3 所示，若匿名交易对象处于一个动态博弈当中，委托人先行动，不信任则双方的收益均为 0；如果委托人信任代理人，代理人可以选择诚信，这时双方得到的收益都为 5 单位；代理人也可能选择欺骗，这时委托人的收益为-5，而代理人的收益为 10。根据逆向归纳法，代理人的理性选择是欺骗，而委托人的理性选择是不信任，因此合作无法达成，交易陷入流产。

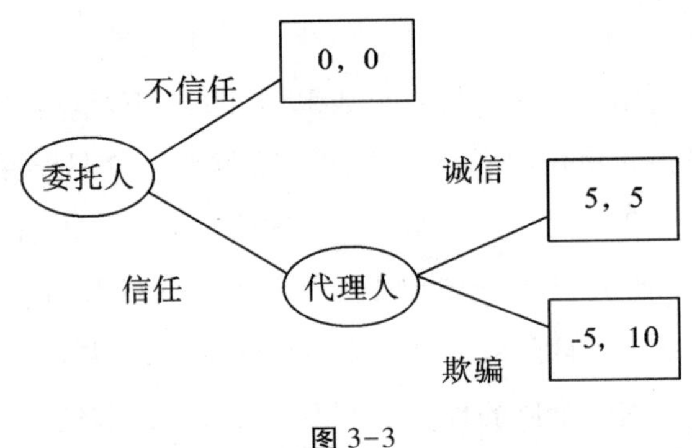

图 3-3

合同理论旨在揭示理性经济主体之间的合同关系，在委托-代理关系中，通过最优合同设计或机制设计来解决激励问题，包括合同前的逆向选择和合同后的道德风险。合同的激励机制固然重要，但事后的合同纠纷应跳出法律中心主义。交易成本经济学认为，各种合同关系需要依靠各种制度来治理。①

合同理论忽视合同的不完备性、合同的签订以及执行费用等问题。

① WILLIAMSON O E. The Economic Institutions of Capitalism［M］. New York：Simon & Schuster Press，1985.

事实上，交易成本无处不在①②，交易不是无摩擦的，人甚至具有机会主义行为倾向，组织和制度的选择就是为了降低交易成本。威廉姆森（Williamson，1985）指出，最优的治理结构是可以最大程度地节约事前和事后交易成本的治理结构，根据专用性投资、不确定性和交易频率三个维度把交易的治理机制区分为市场治理、第三方治理、双边关系治理和一体化。如果资产专用性低，适合采取市场治理，通过市场就易于实现交易关系调整。资产专用性越高，就必然借助治理机制来应对交易中可能出现的机会主义行为。若只是偶然交易，采取第三方治理（如法院、仲裁等）比较适合；若双方经常要发生交易，则可能采取一体化策略，自建供应链。对于资产专用性比较高又不是非常高的情况，且双方经常交易，双方适合建立起双边治理关系。威廉姆森（Williamson，1985）提出的有效的治理框架如图 3-4 所示。图 3-4 中没有提及不确定性，因为不确定性不改变上述分析框架，只是改变交易治理方式的程度，不确定性越高，采取一体化的可能性也越高；相反，则采取市场治理更为合适。

<table>
<tr><td colspan="2" rowspan="2"></td><td colspan="3">资产专用性</td></tr>
<tr><td>非专用</td><td>混合</td><td>专用</td></tr>
<tr><td rowspan="2">交易频率</td><td>偶然</td><td rowspan="2">市场治理③</td><td colspan="2">第三方治理</td></tr>
<tr><td>经常</td><td>双边治理</td><td>一体化</td></tr>
</table>

图 3-4

诺思和托马斯（North & Thomas，1976）将西方世界的兴起归因于率先发展了产权制度、交易制度及有效率的经济组织。为了治理交易，

① COASE R H. The Nature of the Firm [J]. Economica, 1937, 4 (16): 386-405.

② COASE R H. The Problem of Social Cost [J]. Journal of Law and Economics, 1960, 3 (1): 1-44.

③ 市场治理是指通过市场来实现交易。

有的学者强调正式制度、非正式制度及其实施机制（North，1990），区分了关系型治理和规则型治理（Li John Shuhe，2003）。正式制度的逻辑是人应该按规则行事，否则将受到惩罚。由正式机制实施的惩罚可以改变博弈的行动空间或支付函数，从而改变博弈的均衡结果。① 因此，法律这样的正式机制是治理交易的重要手段。但是，正式机制背后有一个假想的监督者在实施规则，于是又产生了一个新的问题，谁来监督监督者?② 正式规则的实施基于国家的强制力量，这会产生一个困境，能够保护产权的强制力量也可能侵犯产权，或者采取无效率的产权，这会削弱市场经济的基础。③④ 事实上，执法者也是理性人。法律不但要规制个体的行为，也要规制执法者的行为，谁来规制执法者的问题又是悬而未决的。信息不对称也存在于法官与合同人之间，法官对于不可验证的违约行为往往无能为力。正式规则之外，经济个体自发形成一系列非正式、非强制性的程序或惯例来治理交易，即私序或非正式制度。私序作为自我实施的非正式制度，是保护产权和执行契约的一种有效机制。私序何以运行? 主要依靠基于声誉机制的理性决策。声誉机制包括单边、双边和多边声誉机制，双边声誉机制基于双边惩罚，在无限重复博弈和触发策略之下，参与人为了长期利益保持诚信的声誉。⑤ KMRW（1982）模型将不完全信息纳入重复博弈，诚信合作在有限重复博弈中也可以实现。在关联博弈中，即使在单一市场上无利可图，也可从互联

① BASU B B. The Spontaneous Evolution of Commercial Law [J]. Southern Economic Journal, 1989, 55: 644-661.

② AVNER GREIF. The Birth of Impersonal Exchange: The Community Responsibility System and Impartial Justice [J]. Journal of Economic Perspectives, 2006, 20 (2): 221-236.

③ WEINGAST BARRY. Constitutions as Governance Structures: The Political Foundations of Secured Markets [J]. Journal of Institutional and Theoretical Economics, 1993, 149 (1): 286-311.

④ BUCHANAN J M. Explorations into Constitutional Economics [M]. College Station: Texas A&M University Press, 1989.

⑤ FUDENBERG D, J TIROLE. Game Theory [M]. Cambridge: MIT Press, 1992.

的市场交易中获利[①]。为了发展与陌生人的双边交易关系，礼物交换和抵押是常见的机制，卡麦克尔和麦克劳德（Carmichael & MacLeod，1997）建立了礼物交换模型。威廉姆森（Williamson，1985）建立了抵押模型。多边声誉机制基于多边惩罚或集体惩罚。坎多利（Kandori，1992）和阿布鲁（Abreu，1988）强调多边惩罚的社会规范，惩罚不诚信者，还要惩罚不惩罚不诚信者的人。格雷夫（Greif，1993；1994）分析了中世纪行会以及马格里布商人联盟在海外贸易中的作用；米格罗姆、诺思和温格斯特（Milgrom，North & Weingast，1990）发现，中世纪流行于欧洲的“香槟交易会”，法律商人制度运行良好；格雷夫（Greif，2008）发现，社群责任制曾流行于整个欧洲，这些制度正是基于多边声誉机制。社群规范和俱乐部规范也是多边声誉机制的表现形态[②]，只是前者具有封闭性，后者的开放性更强。

声誉机制离不开有效的信息传递。欺骗信息传递的速度要足够快，否则当事人就不会有建立声誉的积极性。[③] 信息传递可以通过正式机构，也可通过流言蜚语等非正式方式。[④] 在封闭的乡村熟人社会，人们的闲言碎语就足以在村民之间建立起高度的信任。福山（Fukuyama，1995）和普特南（Putnam，1993；1995）强调教会、商会、工会、俱乐部等中间组织对传递信息的作用。

钱颖一（2000）指出，法治是现代市场经济有效运作的条件。格雷夫（Greif，1999）通过历史比较研究发现，依靠多边声誉机制治理交易的马格里布商人最终衰落了，而热那亚商人通过契约、法律发展海外贸易，发展为近代资本主义市场机制。与此类似，栗树和（Li

① 青木昌彦. 比较制度分析［M］. 周黎安，译. 上海：上海远东出版社，2001.

② AVNER GREIF. Reputation and Coalitions in Medieval Trade: Evidence on the Maghribi Traders［J］. Journal of Economic History，1989，49（4）：857-882.

③ KANDORI M. Social Norms and Community Enforcement［J］. Review of Economic Studies，1992，59（1）：61-80.

④ ZAK P，Knack S. Trust and Growth［J］. The Economic Journal，2001，111：295-321.

Shuhe，2003）指出，随着经济发展和交易规模扩大，关系型治理要向规则型治理转变。史晋川（2004）基于对温州模式的考察，预言以人格化交易为特征的温州模式可能最终走向衰落。

我们给出交易治理的框架图（见图 3-5），声誉机制作为法律的替代机制可以实现市场交易的有效治理。双边声誉机制对于长期合作的双边交易是有效的，但这类交易只占很小的部分。多边声誉机制在熟人社群是有效的，但具有封闭性。如何实现匿名市场的诚信交易？匿名市场的声誉机制能够建立起来吗？匿名声誉机制又是怎么运行呢？后面的章节我们将着重分析。

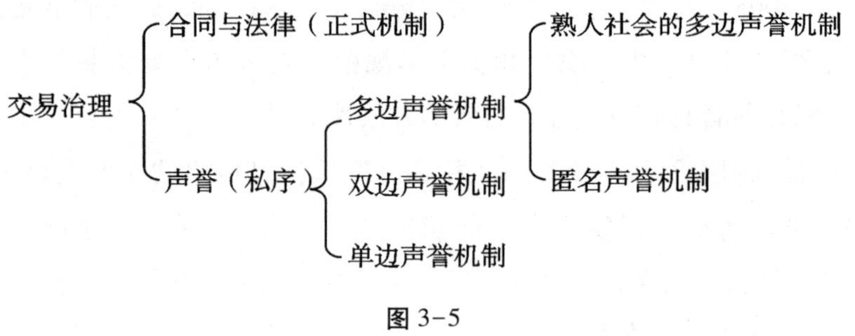

图 3-5

3.4 结语

本章探讨了人的行为假设，人是有限理性的，万能的人是不存在的。人不能获取全部的信息，世界是变化的、运动的，人的认识永远跟不上世界的变化，在纷繁复杂的世事面前，每个人都只能一知半解地认识世界。每个人也无法做出全部的思考，智者千虑，必有一失。因此，对任何行为主体，都不可把他认为是全知全能的，每个人的认知、思考和决策都不可避免地具有主观性、片面性。在交易行为中，任何人都难以准确把握交易的方方面面，要签署完备的交易契约是不可能的，因此交易契约的签订和履行不可避免地存在一些不一致，虽然人们希望达成各项一致，但不确定性的世界里，不一致总会不期而至。

人具有机会主义倾向，只要有机会，就会趋利避害，甚至不惜损人利己。这似乎与中国传统文化理念不一致，中国传统文化主张“人之初，性本善”。孟子认为，“人之所以异于禽兽者几希”，具体表现是人生而就有仁、义、礼、智“四端”，仁、义、礼、智是孟子性善说的基础。孟子认为，“人皆可以为尧舜”。儒家强调人性本善，认为人就是善，善就是人，人与善合二为一，不善就不是人了，是禽兽了。儒家主张的是道德政治，即仁政，人性之善会让统治者修身、齐家、治国、平天下。因为强调人性善，对统治者就缺乏制度来约束其行为。

西方文化主张人性本恶，认为所有的人生来有罪，要用一生来忏悔、赎罪，只有笃信上帝，依靠上帝的救赎才能获得灵魂的拯救。西方的宗教文化归纳了人类的七宗罪，分别是色欲（Lust）、暴食（Gluttony）、贪婪（Greed）、怠惰（Sloth）、暴怒（Wrath）、嫉妒（Envy）、傲慢（Pride）。与此对应的是七种美德，即贞洁（Chastity）、节制（Temperance）、慷慨（Charity）、勤奋（Diligence）、耐心（Patience）、宽容（Kindness）、谦逊（Humility）。西方人性本恶的思想突出了制度建设的必要性。休谟在《人性论》中指出，政治家们应该确定这样一条准则，在设计任何政府制度和确定宪法的制约与控制时，应把每个人视为无赖——在他的全部行动中，除了谋求一己之私利外，别无其他目的。美国“宪法之父”麦迪逊有句名言：“如果人人都是天使，就不需要任何政府了；如果是天使统治人，就不要对政府有任何外来的或内在的控制了。”言外之意是人不是天使，政府也不是天使，需要制度来约束人性中的恶行。

若认为人性本恶，则会致力于建立好的制度来约束人性之恶，一个好的制度可以把坏人变成好人。若认为人性本善，则这样的制度长期缺失，依靠人性本善解决人的道德问题，没办法依据人性本恶的逻辑基础来解决制度问题。

制度可以分为正式制度和非正式制度。正式制度依靠正式的权威机构强制实施。非正式制度依靠人们在长期交往过程中形成的行为准则自我实施，即私序。没有人强制实施，但人们仍自觉遵守，基于声誉机制的理性计算实现私序的自我实施。在交易行为中，法律是主要的正式制度，由国家统治机器强制执行。声誉机制包括单边、双边和多边声誉机制，多边声誉机制既包括熟人社会的多边声誉机制，也包括匿名社会的多边声誉机制。

4　法律治理及其局限性

4.1　法律可以实现交易治理

法律规则可以规约人的行为，基于合法暴力的强制性对侵犯、欺骗等行为进行惩罚，从而对不法行为产生威慑。兰克·B. 克罗斯（Frank B. Cross，2005）指出，在复杂经济中，仅仅依靠私人信任是不够的，法律保护契约的实施，有助于建立诚信，这反过来增进了认知和情感信任。钱颖一（2000）指出，现代市场经济有效运作的条件是法治。法治一方面约束政府，限制政府对经济活动的任意干预；另一方面约束经济人的行为，其中包括产权界定和保护、合同的执行、公平裁判、维护市场竞争。吴敬琏（2007）呼吁推进改革，建立公正、法治的市场经济制度。黄少卿（2012）指出，中国转轨时期的司法体制在保证合同执行上存在缺陷，并对司法改革提出一些思路。

格雷夫（Greif，2003）从契约执行的角度区分了基于声誉的私人执行机制和基于法律的公开执行机制。张维迎（2001）认为，法律与声誉是维持市场有序运行的两种基本机制。彭泗清（1999）认为，关系运作和法律手段是建立信任的两种机制。扎克和科耐克（Zak & Knack，2001）认为有两类机构可减少欺骗，一类是正式机构，如司法系统；另一类是非正式机构，如声誉机制。

法经济学主张法律作为正式的制度以资源的有效配置和合理利用为

目的，以实现效率最大化。交易不是无摩擦的，制度就是人们为了防止机会主义而缔结的契约。法律作为具有国家强制力实施的制度规则，起到界定产权、保护产权、保护契约执行的作用。诺思和托马斯（North & Thomas，1976）将西方世界的兴起归因于率先发展了产权制度、交易制度及有效率的经济组织。为了治理交易，诺思（North，1990）强调正式制度、非正式制度及其实施机制。

法律这样的正式机制如何治理交易呢？因为法律的实施可以改变行为人的行动空间或支付函数，从而改变博弈的均衡结果。[①] 法律规则实施的逻辑是人应该按规则行事，否则将面临规则的惩罚。例如，行车可以靠左行驶，也可靠右行驶，如果法律规定只能靠右行驶，那么靠左行驶就是违法，会受到交警的处罚，在法律的作用下，靠右行驶就成为行为人的理性选择。

法律可以改变参与人的支付函数。以单边囚徒困境博弈为例，为了更直观，我们用具体的数值表示该博弈，博弈的支付如下：委托人不信任时，交易没有发生，委托人和代理人的支付都是 0；若委托人信任，代理人诚信，彼此的支付都是 5；若委托人信任，代理人欺骗，委托人和代理人的支付分别是-5 和 10。博弈参与人是理性的，当委托人信任，代理人诚信时可得 5，欺骗时可得-10。

我们采用威廉姆森（Williamson，1985）对人的行为的假设，一是有限理性，经济主体试图达到理性，但只是有限的理性；二是机会主义行为，人具有机会主义行为倾向，为了利益不惜采取欺骗、偷窃、偷懒等损人利己的行为。法律对于好人的约束是无效的。代理人欺骗时得 10，诚信时得 5，欺骗是他的理性选择；根据理性共识，委托人知道代理人是理性的，即选择欺骗，这时委托人的支付是-5，而不信任时的支付为 0，因此不信任是委托人的理性选择，博弈的结果是欺骗和不信

① BASU B B. The Spontaneous Evolution of Commercial Law [J]. Southern Economic Journal, 1989, 55: 644-661.

任，本可以产生交易剩余的交易无法实现（见图 4-1）。

若法律保护契约的执行，事前，委托人和代理人签订契约，若委托人信任，而代理人欺骗，代理人应支付委托人赔偿金 6，如果法律机制是可靠的，那么这个单边囚徒困境博弈可以改写，委托人信任，代理人欺骗时，两人的支付变成 1（-5+6）和 4（10-6）。在法律机制的作用下，子博弈精炼纳什均衡是代理人诚信（诚信的支付是 5，大于欺骗的支付 4），委找人信任（信任的支付是 5，大于不信任的支付 0，见图 4-2）。

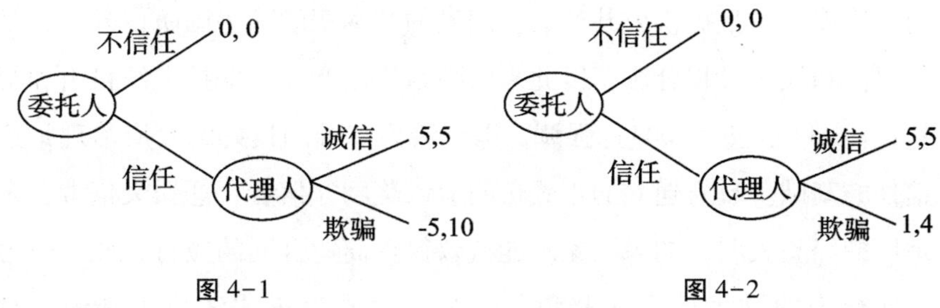

图 4-1　　图 4-2

双边囚徒困境博弈也能以具体的数值加以分析，如图 4-3 和图 4-4 所示。

	B：诚信	欺骗
A：诚信	5，5	-5，10
欺骗	10，-5	-2，-2

图 4-3

	B：诚信	欺骗
A：诚信	5，5	1，4
欺骗	4，1	-2，-2

图 4-4

若没有治理机制，（欺骗，欺骗）是唯一的纳什均衡，诚信合作没有实现。假设存在法律机制，事前 A 和 B 签订契约，若一方诚信，另一方欺骗，欺骗的一方要向诚信的一方支付赔偿金 6，如果法律机制是可靠的，那么这个双边囚徒困境博弈可以改写，当 A 诚信，B 欺骗时，双方的支付分别变成 1（-5+6）和 4（10-6）；B 诚信，A 欺骗时的支付正好相反。在新的支付矩阵下，（诚信，诚信）成为唯一的纳什均衡，囚徒困境得到破解。

可以看出，基于法律的惩罚机制可以实现诚信和信任。威廉姆森（Williamson，1985）和巴苏（Basu，1989）都认为，法律这样的正式机制是治理交易的一种手段。政府建立起具有强制力的法律机制，具有合法性和规模经济效应，对此，我们相信美国“宪法之父”麦迪逊的名言：“如果人人都是天使，就不需要任何政府了。”只要存在人性恶的人，就需要政府建立起法律机制保护人们免遭侵犯。亚当·斯密虽然认为“看不见的手”会实现资源的有效配置，但前提是国家维护公共安全、法律秩序且提供公共产品。国家的基本职能除了国防以外，就是使得立法和执法过程合法，以此来清晰地界定产权，保护契约自由和契约执行。[①] 科尔奈（2004）强调，以法治为基础的良好的政府治理是建立信任的基础。政府建立的正式机制应该奖励守信者，惩罚失信者。东欧地区的经验表明，如果国家不能有效保障商业合同的履行，黑恶势力及犯罪行为的滋生就无法避免，黑恶势力成为正式法律机制的一种替代。[②]

4.2 法律与信任的相关性

从上面的理论分析可知，基于法律的惩罚机制可以实现诚信和信任。从经验上看，一个国家的法治状况是否与其社会信任度具有相关性呢？为了检验这一经验，我们获取反映一个国家法治状况的法律指数，也获取可以衡量一个国家社会信任度的指标，并对这两个指标进行相关性分析。

法律指数来自世界正义工程（World Justice Project，WJP）的法治

---

① AVINASH K DIXIT. Lawlessness and Economics：Alternative Models of Governance［M］. Princeton：Princeton University Press，2004.

② 叶初升，孙永平. 信任问题经济学研究的最新进展与实践启示［J］. 国外社会科学，2005（3）：9-16.

指数（Rule of Law Index）。据 WJP 的官方主页介绍，世界正义工程是一个独立的跨学科组织，旨在提高世界的法治水平。该项目由威廉姆·H. 纽科姆（William H. Neukom）于 2006 年建立，随着一些战略合作伙伴的支持，该项目于 2009 年成为一个独立的、非营利组织，办公室设在美国华盛顿。

WJP 法治指数涵盖 8 个方面的成分，即限制政府权力、腐败少、政府开放、基本权力、秩序与安全、监管执行、民事司法、刑事司法，每个成分包括一些细分指标。指标体系如下：

成分 1：限制政府权力。

政府权力受立法有效限制。

政府权力受司法有效限制。

政府权力受到独立的审计、检查的有效限制。

政府官员因不当行为被处罚。

政府权力受到来自非政府的检查。

权力过渡遵从法律。

成分 2：腐败少。

执行机构的政府官员不以公谋私。

司法机构的政府官员不以公谋私。

警方和军方的政府官员不以公谋私。

立法机构的政府官员不以公谋私。

成分 3：政府开放。

法律被广泛宣传和理解接受。

法律是稳定的。

公众有权力向政府请愿和公共参与。

官方信息有求必应。

成分 4：基本权力。

人人平等，没有歧视。

人们的生命和安全的权利受到有效保护。

应有的司法过程和被告的权利。

有效保护言论自由。

宗教信仰自由被有效保护。

避免被任意践踏隐私的权力被有效保护。

集会和结社的自由被有效保护。

基本的劳动者权利被有效保护。

成分 5：秩序与安全。

犯罪被有效控制。

民间冲突被有效限制。

人们不诉诸暴力解决纠纷。

成分 6：监管执行。

政府规则被有效实施。

政府规则被应用和实施时没有不适当的影响。

行政过程被履行，没有不合理的耽搁。

行政过程中应有的程序被遵守。

若没有充分的补偿，政府不能征用。

成分 7：民事司法。

人们能获得和承担民事司法。

民事司法没有歧视行为。

民事司法没有腐败行为。

民事司法没有不恰当的政府干预。

民事司法不遭到不合理的耽搁。

民事司法被有效执行。

替代选择性纠纷解决机制可获得、公正和有效。

成分 8：刑事司法。

刑事调查系统是有效的。

刑事裁定系统及时有效。

矫正系统有效降低犯罪行为。

刑事系统公正。

刑事系统没有腐败。

刑事系统没有不合理的政府干预。

应有的司法程序和被告的权利。

世界正义工程（WJP）发布的2015年的法治指数数据包括102个国家和地区，丹麦、挪威、瑞典、芬兰、荷兰、新西兰、奥地利、德国、新加坡、澳大利亚的法治指数位居前10位。英国位列第12位，日本位列第13位，美国位列第19位，南非位列第36位，巴西位列第46位，中国位列第71位，俄罗斯位列第75位。

我们从世界价值观调查（World Values Survey，WVS）获得社会信任度数据。WVS是最大的非商业的、跨国的时间序列调查，调查人们的信仰和履行的价值观。调查项目由一个国际学术团队负责，WVS协会及其秘书处设立在瑞典的斯德哥尔摩。WVS开始于1981年，首次调查基于欧洲价值观调查（European Values Study，EVS）主要面向发达国家。美国密歇根大学的罗纳德·英格哈特（Ronald Inglehart）起到领导作用，把这项调查扩展到全球范围。今天，WVS项目网络包括超过100个国家和地区的数百名学者。2014年，WVS已经完成了第6轮调查，这轮调查覆盖了60个国家和地区，第6轮调查的数据已经在WVS的网站公开。2015年开始，WVS进入了第7轮调查。

在世界价值观调查（WVS）中，对受访者信任情况的调查问题如下：

一般来说，你认为大部分人可以被信任，还是与人打交道时需要非常谨慎?

①大部分人可以被信任。

②需要非常谨慎。

WVS还调查受访者对不同群体的信任情况，信任程度分成四个有序等级，即“完全信任”“有一些信任”“不是很信任”“完全不信任”。这些群体包括家庭、邻居、你自己认识的人、你第一次遇到的人、其他宗教的人、其他国家或民族的人。问题如下：

请问你对下列群体有多信任，你对每一个群体的信任情况请选择完全信任、有一些信任、不是很信任、完全不信任。

	完全信任	有一些信任	不是很信任	完全不信任
家庭成员	1	2	3	4
邻居	1	2	3	4
你自己认识的人	1	2	3	4
你第一次遇到的人	1	2	3	4
其他宗教的人	1	2	3	4
其他国家或民族的人	1	2	3	4

我们采用选择“大部分人可以被信任”的受访者占总的受访者的比例作为社会信任度。表 4-1 给出 WVS 第 6 轮调查，即 2010—2014 年这一时期的社会信任度。数据显示，中国是高信任度国家。

表 4-1

国家	社会信任度(%)	国家	社会信任度(%)
荷兰	66.10	西班牙	19.00
中国	60.30	阿尔及利亚	17.20
瑞典	60.10	卢旺达	16.60
新西兰	55.30	突尼斯	15.50
澳大利亚	51.40	尼日利亚	15.00
德国	44.60	阿塞拜疆	14.80
爱沙尼亚	39.00	乌兹别克斯坦	13.90
也门	38.50	乌拉圭	13.80
哈萨克斯坦	38.30	约旦	13.20
新加坡	37.30	智利	12.40
吉尔吉斯斯坦	36.30	墨西哥	12.40

表4-1(续)

国家	社会信任度(%)	国家	社会信任度(%)
日本	35. 90	摩洛哥	12. 30
美国	34. 80	土耳其	11. 60
巴林	33. 50	亚美尼亚	10. 90
白俄罗斯	32. 60	利比亚	10. 00
印度	32. 10	黎巴嫩	9. 80
泰国	32. 10	格鲁吉亚	8. 80
伊拉克	30. 00	马来西亚	8. 50
科威特	28. 50	秘鲁	8. 40
俄罗斯	27. 80	津巴布韦	8. 30
韩国	26. 50	罗马尼亚	7. 70
南非	23. 30	塞浦路斯	7. 50
乌克兰	23. 10	厄瓜多尔	7. 20
巴基斯坦	22. 20	巴西	7. 10
波兰	22. 20	加纳	5. 00
埃及	21. 50	哥伦比亚	4. 10
卡塔尔	21. 40	菲律宾	3. 20
斯洛文尼亚	19. 90	特立尼达和多巴哥	3. 20
阿根廷	19. 20		

我们针对法治指数和社会信任度进行国家匹配，为了让调查的时期尽量一致，我们使用 WJP2014 年的法治指数。WVS 第 6 轮调查覆盖了 60 个国家和地区，WJP2014 覆盖了 99 个国家和地区，WVS 第 6 轮调查覆盖的一些国家和地区并没有出现在 WJP2014 的数据中，我们最终获得 44 个匹配的数据。

我们针对法治指数和社会信任度绘制散点图，如图 4-6 所示。社会信任度与法治指数呈正向关系，法治指数增加一单位，社会信任度会增加 0. 695 单位。从图 4-6 中可以看到，中国偏离拟合线较远，中国的社会信任度属于高水平，法治指数相对偏低，这可能与中国的儒家传统有关，即“人之初，性本善”，既然人性善，自然愿意信任他人，这是基于传统文化的私序，而不是基于法律的正式制度。从国际经验来看，高法治指数的国家的社会信任度也较高，如荷兰、瑞典、新西兰、澳大利亚、德国、新加坡等国家。我们借助 EXCEL 计算社会信任度和法治指数的相关系数，得知两者呈正相关关系，相关系数为 0.565 3。

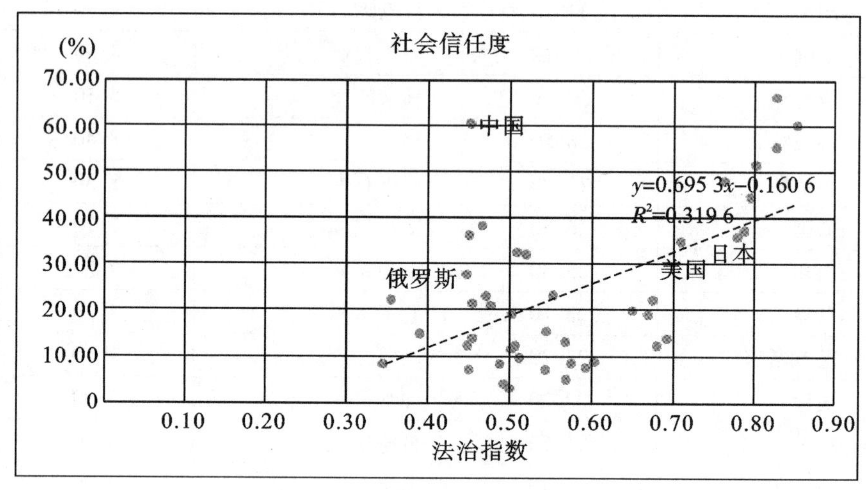

图 4–5

4.3 法律与社会规范的关系

传统经济理论强调消费者有其偏好和约束，企业是生产函数，市场负责提供信号，价格系统足以充当信息的源泉，一般均衡的实现靠一个“瓦尔拉斯式的拍卖人”。① 至于合同怎么签订、合同纠纷怎么解决根本

① 瓦尔拉斯为说明每个市场价格是怎样逐渐地调整到使商品和生产要素的需求量与供给量都能够相等，从而实现一般均衡，提出了一个所谓的“拍卖者假设”。这个虚构的拍卖人，有时被称为“瓦尔拉斯式的拍卖人”，这是达到瓦尔拉斯一般均衡的摸索过程的一部分。它的作用是在市场上高声喊出某商品或生产要素的不同价格，然后进行交易，不断调整修正，一直达到供给和需求相等的均衡为止。

不予考虑，因为自有法庭来裁决一切。麦克尼尔把传统经济理论对应的合同称为“古典契约”，即“以清楚的协议迅即进入，以明确的履行迅即撤出”①，这种契约把一切可能性都拟订为现成的条款，签订面面俱到的合同，一旦发生纠纷，以最初签署的合同条款为准。

但是，交易成本经济学认为，有限理性的假定排除了完全契约的可能性，在不确定性、信息、知识不完全，计算能力有限的情况下，所有的合约是不完全的。人们没办法，也没必要签订面面俱到的合同。签订合同可以用不同的方式，有些合同内容明确，有些合同则内容比较含蓄。合同相关的成本可以区分为合同签订以前的交易成本和签订合同以后的交易成本，前者是指起草合同、对合同内容进行谈判以及确保合同获得履行付出的成本。如果要签订一份尽量完备的合同，合同签订前的交易成本就很高。当然，也可以把合同条款写得粗一些，遇到具体问题再由双方协商解决。合同签订以后的成本包括不适应成本、保证成本（为了确保合同履行付出的成本）、讨价还价成本（纠正事后不合作现象，需要讨价还价）、建立治理结构及运转的成本。② 合同签订之前的成本和合同签订之后的成本是此消彼长的关系，事前签订的合同越完备，事后的调适成本就小。事前的合同成本越小，合同之后的成本就高。在操作上，一般把交易细节明确、契约成本低的部分用正式契约加以规约，而交易细节不确定性较高、契约成本高的部分通过关系契约加以规约。

法律作为国家制定和执行的具有强制力的正式规则，对规范人的行为、维持社会秩序具有重要的作用。但是，法律的作用被人们大大高估了，社会规范才是社会秩序的主要支撑力量。③ 交易成本经济学认为，

① MACNEIL IAN R. The Many Futures of Contracts [J]. Southern California Law Review, 1974, 47: 691-816.

② WILLIAMSON O E. The Economic Institutions of Capitalism [M]. New York: Simon & Schuster Press, 1985.

③ 张维迎. 博弈与社会 [M]. 北京：北京大学出版社，2013.

对各种合同关系，主要是靠私人秩序形成的各种制度来治理，而不是通过法律中心主义来解决。交易成本经济学特别强调私下解决，而不是法庭裁决，重点放在研究合同签订以后的制度问题上。[①] 在实践中，绝大部分纠纷，包括很多按现行法律规定本应提交法庭来裁决的纠纷，都是靠息事宁人、自认倒霉或其他类似方式来解决的。在很多场合，有关纠纷各方本来可以想出更满意的解决办法，而法律专家只会凭着对这些纠纷的一知半解，生搬硬套一般的法律规定。[②] 考克斯（1958）指出，在工商业活动中，谁都没办法把将来的所有细节都事先写得很清楚，即使是双方已经达成一致的问题，到时也得商量着办。麦克雷（1963）发现，人们并不是按照契约所约定的、有法律效力的方式来履行合同，而是使用非正式的、互相协商的方式来履行合同。业内人士说，在拍板、争辩时要抛开律师和会计，因为他们根本不懂予取予与的经商之道。

社会规范是指人们社会行为的规矩、社会活动的准则，即人们应该怎么做。当人们认为每个人都应该按照这样的规则行事时，该规则就成了社会规范，不需要法律的强制实施，人们便会自觉遵守。人们遵守规范是出于自身利益的考虑，每个人都预期其他人会遵守这个规则，那么遵守该规则是他的理性选择，根本无需法律来监督实施。例如，尊敬老人是这个社会的规范，即使没有政府、警察、法官做出这个要求，人们也会自觉地尊敬老人，因为某人要是不尊敬老人，他就会被其他人鄙视，其声誉就会受损，利益也会受损。

社会规范和法律都是制度的表现形式，法律属于正式制度，而社会规范是非正式制度，都是通过规则来协调人们之间的行为，实现一定的社会秩序。社会规范和法律有统一的地方，也有不同之处。统一的地方

---

① WILLIAMSON O E. The Economic Institutions of Capitalism [M]. New York: Simon & Schuster Press, 1985.

② WILLIAMSON O E. The Economic Institutions of Capitalism [M]. New York: Simon & Schuster Press, 1985.

在于法律和社会规范都是社会规则，法律很大部分来源于社会规范。法律的有效性依赖于社会规范，如果法律与人们普遍认可的社会规范不一致的话，法律能起的作用就非常有限。张维迎举了两个例子，一个例子是北京市禁止随地吐痰的规定，另一个例子是北京市禁止燃放烟花爆竹的规定，从执行的结果来看，禁止随地吐痰的效果远远好于禁止燃放烟花爆竹。原因是禁止随地吐痰符合社会规范，即使没有这个法律，人们也不会随地吐痰。但禁止燃放烟花爆竹与中国人过年应该放鞭炮的社会规范是不一致的，传说放鞭炮是为了赶走“年兽”，不放鞭炮，哪算过年。在这一传统习俗面前，这样的法律是“法不责众”。市容监督员不会对随地吐痰手下留情，不但罚款，而且批评，被罚者常常觉得自己理亏，也甘愿受罚。执法燃放烟花爆竹恐怕难度很大，因为在一定意义上破坏了过年的氛围，可能还会被燃放者数落一番。可见，如果法律和社会规范不兼容，法律的执行成本就会变得高昂，监督和执行会大打折扣，法律的效果肯定不佳。可能正是由于禁止燃放烟花爆竹法不责众，北京于 2006 年开始对此解禁。杭州、合肥、天津、青岛、上海、无锡等城市也在 2003 年开始对禁止燃放烟花爆竹解禁或局部解禁。与此类似，美国的禁酒令也以失败而告终。

法律与社会规范的不同之处主要有二，其一是执行机制不同，其二是产生方式不同。先看执行主体，法律由作为第三方的政府、警察、法院这样的正式执行机构来执行。而社会规范的执行主体是多元的，可分为单边执行、双边执行和多边执行。当社会规范内化为个人的道德行为时，这是单边执行的社会规范，如好孩子不随地吐痰。如果社会规范依靠当事人之间的声誉机制来维持，就是双边执行的，任何一方不想偏离社会规范，就是想维持良好的声誉，以免影响和对方的长期合作关系，如礼尚往来。多边执行是指社会规范通过非当事人的认可或唾弃等手段来执行，如村子里某男子打女人，村子里的人都看不起该男子，甚至不再与该男子来往。另外，法律的执行具有强制力，而社会规范不具有强制力。法律由具有强制力的正式机构来实施，这些正式机构往往具有垄断性、规模经济和合法暴力机构的特点。社会规范是自我实施的，按照社会规范行事，是社会中人的理性选择，这种无需法律约束、自我实施的秩序，学术界称之为私人秩序。在产生方式上，法律是由专门的立法机构来制定和颁布的，社会规范是社会自发演生的秩序，由习俗、惯例不断演化成规范。

4.4 法律具有局限性

栗树和（2003）区分了关系型治理和规则型治理。以关系为基础的群体在自我执行时面临不断上升的边际成本，因为当群体扩大之后，和新加入成员的联系不再那么顺畅，信息交流和惩罚机制变得更为困难。而正式的以规则为基础的治理尽管建立法律机制和信息机制，需要高额的固定成本，但边际成本很低，平均成本趋于下降。随着经济范围不断扩大，关系型治理的边际成本递增，而关系内投资的边际收益递减。资本对利润的追求必然要扩张到关系外的高生产率机会。因此，自我实施的关系型治理最终将让位于正式的规则型治理。格雷夫（Greif，1994；1997）比较了两个群体的治理制度，马格里布的商人依赖的是多边群体治理，这使得他们难以扩大交易范围，而热那亚商人更多地使用正式的规则治理，贸易机会能够扩大而且运行得很好。普特南（Putnam，2000）发现，现代美国，原来那些帮助社区实现自我治理的社会网络的功能在减弱。库特（Cooter，1994）也提供了一些例子，说明私下自愿组成的协会治理逐渐被政府的法律体系取代。

随着交易范围的扩大，关系型治理的成本递增，而规则型治理的成本递减，如图 4-6 所示。① 交易制度的选择以交易成本最小化为原则。

---

① JOHN SHUHE LI. Relation-based versus Rule-based Governance: An Explanation of the East Asian Miracle and Asian Crisis [J]. Review of International Economics, 2003, 11: 651-673.

因此，在交易规模小于 Y^* 时，$AC_1<AC_2$，关系型治理更有效；当交易规模大于 Y^* 时，$AC_1>AC_2$，规则型治理更有效。

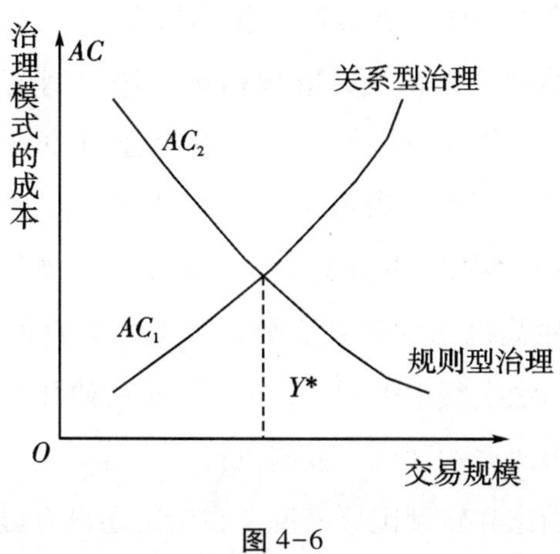

图 4-6

当先进的信息监督与传播手段、完善的执行制度建立之后，规则型治理的成本不断降低。现在越来越多的征信机构可以提供交易对象的诚信水平。互联网社区、网络信息平台提供了迅速的、充分的信息交流。国家对法律制度建设上的投资发挥效益之后，司法程序的成本趋于降低，信息获取和司法判决的准确性也大为提高。这一切都有助于规则型治理降低成本。对于习惯了关系型治理的经济体来说，要建立起规则型治理，不是件容易的事。首先，建立规则型治理体制需要巨大的公共投资；其次，享受裙带资本主义利益的集团会反对这样的变革；最后，规则型体制要想得到普及，必须表现出公正和效率，而这需要较长的时间。麦克米兰和伍德诺夫（McMillan & Woodruff，2000）调查发现，一些转型国家里，高层政府官员试图努力制定和执行规则型治理，但中层政府官员利用新获得的权力中饱私囊，抵销了高层政府官员的努力。

经济发展和贸易扩张必然要融入更广的交易范围，治理机制也需要从关系型治理向规则型治理转变。这是一个缓慢的过程，很长一段时间内，这两种治理机制将共存，各尽其用。栗树和（LI，2003）认识到，关系型治理和规则型治理虽然代表了理论上的二分法，但在现实中，大部分国家既包含关系型治理，也包含规则型治理，即使是美国这样的规则型治理国家，许多方面也延续着关系型治理。

栗树和所指的规则型治理，既包括正式法律制度，也包括仲裁规则。相对来说，专业的仲裁机构（如行业协会的仲裁委员会）比法庭更具信息优势。博思斯坦（Bernstein，2001）写道："作为行业专家的仲裁者能比法官或陪审团更准确地做出决定而且花费较少。"一般说来，法庭会认可专业仲裁机构的信息优势，尊重仲裁官的裁决，并拒绝复审，这在美国的司法实践中得到了证实。[①] 如果仲裁的输方试图抵制裁决，另一方可谋求法庭的帮助，强制执行。[②]

对于发展中国家和转型国家来说，在法制还没有健全的情况下，应该鼓励仲裁机构的发展，利用它们的信息优势制定规则和行使裁决，法律要保障第三方仲裁的有力执行。鲁宾（Rubin，1994）主张，转型国家的法律制度可以由机构仲裁开始，在运行中获得知识之后，进而建立相应的法律制度。欧洲国家的商法制度在形成过程中也采用了仲裁机构形成的惯例。[③] 可以推论，如果法律程序改进了，减少了它固有的缺陷的话，关系型契约的吸引力就会降低。众所周知，法制越健全的国家，关系因素对经济活动的影响越小，而法制相对落后的经济体，关系因素就很活跃。

如果交易的价值确定，治理模式的选择取决于其成本。双边关系、第三方仲裁、法院裁决都有其适用的土壤，在所有的经济体中，关系、

---

① MATTLI W. Private Justice in a Global Economy：from Litigation to Arbitration ［J］. International Organization，2001，55：919-947.

② AVINASH K DIXIT. Lawlessness and Economics：Alternative Models of Governance ［M］. Princeton：Princeton University Press，2004.

③ MILGROM PAUL，DOUGLAS NORTH，BARRY WEINGAST. The Role of Institutions in the Revival of Trade：The Law Mechant，Private Judges，and the Champagne Fairs ［J］. Economics and Politics，1990（2）：1-23.

仲裁和法律同时在起作用。治理机制有一个基本的演进逻辑：随着交易范围的不断扩大，交易治理从关系治理向第三方仲裁再向法律机制演变。

规则型治理的逻辑是个体应该按规则行事，否则将受到规则的惩罚。这种论断背后有一个假想的高效的监督者在实施规则，于是会产生一个新的问题：谁来监督监督者?[①] 显然，这是一个悬而未决的问题。执法者能像天使一般秉公判案吗？正式规则一般基于国家的强制力量，这会产生一个困境，能够保护产权和契约实施的强制力量也可能侵犯产权，并削弱市场经济的基础[②]。正式机制太弱则无所作为，太强则容易侵犯个体、滋生腐败。[③] 司法公正也是组织诚信的前提[④]，法律不但要规制个体的行为，还要规制执法者的行为，如果欺骗行为可以通过贿赂执法者而不受惩罚，人们就不会诚实守信，那么谁来规制执法者的问题又是悬而未决的。事实上，信息不对称也存在于法官与合同人之间，法官对于不可验证的违约行为往往无能为力。法律规则可以实现交易的治理，是基于法律的可靠性和高效性，但如果法律的可靠性和效率没有保障，那么规则型治理的效率就得不到保障。

参照“好的市场经济和坏的市场经济”这一概念，我们区分好的法律和坏的法律。钱颖一认为，坏的市场经济的本质可以概括为两点：私人掠夺和政府掠夺。要走向好的市场经济，必然依靠法治，法治既能限制政府掠夺，也能限制私人掠夺。从长期来讲，法治是一个好的市场

① 阿夫纳·格雷夫. 大裂变：中世纪贸易制度比较和西方的兴起［M］. 郑江维，等，译. 北京：中信出版社，2008.

② AVNER GREIF. Cultural Beliefs and the Organization of Society：A Historical and Theoretical Reflection on Collectivist and Individual Societies［J］. Journal of Political Economy，1994，102：912-950.

③ WEINGAST BARRY. Constitutions as Governance Structures：The Political Foundations of Secured Markets［J］. Journal of Institutional and Theoretical Economics，1993，149（1）：286-311.

④ ZAK P，KNACK S. Trust and Growth［J］. The Economic Journal，2001，111：295-321.

经济的制度基础[①]，但建设法治是一个漫长的历程，在实现好的法治之前，就可能存在坏的法治，具体表现为法律及执行中存在好的法律和坏的法律。

好的法律是有法可依、执法公正，而且执法效率高；相反，坏的法律或者是无法可依，或者是执法不公正，或者是执法效率低。坏的法律与法律机制的下列局限性联系在一起，如法律执行是有成本的，特别是当交易合同涉及的金额还不够法律实施的成本时，人们会放弃用法律来解决纠纷；立法可能滞后，导致无法可依；契约是不完全的，没有协定的交易环节法律无法进行裁定，这给了法官自由裁量权，相当于存在一个“法律租”，形成一个寻租域；即使是契约协定清楚的内容，也可能存在违约行为无法证实的情况；法庭有时候做出了公正的裁决，但在执行裁决的过程中也面临困难和成本；另外，执法者也不是天使，执法存在是否公正的问题。既然可能存在好的法律，也可能存在坏的法律，这就需要对执法者有有效的监管。在经济理性的作用下，监管者也不是天使，那么谁来监管监管者？这只不过是把问题往后推了一步，并未解决。如何监管监管者，在世界范围内仍是悬而未决的问题。

在新古典经济学里，市场提供价格信号，无摩擦地实现市场交易，至于交易纠纷根本不予考虑，自有法庭来处理。通过法律执行交易合同，是法律中心主义的观点，这种观点假设存在一个高效、公正的法律系统，忽视了法律的局限性。我们认为，对于匿名市场交易，法律可以实现部分的治理，若法律是高效的，对违约的制裁是确定的，这会形成一种威慑，使违约减少。若法律不那么高效，出现坏的法律的情况，诚信和信任则难以保证。

---

① 钱颖一教授在2004年《经济观察报》主办的“观察家年会”上发表的主题演讲“走向好的市场经济，避免坏的市场经济”。

4.5 结语

法律作为强制实施的正式规则，可以改变行为人的行动空间和支付函数，从而改变博弈的均衡结果。法律作为可预见的结果对行为人起到威慑作用。中国传统文化中，法家主张人性本恶。《荀子·性恶篇》有云："今人之性，生而有好利焉……生而有疾恶焉……生而有耳目之欲，有好声色焉……"为了改变人性之恶，荀子一方面强调后天的教育和环境的影响，主张"求贤师""择良友"；另一方面则强调政治的作用，提出了"立君上之势以临之，明礼义以化之，起法正以治之，重刑罚以禁之"。西方文化主张人性恶，因此强调制度对人性的约束，一个好的制度可以让坏人变成好人，一个坏的制度可以让好人变成坏人。好的法律及其实施可以威慑、抑制恶行，坏的法律则可能使坏人当道，官商勾结。既然通过贿赂法官和执法人员就可以达到自己想要的目标，人们为什么还要做好人呢？可以预见，法治越好的社会，是好人的比例会越高，社会信任度也会越高。本书从世界价值观调查（WVS）获得社会信任度指标，从世界正义工程（WJP）获得法治指数，匹配国家数据，发现这两项指标呈现明显的正相关，法治指数越高的国家，其社会信任度也越高。

法律的形成是一个演进的过程，法律一般来源于社会规范。随着交易范围扩大，关系型治理要向规则型治理转变，这种转变也需要一个过程，可能会出现规则不足甚至规则缺失的现象，法律的各种局限性使得关系型治理即使在法治很好的国家也存在。这个关系在华人社会是耳濡目染的现象，千言万语最后可以归结到"声誉"二字。

5 声誉机制与市场交易治理

5.1 法律局限性与私序

普遍的观点是法律是市场秩序的基础。新古典经济学没有考察制度，就是假设存在一个高效的法律系统，任何交易纠纷都交给法律解决，这是法律中心主义的思想。格雷夫（Greif，1998）的历史比较研究发现，依靠多边声誉机制治理交易的马格里布商人最终衰落了，而热那亚商人通过契约、法律发展海外贸易，发展为近代资本主义市场机制。正式制度的逻辑是人应该按规则行事，否则将受到惩罚。由正式机制实施的惩罚可以改变博弈的行动空间和收益函数，从而改变博弈的均衡结果。因此，法律这样的正式机制是治理交易的重要手段。但是，正式机制背后有一个假想的监督者在实施规则，于是又产生了一个新的问题，谁来监督监督者?[①] 在国内，法律的运行依靠执法者对行为人的监督，但谁来监督执法者？如果说某个机构监督执法者，那么谁来监督这个机构呢？这个循环未解的问题是所有法律面临的困境。

正式规则的实施基于国家的强制力量，这会产生一个困境，能够保护产权的强制力量也可能侵犯产权，或者采取无效率的产权，这会削弱

① AVNER GREIF. The Birth of Impersonal Exchange：The Community Responsibility System and Impartial Justice [J]. Journal of Economic Perspectives，2006，20（2）：221-236.

市场经济的基础。[①②] 事实上，执法者也是“经济人”。法律不但要规制个体的行为，也要规制执法者的行为，谁来规制执法者的问题又是悬而未决的。事实上，信息不对称也存在于法官与合同人之间，法官对于不可验证的违约行为往往无能为力。[③] 法律规则是需要很长时间才能完善的，而且法律这样的正式机制有其局限性：合同是不完备的；欺骗行为难以证实；法律判决难以执行；执法者不是天使（司法腐败或司法不公），司法是有成本的，小额的交易纠纷使用法律是无效率的；有些法律缺失时，无法有效地保护产权和合同执行。

上述局限在实践中经常存在，一些新生事物往往缺乏法律的规定，无法可依时，法律自然起不到作用。在转型国家，因为司法系统没有建立起很好的基础设施，司法成本高昂，对于小额的交易纠纷，动用司法程序因为不划算而被放弃。执法的标准应该以事实为依据，以法律为准绳，尊重合同之约定，但很多时候，事实难以证实；法官遇到的困难还在于合同的不完备性，既然合同不能对所有的细节一一约定清楚，法官也难以依照合同的约定进行裁决，这给法官带来主观执法的空间。因为诉讼双方司法寻租的强度可以改变法官的主观性，“吃了原告吃被告”的司法行为就来源于此。即使司法做出了公正的裁决，判决的执行也是有成本的，很多人胜了官司但得不到赔偿，因为欺骗者既然可以欺骗他人，也可以做到对司法的不诚信。

正式规则之外，经济个体自发形成一系列非正式、非强制性的程序或惯例来治理交易，即私序，或称非正式制度。私序作为自我实施的非

---

① WEINGAST BARRY. Constitutions as Governance Structures: The Political Foundations of Secured Markets [J]. Journal of Institutional and Theoretical Economics, 1993, 149 (1): 286-311.

② BUCHANAN J M. Explorations into Constitutional Economics [M]. College Station: Texas A&M University Press, 1989.

③ WILLIAMSON O E. The Economic Institutions of Capitalism [M]. New York: Simon & Schuster Press, 1985.

正式制度，是保护产权和执行契约的一种有效机制。私序何以运行？主要依靠基于声誉机制的理性决策。声誉机制包括单边、双边和多边声誉机制，单边声誉机制是指自觉维护自己的声誉，已内在化为个人的道德修养，是自我实施的自律行为。双边声誉机制基于双边惩罚，在无限重复博弈和触发策略之下，参与人为了长期利益保持诚信的声誉。多边声誉机制基于多边惩罚或集体惩罚。

5.2 社会资本理论与交易治理

亚当·斯密认为，个人的自利行为通过市场这只“看不见的手”可以达到人类整体的最大福利。亚当·斯密通过市场机制把个体理性和集体理性统一起来，但问题在于市场常常失灵。亚当·斯密不但要求经济主体要具有道德情操，也要求国家即政府建立起国防、法律秩序和提供公共物品。不是人人都是天使，因为有限理性和机会主义本性，国家有必要建立起保护产权和契约执行的秩序，毫无疑问，个体要受到法律这样的正式制度的支配。

经济主体只要离开自给自足，进入分工和交换，其社会性大大增强，“经济人”更趋向为“社会人”。奥尔森从个体的理性选择出发，导出了集体非理性的结果，囚徒困境博弈在经济、社会生活中处处可见。“除非群体中人数很少，或者除非存在强制或其他某些特殊手段以使个人按照他们的共同利益行事，否则有理性的、寻找自我利益的个人不会采取行动以实现他们共同的或集团的利益。”① 当然，事情没有那么悲观。科尔曼在《社会理论的基础》中分析了个人自利和集体互利的一致性问题，由于行动者的利益部分或全部被其他行动者控制，行动者为了实现各自的利益，相互进行交换，甚至采取“单边资源让渡”

① 曼瑟尔·奥尔森. 集体行动的逻辑［M］. 陈郁，等，译. 上海：上海三联书店，1995：2.

的行为，结果形成持久的社会关系，如信任关系、权威关系、规范等。科尔曼用“期望和义务”来描述这种互惠的利他行为，如果行动者 A 为行动者 B 提供了帮助，A 对 B 便有了一种期望，而 B 对 A 则承担了一种偿还的义务，这种互惠形式的社会关系就是社会资本的表现形式。现实生活中的个人总是处在一定的社会关系网络之中，个人的自利行为会受到限制，只有互惠的自利交换才是可持续的，这也是市场经济的本质。重复博弈是“经济人”转向“社会人”的显著特征。在单次的“囚徒困境”博弈中，无法实现集体的最大利益。有限重复的“囚徒困境”博弈的结果理论上与单次博弈相同，仍然无法实现集体的最大利益，无限重复的“囚徒困境”博弈可以实现合作的结果。在无限重复博弈中，害怕交易对象实施惩罚而中断长期合作，使得诚信互惠成为个体的理性选择。这种惩罚不是来自法律这样的正式机制，而是一种私立秩序，在“囚徒困境”中，个体理性和集体理性的统一来自三个方面，即不断重复的合作、形成信任、惩罚机制。奥尔森认为，在集体行动中，经济激励并不是唯一的激励，也存在声望、尊敬、友谊等方面的社会激励。

长期以来，经济学的主流研究一直将人际的社会互动和制度安排排除在研究之外。近年来，一些经济学家开始关注人们在社会互动过程中形成的信任、合作关系在经济发展中的积极作用。布迪厄（Bourdieu）、科尔曼（Colerman）将资本区分为物质资本、人力资本和社会资本。布迪厄认为，社会资本是实际或潜在资源的集合体，他们或多或少与相互认识、持续关系网络联系在一起，某一主体拥有的社会资本量取决于他能有效动员的关系网络的规模，群体成员关系、社会网络和社会关系的参与能够提高行动者的社会地位。一些制度化的网络关系是会员制团体，获得这种身份就为个体赢得声誉，进而为获得物质或象征的利益提供保证。

科尔曼认为，基本的社会系统由行动者、资源以及他们的利益组成。行动者为了实现自己的利益，有时候必须与他人进行各种交换，甚至单方转让对资源的控制，其结果是形成了持续存在的社会关系，包括权威关系、信任关系以及作为建立规范基础的关于权利分配的共识等，当这种社会关系作为一种资源时，就表现为“社会资本”。在社会关系中，信任他人意味着将资源交给被信任者处理，若被信任者是诚信的，将带给信任者利得，若信任过度，则会带给信任者损失（Coleman，1988）。理性人在决定是否信任他人时权衡两样东西，一是潜在收益与潜在损失相比孰重孰轻；二是对方失信的可能性有多大（Coleman，1990）。社会资本的定义由其功能而来，它们由构成社会结构的各个要素组成，它们为结构内部的个人行动提供便利。① 行动者通过建立义务、期望和信任，建立信息渠道并设立受有效惩罚机制支持的规范，社会关系将构成对行动者有用的资源。科尔曼论述了社会资本对人力资本的重要性，社会资本是内在于家庭关系和社区、社会组织中的一整套资源，而且对于儿童或年轻人的认知和社会发展非常有益。

普特南（Putnam）认为，社会资本指的是社会组织的某种特征。例如，信任、规范和网络，它们可以通过促进合作行动而提高社会效率。社会网络、信任和社会规范对社会合作至关重要。普特南（Putnam，1993；2000）强调公民参与协会、组织或志愿活动可以建立信任。参与协会和志愿活动可以增进人际了解。人们和自己相似的人出去活动，也会遇见与自己不相似的人，协会活动和信任可以产生一种良性循环，参与协会活动，增进熟悉，建立友谊，建立信任，参与更多的协会活动。福山（Fukuyama，1995）、普特南（Putnam，1993；1995）强调教会、商会、工会、俱乐部等小范围熟人社区对建立信任和社会资本的重要作用。普特南发现，意大利北部地区相比南部地区有更高的信任，一种解释是中世纪时期意大利北部地区实行自由城邦制度，这鼓励

① 詹姆斯·科尔曼. 社会理论的基础（上册）[M]. 邓方，译. 北京：社会科学文献出版社，1999：354.

了水平网络的形成，而意大利南部因为12世纪形成的以西西里为中心的诺曼人政体（Norman Regime）而盛行专制官僚体系（Putnam，1993）。公民参与社会组织情况的差异，恰恰与这些地区的政府绩效和社会经济发展水平存在高度的一致性。①

美籍华裔社会学家林南（Lin Nan）从理性选择行为出发，在个体行动和社会结构的互动基础上，把社会资本界定为个体为了从嵌入性资源获取回报而在社会网络中进行的投资。社会资本植根于社会网或社会关系之中，不能离开社会关系谈论社会资本；社会资本是一种可以增值的资源，人们为了获取各种效益进行投资活动。林南的社会资本思想的核心是个体怎样在社会关系中投资，个体怎样在社会关系中摄取嵌入性资源。那些嵌入在个人社会网络中的资源不被个人直接占有，而是通过个人直接或间接的社会关系获取，是一种社会资源。林南把社会资本理论称为关于社会结构与行动的理论，中心的要素是资源，资源是社会活动的对象和目标，社会结构是投资活动的场所，个体及其行动是投资者的理性活动。林南认为，成功在于积极地联结社会资本；出身、地位越好，越有利于行动者获取更好的社会资本；关系越强，社会资本越可能积极地影响行动的成功；关系越弱，行动者越有可能开展工具行动而获得更好的社会资本；个体离社会网络的桥（连接不同社会圈子）越近，越容易开展工具行动而获得更好的社会资本；对于工具行动来说，靠近一个桥的位置的力量依据桥连接的资源而定；处于层级结构顶部或底部的行动者，网络化的效果受到层级结构的限制。

20世纪70年代初，格兰诺维特在考察个人求职行为和结果时发现，对于求职者而言，弱的关系网络可能比强的关系网络显得更有力

---

① ROBERT PUTNAM D. Making Democracy Work：Civil Traditions in Modern Italy [M]. Princeton：Princeton University Press，1993：167.

量[①]，这是著名的“弱关系的强力量”理论。格兰诺维特认为，信息通过强关系网络传递时，它们的重复性较高，而来自弱关系的信息具有较大的异质性，弱关系的信息传播时会涉及更多的人和更宽的范围。林南认为，真正有意义的不是弱关系本身，而是弱关系连接的社会资源，强关系连接的往往是那些拥有相同或类似资源的人；相反，弱关系联系不同的阶层，弱关系越丰富，个人能拥有的社会资源就越多。[②]

社会资本理论提出，社会关系网络是非常重要的社会资源，良好的关系连接有利于社会交易、获得社会资源并取得成功。人们在追求自己利益的同时，也要兼顾他人的利益，互惠的交换是双盈的，是可持续的。交易主体既要受到法律对产权和契约保护的约束，也要受到非正式制度，如风俗习惯、道德、社会认同等社群规范的约束。在社会关系系统中，每个人都面临着重复博弈，良好的社会资本对个人、对社会都是分工发展、经济进步的基础。

已有研究将社会资本理解为通过社会关系网络获取的资源，但没有对社会资本的本质进行有说服力的剖析。在社会关系中，什么样的社会关系特征可以为个体带来持久的资源或利益呢？普特南将信任、规范和网络理解为社会资本。科尔曼认为，社会资本有六种形式，即义务与期望、存在于社会关系内部的信息网络、规范和有效惩罚、权威关系、多功能社会组织、有意创建的组织。奥斯特罗姆把家庭结构、共享规范、先例习俗、规则体系视为社会资本。显然，社会资本是社会关系带来资源和利益，这与陌生人之间通过交易和法律这样的正式机制获得资源和利益不同，在社会关系共同体中，个体间建立非正式的私立秩序，使互

---

① GRANOVETTER M. The Strength of Weak Ties [J]. American Journal of Sociology, 1973, 78: 1360-1380.

② LIN NAN, ENSEL W, VAUGHN J. Social Resources and Strength of Ties: Structural Factors in Occupational Status Attainment [J]. American Sociological Review, 1981, 46 (4): 393-405.

惠成为常态。我们认为，社会关系中的私立秩序就是声誉机制，人们为了获得长期的互惠利益，积极维持诚信交易的声誉。

5.3 单边声誉机制

本书把研究的焦点放在声誉机制上，是因为我国是转型国家，法律缺失或面临局限[①]，在信息和法律双重局限下，声誉机制是实现市场交易治理的重要机制。

人是社会中的人，需要与各个方面的人交往合作，一生中会有许多合作，有时合作收益多，有时合作收益少，为了分析方便，我们假设存在一个平均合作收益，用一个典型合作博弈表示（见图 5-1）。

	乙：合作	不合作
甲：合作	A，A	B，D
不合作	D，B	C，C

图 5-1

双方合作，彼此的收益均为 A，双方均不合作，彼此的收益均为 C，若甲合作乙不合作，甲的收益为 B，乙的收益为 D，反之则反是。不失一般性，假设交易的任一方在对方合作时选择不合作的支付最大，反之在对方不合作时选择合作的支付最小，而双方合作时比双方不合作时的支付要大，因此有 $D>A>C>B$。

若某人只剩下最后一次博弈了，那么该博弈变成一次性博弈，纳什均衡是（不合作，不合作），不合作是他的理性选择。一些领导干部存在“59 岁现象”，很快就要退休了，博弈进入到最后一阶段，不合作成为理性选择。理论上，对于有限的重复博弈，每一阶段的均衡结果和最

① 迪克西特（Dixit，2004）的著作《法律缺失与经济学》旨在探讨当法律缺失或存在局限性的时候，如何选择经济治理方式。

后一阶段一样，不合作是理性选择。

若某人进行的是无限重复博弈，双方从来不合作，每期获得的收益是 C，若选择从一开始就合作下去，每期获得的收益是 A，因为 $A>C$，理性的参与人会选择合作。

参与人为什么要注重维护自己合作的声誉并内在化为个人的道德呢？因为参与人可以在对方选择合作的时候，选择不合作，这时有一个较高的收益 D，一旦选择了不合作，自己合作的声誉受损，对方可能不再与他合作，所以他每次选择合作时的收益为：

$$A+\delta A+\delta^2 A+\delta^3 A+\cdots=\frac{A}{1-\delta}$$

若他偏离合作，选择了一次不合作，别人就不再信任他，不再与之合作，在这种情况下，他的收益为：

$$D+\delta C+\delta^2 C+\delta^3 C+\cdots=D+C\times\frac{\delta}{1-\delta}$$

只要 $\frac{A}{1-\delta}>D+C\frac{\delta}{1-\delta}$，合作就成为参与人的理性选择。

$\delta>\frac{D-A}{D-C}$ 时，参与人就会选择合作。

在无限重复博弈中，参与人可能自觉地走出囚徒困境，理性地选择合作。凡是存在无限重复博弈的地方，人们合作的意识越强，如村庄乡土社会、中世纪的马格里布商人协会、连锁店、品牌快餐、单位或企业。特别地，稳定社会的人比动乱社会的人更值得信赖，稳定社会的人更倾向于无限重复博弈，而动乱社会的人更倾向于一次性博弈，稳固的乡土社会，一般秩序良好，而人口流动较大的城乡接合部往往是犯罪高发之地。同理，法治社会往往比人治社会更有合作精神，法治社会是依法办事，确定性更高，人们放心于重复交易；而人治社会，不确定性较高，既有明君，也有昏君，既有好的政府，也有坏的政府，既可能保护产权，也可能侵犯产权，当不确定性较高的时候，人们对未来就不抱太多的希望，只争眼前，这就是囚徒困境的表现了。

δ 是贴现因子，即下一期的单位货币贴现到现在值多少钱。若市场利率为 r，那么：

$$\delta = 1/(1 + r)$$

正因为 δ 反映的是未来收益对参与人现在的价值，δ 越大，未来收益对参与人的重要程度越大，说明该参与人越重视未来，所以贴现因子 δ 可以反映参与人的耐心程度。

由 $\delta = \dfrac{D - A}{D - C}$，可以决定参与人选择合作的阈值。只要参与人的耐心程度大于该值，他就会选择合作，如果其耐心程度小于该值，他就会选择不合作。该阈值的大小依赖于 D、A、C 三个值的大小，双方合作的收益 A 越大，单方不合作的收益 D 越小，双方不合作的收益 C 越小，满足合作条件的 δ 就越小，合作的可能性就越大；反之，合作的可能性就越小。

越是有耐心，越是重视未来的人，越有可能建立起合作的声誉，即使存在短期较大的收益诱惑，他们也愿意保持合作的声誉。哪些人是重视未来的人呢？年轻、受过好的教育、有固定职业、薪金递增、有职业年金、家庭幸福、有子女、熟人关系社会里的人，往往更加重视未来，合作的程度也更高，这些人易于将合作内在化为个人的道德。越是没有耐心的人，声誉对他们就越不值钱，他们就越可能欺骗和犯罪。例如，吸毒的人是不愿意等待未来的，为了尽快满足眼前的毒瘾，他们往往什么事都做得出来。

“59 岁现象”是说领导干部走到了仕途的终点，耐心程度较低了，容易出现腐败，或者虽不敢腐败，却尸位素餐。而年轻干部还有着很长的未来和美好前程，其耐心程度更高，更有动力努力工作，更有合作的意愿，这就是干部年轻化的道理。我们也看到不少新闻报道老人摔倒反诬陷帮扶的人，这些老人可能觉得自己没有多少未来了，耐心程度较低了，因此表现出不合作。

受过好的教育、有固定职业、薪金递增、有职业年金的人，收入会随着年龄的增长而增加，未来会带来财富的积累，他们的耐心程度更高，更愿意诚实守信，表现出合作的意愿。他们知道，一旦不合作、不诚信，很可能会失去这份职业和与之相关的一些福利。我们在社会上，更相信有文凭、有工作单位的人，而往往不相信没文凭、没工作、打零工的人。一些单位爆出违法乱纪的事情时，常常以当事人是“临时工”作为推脱的借口，显然就是利用了这一理论。《左传·昭公元年》有云：“吾侪偷食，朝不保夕，何其长也。”当形势危急，难以预料之时，长治久安也就成了问题。古代农民起义或动乱大多是因为饥荒，缺粮到了极点，甚至出现人吃人的悲剧，当前世界上一些贫困国家仍因缺粮动乱不已。毛泽东同志曾经说过：“手中有粮，心就不慌。”陈云同志说：“无农不稳，无粮则乱。”当人面临饥荒时，是很难考虑未来的，饿不了几天就死了，这时最有可能出现抢夺和犯罪。

人的寿命都有限，总会有老去及去世的时候，从个人的角度来说，每个人面临的总是有限重复博弈。在理论上，有限重复博弈还是逃离不了囚徒困境。家庭作为社会的基本组织，可以作为延续家族生命的载体，从基因或血脉的角度来看，人虽然死了，但他的基因和血脉因为子女的存在而继续存在。因为婚姻、家庭、子女、子孙的永续存在，重复博弈变得趋于无限重复，人们更倾向于合作，人们担心自己的不合作会使得家庭的声誉受损，家人会失去未来合作的机会。我们在社会上更相信一个结了婚、有家庭、有子女的人，而往往不信任无子嗣的单身汉。

生活在熟人关系社会的人，更有耐心，因为他们的声誉会影响到他们的未来的收益，一旦出现欺骗这样的行为，欺骗信息很快在熟人社会传递，他的声誉将会受损，从而失去很多潜在的合作机会。因此，生活在熟人社会的人更注重维护好的声誉，如合作、互助、诚信等。从这种意义上说，村庄乡土社会、同乡会、商会、行业协会、单位等组织形态，有利于将合作内在化为个人的道德。相反，生活在匿名社会的人，声誉的重要性就小很多，当遇到陌生人时，我们并不知道对方是好人还是坏人，坏人的脸上不会写着“坏”字，由于其匿名性，欺骗者可以骗完这个骗那个。

根据$\delta = 1/(1+r)$，贴现因子与市场利率有关，利率越高，贴现因子越小，未来越不重要，人们就越没有耐心。在发生通货膨胀时，人们会注重眼前，而忽略长远，这会导致社会合作水平下降。比较严重的通货膨胀往往导致经济秩序混乱，甚至产生社会动乱和政治风险。例如，历史上，国民政府发行法币屡创天量，导致恶性通货膨胀，后来实施金圆券改革取代法币又以失败告终，恶性通货膨胀导致物价疯狂上涨，从抢购风潮、抢米风潮发展到抢购一切可以充饥的食物甚至棺材。

产权制度会影响人的耐心，孟子云：“无恒产者无恒心。”张维迎（2001）指出，产权是信誉的载体、信任的基础。如果无法确认某项产权在未来还是不是自己的，人们往往就不会考虑长远，只注重眼前的利益，甚至不惜采取机会主义行为。张维迎认为，中国煤矿事故频发，原因之一在于政府可以任意废止“煤老板”的开采权，“煤老板”由于没有稳定的预期，只顾眼前利益，购买的设备简陋，安全保障措施也不达标，而且中国对煤矿事故的处理办法往往是某一地方小煤窑发生事故后，周边甚至全国所有的小煤窑都停产，这进一步使得投资小煤窑的人不会投资可靠的安全保障设施。① 如果企业的所有者是全民所有，而实际上所有者缺位，国有资产的保值增值也就无人真正关心，也就没人真正关心企业的信誉。张维迎（2003）形象地指出，“国有企业的和尚是过夜和尚、访问和尚，待一两天，明天干什么都不知道，所以他不会考虑长远。”《管子·七臣七主》讲到“定分止争”，在早期中国哲学家慎到的作品《慎子》中，我们也可以看到权利划分的重要性：“一兔走街，

① 张维迎. 博弈与社会［M］. 北京：北京大学出版社，2013.

百人追之，贪人具存，人莫之非者，以兔分未定也。积兔满市，过而不顾，非不欲兔也，分定之后，虽鄙不争。”

政策的稳定性会影响人们对于未来的预期，也是影响人的耐心的因素。如果政策变来变去，政府的权力太大，对政府没办法约束，人们就没办法预测未来，无所适从，自然只注重眼前，不会考虑长远。政府的短期行为会影响一个社会的合作水平，有任期制、非民主选举的政治家经常玩一次性博弈，只注重投资和 GDP，因为可以带来政绩和财税收入。实行民主制的国家，政府会比较重视自己的声誉，因为选民政治对政治家有较大的约束。古代的皇帝或国王的江山可以继承，皇家的任期是不确定的，更接近于无限重复博弈，有远见的明君会注重维护皇家的声誉，爱民如子就是这个道理。既没有民主，又没有君主的政府可能是最不讲信誉的政府。[①] 如果政府不重视自己的声誉，就可能凌驾于法律之上，朝令夕改，说话不算数，任意侵犯私有产权和个体自由。政府的机会主义行为还会起到不良的示范效果，上梁不正下梁歪，社会的合作和信任水平也成问题，既然通过贿赂政府就可以解决很多问题，也就没有必要遵纪守法和诚信经营了。有评论说在招商引资过程中的“JQK”现象，即先把投资者钩（“J”）进来，再把你框（“Q”）住，最后把你“K”掉，个别地方政府“打开城门招商，关起门来打狗”“新官不认旧账”。正所谓“信为政之基，政无信则危，有信则昌”，政府的失信行为严重破坏了政府的公信力，也伤害了民众的耐心与合作意识。

5.4 双边声誉机制

双边声誉机制基于双边惩罚，由当事人之间实施惩罚，可以让参与人自我实施理性选择，以维持合作的声誉。两位参与人之间的无限重复

① 张维迎. 博弈与社会［M］. 北京：北京大学出版社，2013.

博弈，可以实现诚信和信任，在双边的长期合作关系中，诚信和信任是自我实现的，不需要第三方正式机制的参与。

我们把上面的合作博弈改写成诚信博弈，方法是一致的，但探讨的问题从合作问题变换到诚信问题。假设当双方诚信交易时，任意参与人的收益为 U_1，当双方都欺骗时，任意参与人的收益为 U_0。若乙诚信，甲欺骗，甲获得的支付为 U_2，乙获得的支付为 U_3；若甲诚信，乙欺骗，则乙获得的支付为 U_2，甲获得的支付为 U_3。不失一般性，交易的任一方在对方诚信时选择欺骗的支付最大；反之，在对方欺骗时选择诚信的支付最小，而双方诚信时比双方欺骗时的支付要大。因此，$U_2>U_1>U_0>U_3$（见图 5-2）。

	乙：诚信	欺骗
甲：诚信	U_1，U_1	U_3，U_2
欺骗	U_2，U_3	U_0，U_0

图 5-2

若博弈只进行一次，则纳什均衡是（欺骗，欺骗），诚信合作的结果没有实现。

若两个交易主体建立了长期的合作关系，处在重复博弈当中，而且当事人可以对对方的欺骗行为实施惩罚。惩罚的机制一般有两种，一种是针锋相对，另一种是触发战略或冷酷战略。

我们首先考察参与人是否有动机实施惩罚。任何参与人如果不实施惩罚，每期都诚信，我们假设人具有机会主义行为倾向，另一方的理性选择是欺骗。这样诚信一方的收益是 U_3，而欺骗一方的收益是 U_2，U_2 是最大可能的收益，只要有机会欺骗，参与人一定会继续欺骗，特别是在欺骗了对方，对方仍然没有报复反应的时候，他会继续欺骗。而 U_3 是最差的收益，理性的参与人不会坚守诚信任由对方欺骗，通过实施惩罚，只会使自己变得更好，而不会变得更差，因此实施惩罚符合参与人的经济理性。

针锋相对策略是指参与人每一次的行动都建立在对手前一次行动的基础上，甲开始保持诚信，如果乙今天欺骗甲，甲明天就不再与乙合作，如果乙明天又回归诚信，甲后天又与乙合作。

如果博弈双方坚持针锋相对策略，双方从诚信开始，没有人挑起欺骗，双方每一期都诚信：

甲：诚信，诚信，诚信，诚信……

乙：诚信，诚信，诚信，诚信……

那么参与人每一期获得的收益为 U_1，贴现加总的总收益为：

$$U_1 + \delta U_1 + \delta^2 U_1 + \delta^3 U_1 + \cdots = \frac{U_1}{1 - \delta}$$

如果双方从欺骗开始，且均使用针锋相对策略，双方每一期都欺骗：

甲：欺骗，欺骗，欺骗，欺骗………

乙：欺骗，欺骗，欺骗，欺骗………

那么参与人每一期获得的收益为 U_0，贴现加总的总收益为：

$$U_0 + \delta U_0 + \delta^2 U_0 + \delta^3 U_0 + \cdots = \frac{U_0}{1 - \delta}$$

因为 $U_1>U_0$，每期都选择诚信要优于每期都选择欺骗。

如果对方从诚信开始，且使用针锋相对策略，而己方始终选择欺骗：

甲：诚信，欺骗，欺骗，欺骗………

乙：欺骗，欺骗，欺骗，欺骗………

则己方第一期获得的收益为 U_2，从第二期开始，双方都是欺骗，获得的收益为 U_0，贴现加总的总收益为：

$$U_2 + \delta U_0 + \delta^2 U_0 + \delta^3 U_0 + \cdots = U_2 + U_0 \frac{\delta}{1 - \delta}$$

给定对方从诚信开始，而且采取针锋相对策略，如果：

$$\frac{U_1}{1-\delta} > U_2 + U_0\frac{\delta}{1-\delta}$$

则总是诚信要优于总是欺骗。

$\delta > \dfrac{U_2 - U_1}{U_2 - U_0}$时，只要参与人有足够的耐心，参与人会理性选择诚信。

最低耐心程度的阈值取决于U_2、U_1、U_0的大小，双方诚信的好处U_1越大，单方欺骗的好处U_2越小，双方欺骗的好处U_0越小，满足合作条件的耐心阈值就越小，合作的可能性就越大。

如果一方从诚信开始，另一方从欺骗开始，双方都使用针锋相对策略：

甲：诚信，欺骗，诚信，欺骗………

乙：欺骗，诚信，欺骗，诚信……

在这一策略组合下，甲获得的收益为：

$U_3 + \delta U_2 + \delta^2 U_3 + \delta^3 U_2 + \cdots$

乙获得的收益为：

$U_2 + \delta U_3 + \delta^2 U_2 + \delta^3 U_3 + \cdots$

假设诚信合作存在剩余，即双方合作的收益U_1+U_1要大于一方诚信另一方欺骗的收益和U_2+U_3，因此一方从诚信开始，另一方从欺骗开始，双方都使用针锋相对策略的收益$U_3 + \delta U_2 + \delta^2 U_3 + \delta^3 U_2 + \cdots$或者$U_2 + \delta U_3 + \delta^2 U_2 + \delta^3 U_3 + \cdots$均小于总是诚信时的收益$U_1 + \delta U_1 + \delta^2 U_1 + \delta^3 U_1 + \cdots = \dfrac{U_1}{1-\delta}$。

至此，我们可以得出结论：两位参与人进行无限重复博弈，在针锋相对策略下，一方可以对另一方的欺骗进行惩罚，参与人始终保持诚信是最优的。在双边的长期合作关系中，诚信是自我实现的，不需要第三方正式机制的参与。

在无限重复博弈中，参与人也可以采取触发策略：先试图与对方合作，选择诚信，如果对方也诚信，自己继续选择诚信。一旦发现对方欺骗，自己将回归纳什均衡，永远不跟对方合作。对方的欺骗触发了永久的惩罚。

在触发策略下，假设贴现因子为 δ，参与人欺骗时获得的支付现值为：

$$U_2 + \delta U_0 + \delta^2 U_0 + \delta^3 U_0 + \cdots = U_2 + U_0 \frac{\delta}{1-\delta}$$

参与人若一直采取诚信，每期可获得 U_1 的支付，获得的支付现值为：

$$U_1 + \delta U_1 + \delta^2 U_1 + \delta^3 U_1 + \cdots = \frac{U_1}{1-\delta}$$

只要 $\frac{U_1}{1-\delta} > U_2 + U_0 \frac{\delta}{1-\delta}$，诚信就成为参与人的理性选择。

$\delta > \frac{U_2 - U_1}{U_2 - U_0}$ 时，参与人会选择诚信。

贴现因子 δ 可以理解为参与人对于未来收益的耐心，只要参与人的耐心足够大，就会放弃短期的欺骗收益，而追求长期的诚信合作收益。事实上，根据无名氏定理，只要 δ 足够大，任何大于 U_0 的可行收益都可以通过无限重复博弈来实现。也就是说，合作可以实现在支付大于 U_0 的任何水平上。

上述条件可改写为：

$$\frac{\delta(U_1 - U_0)}{1-\delta} > U_2 - U_1$$

只要合作的长远收益超过短期欺骗的诱惑，参与人就会理性选择诚信。当短期诱惑特别大时，合作才容易打破，张维迎（2013）写道：“正常时候两人合作得很好，但一旦出现暴利的机会，合作就破裂，甚至朋友间也是如此。”很多时候，人们能够同苦难，却难以共富贵。

触发策略提出只要一方出现欺骗，下一阶段开始另一方就不再与之合作，直到永远。这里面隐含了两个含义：一是欺骗行为能马上被发现，下一阶段就启动惩罚；二是永远都惩罚下去。

现实中，欺骗行为不一定能马上被发现，一般来说，欺骗的手法会比较隐秘，不易被发现，等到被发现，或者已经骗过几次了。假设欺骗两次后才被发现，并由对方实施触发策略，那么参与人一直诚信的收益是 $\frac{U_1}{1-\delta}$。欺骗两次带来的短期收益是 $U_2+\delta U_2$，以后各阶段的收益都是 U_0。总的收益是 $U_2+\delta U_2+U_0\frac{\delta^2}{1-\delta}$。

只有 $\frac{U_1}{1-\delta}>U_2+\delta U_2+U_0\frac{\delta^2}{1-\delta}$，诚信合作才会实现。

$$\delta>\sqrt{\frac{U_2-U_1}{U_2-U_0}}>\frac{U_2-U_1}{U_2-U_0}$$

可见，如果欺骗两次才能被发现，需要的最小耐心比欺骗一次就能被发现时提高了。这意味着当欺骗行为不容易被发现时，要维持合作，需要参与人更有耐心。反过来，如果耐心给定，当欺骗行为难以被发现时，合作将变得更加困难。

在熟人社会，欺骗被及时发现的可能性较大，因为大家知根知底，而匿名社会，欺骗被马上发现的可能性较小。我们相信，熟人社会的诚信合作比较普遍，而匿名社会的欺骗更多，一般来说，城市匿名社会有较多的欺骗和犯罪，而乡土熟人社会的合作意识较强，城乡接合部处于二者之间。

触发策略的惩罚是永久性的，但这种永久性的惩罚有没有必要呢？毕竟永久性惩罚既惩罚了对方，也惩罚了自己，让自己永远失去了这个合作的机会。艾伯如（Abreu，1986）指出，使用“严厉可信惩罚战略”就可以使参与人选择合作。“严厉可信惩罚战略”是指当发现对方欺骗时，只要对对方的惩罚期限足够长，惩罚的力度就足以使参与人选择诚信合作。

假设一方发现另一方欺骗一次，就惩罚他三个阶段，欺骗时会有一个短期较高收益 U_2，惩罚三阶段的收益是：

$U_2 + \delta U_0 + \delta^2 U_0 + \delta^3 U_0$

而一直保持诚信的总收益是：

$U_1 + \delta U_1 + \delta^2 U_1 + \delta^3 U_1$

只要 $U_1 + \delta U_1 + \delta^2 U_1 + \delta^3 U_1 > U_2 + \delta U_0 + \delta^2 U_0 + \delta^3 U_0$，参与人就会理性选择诚信合作。惩罚不需要无限期才能促使合作，只要惩罚够严厉、够长就可以了。在上式满足之后，若让惩罚的严厉性继续增加，即两边再增加几个阶段，由于 $\delta^n U_1 > \delta^n U_0$，只会使诚信的总收益比欺骗的总收益大得更多，人们诚信合作的程度会更高。因此，完整的结论是合作的程度会随着严厉的增加而增加，但是只需要惩罚足够长、足够严厉就能促成合作。

虽然惩罚不需要无限期，但惩罚是必要的，以惩罚求合作，则合作存在。如果不惩罚的话，己方一直保持诚信，对方会一直保持欺骗，己方利益就会严重受损。如果一旦发现对方欺骗，下一阶段必定实施惩罚，这符合参与人的理性。但惩罚到什么程度呢？艾伯如（*Abreu*）提到一个“胡萝卜加大棒”战略，一定要惩罚（大棒），直到欺骗者承认错误并且恢复与己方合作为止，然后己方再继续与对方合作（胡萝卜），这大概符合“人若犯我，我必犯人”，也符合“人非圣贤，孰能无过，过而能改，善莫大焉”，得饶人处且饶人。

在这种策略下，参与人第一阶段合作，下一阶段也合作，且一直合作下去。其收益为：

$U_1 + \delta U_1 + \delta^2 U_1 + \delta^3 U_1 \cdots\cdots$

参与人也可能在第一阶段欺骗，这时对方一定会实施惩罚，参与人是否主动承认错误，接受惩罚？

如果接受惩罚[①]，对方就会宽恕，双方重回合作，从接受惩罚的阶段开始，欺骗者接受惩罚的收益为：

$$U_3 + \delta U_1 + \delta^2 U_1 + \delta^3 U_1 + \cdots = U_3 + U_1 \frac{\delta}{1-\delta}$$

如果不接受惩罚，对方会一直惩罚下去，欺骗者的收益为：

$$U_0 + \delta U_0 + \delta^2 U_0 + \delta^3 U_0 + \cdots = \frac{U_0}{1-\delta}$$

只要 $U_3 + U_1 \frac{\delta}{1-\delta} > \frac{U_0}{1-\delta}$，接受惩罚就是欺骗者的理性选择。

$$\delta > \frac{U_0 - U_3}{U_1 - U_3}$$

只要参与人有足够的耐心，欺骗者在欺骗之后接受惩罚，就是他的理性选择。最低的耐心程度取决于 U_0、U_1、U_3，显然诚信合作的收益越高，双方不合作时的收益越低，需要的耐心水平就越低，欺骗者越容易认错接受惩罚。

接受惩罚还有一个时间快慢的问题，应该第一时间就认错接受惩罚吗？如果欺骗者第一时间接受惩罚，则下一期就获得原谅，重回合作，其收益为：

$$U_3 + \delta U_1 + \delta^2 U_1 + \delta^3 U_1 + \cdots$$

若欺骗者不是第一时间接受惩罚，两个参与人会经历一个不合作的阶段，下一阶段欺骗者还是要接受惩罚，只有这样才能重回合作，其收益为：

$$U_0 + \delta U_3 + \delta^2 U_1 + \delta^3 U_1 + \cdots$$

只要 $U_3 + \delta U_1 > U_0 + \delta U_3$，欺骗者就会在第一时间接受惩罚。

---

① 接受惩罚是指欺骗者诚信，而被欺骗者以欺骗作为惩罚。

$$\delta > \frac{U_0 - U_3}{U_1 - U_3}。$$

可见，只要参与人有足够的耐心，欺骗者会在欺骗之后第一时间接受惩罚，然后重回合作。我们发现，欺骗者在欺骗之后接受惩罚需要的耐心程度与欺骗者在第一时间就接受惩罚需要的耐心程度相同，这说明理性的欺骗者只要愿意接受惩罚，就会选择第一时间就接受惩罚。

现在回到开始的时候，参与人在“胡萝卜加大棒”战略下（即欺骗一定会受到惩罚，直到欺骗者承认错误，接受惩罚之后又得到原谅，重回合作），是否会有欺骗的念头。

参与人一直诚信合作的收益为：

$U_1 + \delta U_1 + \delta^2 U_1 + \delta^3 U_1 + \cdots$

参与人欺骗，接受惩罚，重回合作的收益为：

$U_2 + \delta U_3 + \delta^2 U_1 + \delta^3 U_1 + \delta^4 U_1 + \cdots$

参与人欺骗，不接受惩罚，这种情况下的收益为：

$U_2 + \delta U_0 + \delta^2 U_0 + \delta^3 U_0 + \delta^4 U_0 + \cdots$

当 $U_1 + \delta U_1 > U_2 + \delta U_3$，即 $\delta > \frac{U_2 - U_1}{U_1 - U_3}$ 时，参与人一直诚信合作的收益大于参与人欺骗，且接受惩罚的收益，理性的参与人会选择一直诚信合作。

当 $\frac{U_1}{1-\delta} > U_2 + \frac{U_0 \delta}{1-\delta}$，即 $\delta > \frac{U_2 - U_1}{U_2 - U_0}$ 时，参与人一直诚信合作的收益大于参与人欺骗，且不接受惩罚的收益，理性的参与人会选择一直诚信合作。

只要参与人的贴现因子 $\delta > \max\left\{\frac{U_2 - U_1}{U_2 - U_0}, \frac{U_2 - U_1}{U_1 - U_3}\right\}$，参与人会一直保持接受诚信合作，不会有欺骗的念头。

显然，“胡萝卜加大棒”战略给出的惩罚力度比触发策略更有利于维护诚信合作。触发策略的惩罚力度过大，对方一次犯错，就会对其进行无限期的惩罚，并不利于双方的长期合作。我们知道世界充满了不确定性，也许对方只是不小心犯错，不是故意要欺骗；也许对方没有欺骗，只是行为的结果受不确定因素影响，对他方不利，过于严厉的惩罚，可能会误伤好人，中断本该继续进行的合作。

为了维持合作，惩罚是必需的，但是如果考虑到不确定性，或者人可能会偶尔出错，即所谓的“颤抖手”，那么惩罚必须适度，该谅解时要谅解。当发现对方犯错时，最优的策略是先惩罚，只要对方承认错误，接受惩罚，就应该给予谅解，回归合作。这其实正是针锋相对战略的思想，阿克塞尔罗德（Axelrod，1984）的计算机模拟实验发现，在所有的战略当中，针锋相对是成功率最高的一种战略，选择这种战略的人，平均获得的支付最高。在中国的传统文化中，这种处事原则也最为普遍，“以其人之道，还治其人之身”“恶有恶报，善有善报”“你对我好，我对你也好，你对我差，我对你也差”。

在双边关系中，参与人可能是在单一的市场上交易，也可能在多个市场上交易，在分工发展不充分的社会里，后者更为常见，称为互联的关系契约。例如，地主和佃农不仅在农产品市场上发生交易，也在土地、劳动力、信贷等市场上发生交易；人们请保姆时，倾向于从老家找有点亲戚关系的人；硅谷的工程师们可能既是斯坦福大学的校友，也是生意场上的竞争对手。格兰诺维特（1985）认为，经济关系是嵌入在社会关系之中的，一个参与人不仅与他人参与经济互动，还参与社会互动，经济交易中的欺骗行为会使其声誉受损，被社会互惠关系排斥，从而损失作为社区成员的社会资本。

在关联博弈中，交易主体之间的交易跨越多个市场，即使在单一市场上无利可图，参与人也可以从互联的市场交易中获利。当两个或多个交易关系构成关联博弈时，会使得独立交易需要的苛刻激励条件变得更为宽松。[①] 人们常常为了追求长期的合作关系而愿意承担明显的静态无效率。[②] 参与人不会为一次交易的得失斤斤计较，而是从互联的关系契约整体中获得更高的利益。

考虑两位参与人卷入了双重交易关系，如图 5-3 和图 5-4 所示。

交易关系 1

	乙：合作	不合作
甲：合作	A，A	B，D
不合作	D，B	C，C

图 5-3

其中，$D>A>C>B$。

交易关系 2

	乙：合作	不合作
甲：合作	a，a	b，d
不合作	d，b	c，c

图 5-4

其中，$d>a>c>b$。

这是两个典型的囚徒困境博弈，若是一次性博弈，双方都会选择不合作。若是无限重复博弈，在触发策略下，对于交易关系 1，要维持双方的合作关系，需要满足 $\delta > \frac{D-A}{D-C}$；对于交易关系 2，要维持双方的合作关系，需要满足 $\delta > \frac{d-a}{d-c}$。

由于这两个交易关系发生在相同的两个参与人身上，我们可以把这

① 青木昌彦．比较制度分析［M］．周黎安，译．上海：上海远东出版社，2001.

② GOLDBERG V. Relational Exchange, Economics, and Complex Contracts［J］. American Behavioral Scientist, 1980, 23 (3): 337-352.

两个人的这两个交易关系合并在一起，如图 5-5 所示。

	乙：合作	不合作
甲：合作	$A+a$，$A+a$	$B+b$，$D+d$
不合作	$D+d$，$B+b$	$C+c$，$C+c$

图 5-5

其中，$D+d>A+a>C+c>B+b$。

若是无限重复博弈，在触发策略下，要维持双方的合作关系，需要满足：

$$\delta > \frac{D+d-(A+a)}{D+d-(C+c)}$$

我们可以证明 $\frac{D+d-(A+a)}{D+d-(C+c)} \in \left[\frac{D-A}{D-C}, \frac{d-a}{d-c}\right]$ 或 $\frac{D+d-(A+a)}{D+d-(C+c)} \in \left[\frac{d-a}{d-c}, \frac{D-A}{D-C}\right]$。

假设 $A=3$，$B=-1$，$C=0$，$D=4$，要维持交易关系 1 的合作，最小的贴现因子是：

$$\delta_1 > \frac{D-A}{D-C} = \frac{4-3}{4-0} = \frac{1}{4}$$

假设 $a=5$，$b=0$，$c=4$，$d=9$，要维持交易关系 2 的合作，最小的贴现因子是：

$$\delta_2 > \frac{d-a}{d-c} = \frac{9-5}{9-4} = \frac{4}{5}$$

同样的交易参与人同时在两个交易关系中交易，那么要维持双方的合作关系，需要满足：

$$\delta > \frac{D+d-(A+a)}{D+d-(C+c)} = \frac{4+9-(3+5)}{4+9-(0+4)} = \frac{5}{9}$$

显然，在多重交易关系中维持长期合作所需的贴现因子处在两个单独交易关系长期合作所需的贴现因子中间，即$\delta_{多重} > \frac{D+d-(A+a)}{D+d-(C+c)} = \frac{4+9-(3+5)}{4+9-(0+4)} = \frac{5}{9}$。正因为这一点，多重交易关系在一定程度上可以促进长期合作。例如，交易主体的贴现因子是0.7，若是在两个单独的交易关系中，交易关系1可以实现合作，而交易关系2实现不了合作。但是0.7>5/9，交易主体可以实现这个多重交易关系的合作。至此，我们可以得出结论：多重交易关系可以促进交易主体间的长期合作。

但是，多重交易关系也产生了惩罚的不可信问题，交易双方千丝万缕的关系使得很难实施真正的惩罚。一个陌生人欺骗我们，我们可以理所当然、毫无顾虑地惩罚他；如果是家人在生意中欺骗了我们，我们通常很难将他公事公办。惩罚之所以不可信，是因为对家人欺骗行为的惩罚，不仅惩罚了欺骗者，也惩罚了惩罚者本人。家族企业经常出现儿子间为争权夺利耍阴谋诡计，甚至违法乱纪，若父亲将儿子绳之以法，不但对儿子、孙子不利，对其本人也是一种痛苦，因此家族企业的制度现代化始终是一个难题。历史上，康熙皇帝有能力开创康乾盛世，却在儿子党争面前束手无策。正是这种惩罚的不可信，历史上也多有皇亲国戚谋逆造反的事。

双边声誉机制规约双边交易关系，在任何社会都存在。任何人都会有一些特殊的社会关系，如血缘、亲缘、同乡、同学、战友、同事等，这些熟人关系建立起来的双边交易关系可以依靠双边声誉机制自我实现诚信合作。在华人社区，人们很看重双边关系，亲属关系、朋友关系等在社会资源获得和交易扩展中起着十分重要的作用。以血缘、亲缘和地缘为纽带的社会关系结构，费孝通（1947）称之为“差序格局”①。差序格局表明了社会关系的远近，经济交往的合作程度与关系的远近直接

① 个人的社会关系以自己为中心，以各种关系为纽带，像石子投入水中，水波所及之处，和别人联结成社会关系，水波一圈圈推出去，越推越远，也越推越薄。

相关，华人社会流行“自己人”和“外人”一说。

双边声誉机制具有自发维持诚信合作的能力，可以使交易双方共享交易剩余，因此双边合作关系是有价值的，人们自愿锁定在双边合作关系之中。克劳德和米勒（Koford & Miller，1999）对转轨初期保加利亚的企业进行调查发现，被调查企业普遍认为，好的交易关系是企业的重要资产，一旦发现了可靠的交易对象，便努力把关系固定下来。

在市场范围和交易规模扩张时，人们试图建立起稳定的双边合作关系，以应对市场不确定性。双边关系并不是封闭不变的，人们可以建立新的双边关系，如拉关系，也可能失去已有的双边关系，如退休、生老病死都可能改变现有的合作关系，商业结构的变化也可能导致双边关系的变更。

如何建立与陌生人的双边交易关系呢？一个途径是礼物交换，另一个途径是抵押。卡麦克尔和麦克劳德（Carmichael & MacLeod，1997）建立一个礼物交换模型，在一定条件下，陌生人在一个随机配对市场上相遇并互送礼物，可以形成诚信交易的策略均衡；选择诚信互惠交易的一对交易对象离开配对市场之后，锁定在双边合作关系之中，而欺骗者只能停留在配对市场，配对市场上的欺骗者会越来越多，欺骗的收益会越来越少，这更加稳固了诚信互惠的双边关系。

不熟悉的交易双方借助抵押可以形成当事人执行合同的可信承诺，因此达成双方的诚信合作。古代国君为了保障合约执行，互派人质，充当人质的往往是公主、王子这样的重要人物。在分工专业化发展过程中，企业之间的供应合同会受到资产专用性的影响，供应商进行专用性投资之后，会产生一种可占用准租①②，合同另一方有强烈的机会主义

① 专用性投资难以转为他用，投资人最优使用的价值与转为他用次优使用时的价值的差额，就是专用性资产的准租。

② KLEIN B R G CRAWFORD，A ALCHAIN. Vertical Integration，Appropriable Rents，and the Competitive Contracting Process［J］. Journal of Law and Economics，1978，21（2）：297-326.

动机侵占准租，进行了专用性投资的一方容易遭到合同另一方的敲竹杠要挟，要挟问题的存在可能使资产专用性投资方放弃投资。哈特（1995）指出，如果事后无法确保合同执行，那么事前的投资水平就不能达到最优。抵押机制可以解决涉及专用性投资产生的要挟和投资不足问题。供应合同的购买方提供一个抵押品，作为执行合同的可信承诺，供应方会进行专用性资产的投资，并按合同供应订单。威廉姆森（1985）的抵押模型证明，抵押机制是供应合同自我实施的一种非正式机制。俄罗斯等转型国家发展了一种类似抵押机制的合同自我执行机制，即预付。亨德利等（Hendley et al.，2000）对俄罗斯327家工业企业的问卷调查发现，俄罗斯企业在供应合同中普遍要求预付货款，75%的企业在销售合同中要求一定形式的预付，41%的企业要求100%的预付。有研究者（Gow & Swinnen，2001）发现，在斯洛伐克、保加利亚、波兰等转型国家，为了解决农场和农产品加工企业的专用性资产投资与要挟问题，在农产品供应合同中，农场要求加工企业预先为农场支付购买化肥、种子、农药和农业机械等费用。

双边声誉机制建立在自我实施惩罚的基础之上，针锋相对策略的显著特征就是“以眼还眼，以牙还牙”，通过中断和欺骗者继续交易来惩罚欺骗者，通过继续合作奖励诚信合作者。亨德利等（Hendley et al.，2000）对俄罗斯企业的调查发现，66%的被调查企业使用过威胁终止协议的策略，目的是促使对方自我执行合同。中国人喜欢拉关系、走关系，关系的作用正体现在双边声誉机制上，无需法律这样的正式机制，双边关系就建立起诚信合作的私人秩序，可以显著地降低治理成本。

5.5 多边声誉机制

双边的长期交易关系虽然很常见，但毕竟只占交易的很小部分，虽然可以从陌生人中发展新的双边交易关系，但交易的范围仍然很小。更为普遍的是，一个参与人不是和某个特定的交易对象重复交易，而是面临和不同的交易对象交易，这样交易的一方是固定的，而交易对象是变化的。例如，连锁店面对流水一般的顾客，老师面对一届又一届的学生，医生面对一个又一个病人。固定的交易方和某个特定的交易对象可能是一次性博弈，但他面临和不同交易对象的无限重复博弈。

固定的交易人处于无限重复博弈当中，上述声誉机制同样起作用，固定交易人有维持诚信声誉的激励。这里触发策略不是由受欺骗一方来实施的，而是由其他交易对象来实施的。固定交易人欺骗某个交易对象，该交易对象和固定交易人是一次性博弈，不能通过中断交易来实施惩罚。但如果被欺骗的人能够将固定交易对象欺骗的信息告诉给其他人，其他人就会拒绝与固定交易人交易，从而实施对欺骗者的惩罚。与双边声誉机制由当事人亲自实施惩罚不同，多边声誉机制依靠第三方执行，由非受害的第三方对欺骗方实施惩罚。对于固定交易人来说，若长期的合作剩余大于欺骗获得的短期利益，诚信就成为他的理性选择。这种由多方实施的声誉机制叫多边声誉机制。

固定交易人处在无限重复博弈中，假设和不同交易对象诚信交易可获得 x_i 的收益，而欺骗时，可获得一个较高的短期收益 d，但以后只能获得保留支付 e_0，在触发策略下，假设贴现率为 δ，固定参与人欺骗时获得的支付现值为：

$$d + \delta e_0 + \delta^2 e_0 + \delta^3 e_0 + \cdots = d + e_0 \frac{\delta}{1 - \delta}$$

若采取诚信，则每期可获得 x_i 的支付，在无限重复博弈中获得的支付现值为：

$$x_1 + \delta x_2 + \delta^2 x_3 + \delta^3 x_4 + \cdots = \sum_{n=1}^{n} \delta^{n-1} x_n$$

只要 $\sum_{n=1}^{\infty} \delta^{n-1} x_n > d + e_0 \frac{\delta}{1 - \delta}$，诚信就成为固定参与人的理性选择。

在具体的数值下，可以解出不等式，当固定参与人的贴现因子 δ 大于一定程度时（即只要他的耐心足够大），诚信就是他的理性选择。

事实上，只要 δ 足够大，满足上述不等式，对个别 x_i 并没有严格要求，即使固定交易人和某个交易对象的交易剩余较低，甚至为负，只要长期诚信合作获得的收益现值总量大于欺骗带来的收益现值总量，固定交易人就会选择诚信。固定参与人为了维护诚信的声誉，甚至愿意承担静态无效率，即使个别交易可能使固定交易人收益很小甚至受损，固定交易人也会诚信以对。

固定交易人在多边声誉机制中起到博弈的长期参与人的角色，无限重复博弈使长期参与人实现诚信合作。连锁店一般会诚信经营，而流动商贩一般会欺骗，原因是连锁店是长期参与人，任何一家分店的欺骗行为，就会损害整个连锁品牌的声誉，因此，连锁品牌经营商会有积极性严加管理，维护旗下每一家连锁店诚信合作的声誉。

在一对多的多边交易中，若固定的交易主体是行为人，或者生命有限，或者因病退出，或者发生了社会流动，无限重复博弈就不再成立，诚信和信任就会被破坏。人们发展了组织（如企业）充当声誉的载体，可以将行为人的有限重复博弈转化为组织的无限重复博弈①；组织成员的生命有限，但组织的生命可以无限延续；组织成员面临的是有限重复博弈，而组织面临的是无限重复博弈，组织有维持良好声誉的激励。组织成员的不诚信行为会破坏组织的声誉，进而损害组织内每个成员的利益，这叫集体责任制，组织有激励对组织成员的欺骗行为进行约束。可以相信，连锁店更值得信任，有组织的人比无组织的人更值得信任，如穿军装、有正规单位的人更值得信任。家庭也有类似的效果，家庭可以把行为人的有限重复博弈转化为家族的无限重复博弈，有促进社会诚信合作的因素。我们有理由相信，有家庭、有婚姻、有子女的人比单身

---

① KREPS DAVID. Corporate Culture and EconomicTheory ［M］// JAMES ALT, KENNETH SHEPSLE. Perspectives on Positive Political Economy. Cambridge: Cambridge University Press, 1990: 90-143.

汉、未婚、无子女的人更值得信赖。张维迎（2013）形象地指出：“现代社会是通过庙的声誉来约束和尚的行为。”从这个意义来看，企业的品牌、商号特别是老字号是非常有价值的资产，消费者信任声誉好的老字号，即使有一定的价格溢出也愿意接受，而新开的商号即使诚信经营，也有一个被认识、被印记的过程。

多边声誉机制是自我实施的私人执行机制，不需要法律这样的正式机制的参与。多边声誉机制起作用，离不开以下两个要点：

一是信息传递。固定交易人若欺骗了任意交易对象，欺骗信息可以快速传递给其他人，有效的信息传递机制是多边声誉机制发生作用的前提。信息传递机制又依赖两点：其一，受害者有激励传递欺骗信息。这一般会成立，惩恶扬善是人的普遍心理，受骗当事人寄希望于别人来惩罚欺骗者，自愿传递欺骗信息。其二，存在有效的信息传递渠道。在封闭的乡村社会，流言蜚语就可以有效地传递信息，但在城市匿名社会，信息传递渠道往往缺失。因此，在封闭的乡村社会，欺骗行为很快就会成为共同认识，而在城市匿名社会，我们身边的陌生人是君子还是骗子谁也不知道。有研究者（Kandori，1992）指出，在商业网络中，欺骗信息传输的速度要足够快，否则当事人就不会有建立声誉的积极性。信息传递可以通过正式机构，也可通过流言蜚语等非正式方式。① 在封闭的乡村社会，人们的闲言碎语就可以在村民之间建立起高度的信任。② 在匿名城市社会，由于信息传递机制缺失，骗子和犯罪也更多，即使被抓到，对其家族声誉和利益的损害相对较小。

二是多边惩罚。其他人即使没有受到过固定交易人的欺骗，在知道其欺骗信息之后，也要中断与他的交易以示惩罚。多边惩罚的有效性来自两个方面：其一，在知道固定交易人是骗子的信息之后，参与人有激

① ZAK P. Knack S. Trust and Growth [J]. The Economic Journal, 2001, 111: 295-321.

② MERRY S E. Rethinking Gossip and Scandal [M] // DONALD BLACK. Toward a General Theory of Social Control. NewYork: Academic Press, 1984.

励避免与骗子进行交易，这一般会成立，人们普遍具有“好善嫉恶”“疾恶如仇”的社会心理，中断和欺骗者的交易是符合理性的，因为与骗子交易会增加交易的风险。其二，惩恶扬善的社会规范，惩罚不诚信者，还要惩罚不惩罚不诚信者的人[①]，该惩罚而没有采取惩罚措施的人也必须受到惩罚[②]。骗子可能通过礼物互惠关系和抵押等机制，寻找新的交易对象，从而瓦解多边实施的集体惩罚，如果欺骗行为并不影响与下一个交易者进行交易，诚信就无法实现。因此，集体惩罚的社会规范至关重要，和骗子做交易的人，应当被认为是同流合污、沆瀣一气，也应该被当成骗子看待，惩罚之。

第三方惩罚的社会规范是多边声誉机制的核心。因为第三方实施惩罚，存在一个二阶囚徒困境问题。例如，A 欺骗了 B，B 没办法惩罚 A，因为他们二者是一次性博弈。但 B 将 A 欺骗的信息公之于众，作为第三方的 C 不再与 A 进行交易，惩罚 A 的欺骗行为。但对 C 来说，对 A 的惩罚可能招致 A 的报复，或者存在一个成本或损失，于是对欺骗者的惩罚变成了一个公共品投资问题，都希望别人去实施惩罚，自己搭便车，结果陷入了二阶囚徒困境。解决这个二阶囚徒困境，就是要解决第三方惩罚的激励问题。

第三方为何有激励实施惩罚呢？马奥尼和圣基里科（Mahoney & Sanchirico，2003）证明，联合抵制的社会规范可以解决第三方惩罚问题。联合抵制的社会规范是指每一个社会成员都应该诚信合作，每个成员都有责任去惩罚欺骗的人，如果某个成员没有惩罚欺骗的人，那么这个不实施惩罚的人也应该受到其他人的惩罚。更进一步，某人若没有惩罚该惩罚而没有惩罚的人，也应该受到惩罚。用敌友规则来理解的话，

---

① KANDORI M. Social Norms and Community Enforcement [J]. Review of Economic Studies, 1992, 59 (1): 61-80.

② ABREU DILIP. On the Theory of Infinitely Repeated Games with Discounting [J]. Econometrica, 1988, 39: 383-396.

敌人的朋友是敌人，不惩罚欺骗的人的人，是欺骗的人的朋友，是正义者的敌人。但是，为了更多的合作，其接受惩罚之后，会得到宽恕，重回合作。

因此，联合抵制的社会规范可以简单表述为：不仅惩罚欺骗者，也要惩罚不惩罚者，但不惩罚惩罚者。如前面一样，这里也通过诚信博弈来说明（见图 5-6）。

	乙：诚信	欺骗
甲：诚信	U_1，U_1	U_3，U_2
欺骗	U_2，U_3	U_0，U_0

图 5-6

其中，$U_2>U_1>U_0>U_3$。

在联合抵制的社会规范下，需要考察三个问题：一是交易者选择诚信还是欺骗？二是第三方是否有积极性实施惩罚？三是欺骗者是否愿意接受惩罚？

先看第一个问题，交易者选择诚信还是欺骗？若一直诚信，则收益的现值为：

$$U_1 + \delta U_1 + \delta^2 U_1 + \delta^3 U_1 + \cdots$$

若欺骗，则会被惩罚，接受惩罚后回归合作，收益的现值为：

$$U_2 + \delta U_3 + \delta^2 U_1 + \delta^3 U_1 + \cdots$$

当 $U_1 + \delta U_1 > U_2 + \delta U_3$，即 $\delta > \dfrac{U_2 - U_1}{U_1 - U_3}$ 时，诚信是交易者的理性选择。

再看第二个问题，第三方是否有积极性实施惩罚？

如果第三方实施惩罚，对方也愿意接受惩罚，第三方惩罚的收益现值为：

$$U_2 + \delta U_1 + \delta^2 U_1 + \delta^3 U_1 + \cdots$$

如果不实施惩罚，对方愿意接受惩罚，则第三方下一阶段会遭到他人的惩罚，第三方的收益现值为：

$U_1 + \delta U_3 + \delta^2 U_1 + \delta^3 U_1 + \cdots$

如果 $U_2 + \delta U_1 > U_1 + \delta U_3$，第三方实施惩罚是理性选择。

由于 $U_2>U_1>U_0>U_3$，上式显然成立。

第三个问题是欺骗者是否愿意接受惩罚？如果欺骗者接受惩罚，那么接受惩罚获得 U_3，下一阶段重回合作，其收益的现值为：

$$U_3 + \delta U_1 + \delta^2 U_1 + \delta^3 U_1 + \cdots = U_3 + \frac{\delta U_1}{1 - \delta}$$

如果欺骗者不接受惩罚，每一阶段都选择欺骗，则其收益的现值为：

$$U_0 + \delta U_0 + \delta^2 U_0 + \delta^3 U_0 + \cdots = \frac{U_0}{1 - \delta}$$

如果 $U_3 + \frac{\delta U_1}{1 - \delta} > \frac{U_0}{1 - \delta}$，即 $\delta > \frac{U_0 - U_3}{U_1 - U_3}$ 时，欺骗者接受惩罚是其理性选择。

只要 $\delta > \max\left\{\frac{U_0 - U_3}{U_1 - U_3}, \frac{U_2 - U_1}{U_1 - U_3}\right\}$，欺骗者愿意接受惩罚，第三方愿意惩罚欺骗者，每个人选择诚信合作。在联合抵制的社会规范里，即使没有法律这样的正式机制，基于多边惩罚的多边声誉机制也能建立起良好的秩序。

多边惩罚建立起来的合作秩序处处可见，在村庄里，有一种互助的文化，村民 A 是热心互助文化的人，如果村民 A 请村民 B 帮忙，村民 B 无故不答应，其他村民就会看不起村民 B，孤立村民 B，因为朋友的敌人是敌人，若村民 C 和村民 B 继续保持合作，那么村民 C 也会受到其他村民的排挤，在互助的村民看来，敌人的朋友是敌人。村民 B 如果能预见这个结果，他即使再忙，也要过去给村民 A 帮忙。村民 C 若知道互助已成为一种社会规范，那么参与集体惩罚就是他的理性选择，否则就成了大家的敌人。

联合抵制的社会规范要求惩罚欺骗者，也要惩罚该惩罚而没有惩罚的人。例如，我们经历过排队买火车票，都讨厌有人插队，有人制止插队者，这是惩罚欺骗者。有时候，由于惩罚的二阶囚徒困境问题，排队中没有人有勇气制止插队者。这时窗口的售票员若不卖票给插队者，问题也能解决。因此，联合抵制的社会规范既要惩罚插队者，也应该惩罚卖票给插队者的售票员，该惩罚而没有惩罚的人也应该受到惩罚。当然，问题是售票员可能无法知道到达窗口的人是插队者还是排队者。我们看到有些排队的机构有发放票号的机制，如银行、医院，这很好地解决了这个问题，按号的顺序执行先来后到的规则，插队者没有相应的号，自然就插不了队了。

格雷夫（Greif，1993）发现，中世纪马格里布商人联盟实现了有效的交易治理，马格里布商人在开展海外贸易时，只雇佣马格里布的代理人，马格里布商人联盟实现了信息的有效传递，也形成了多边惩罚的社会规范，欺骗的马格里布商人将被商人联盟排斥，失去与马格里布商人进行交易的机会。格雷夫（Greif，1994）发现，马格里布形成商人联盟这样的交易治理制度根源于马格里布人的集体主义文化。自我实施的集体惩罚、横向代理关系、商业联盟内部的社会交流网络使得非正式的集体惩罚是可置信的，可以激励人们放弃欺骗行为。相反，热那亚商人具有个人主义文化，开放性地选择代理人，没有信息共享和集体惩罚机制，偏向于依赖法律这样的正式机制来处理交易纠纷。格雷夫等（Greif et al.，1994）分析了中世纪的商人行会在海外贸易中对外国统治者掠夺产权的影响。统治者的强制力可以保护产权，也可能掠夺产权，尤其是国外商人的财产。商人行会可以在统治者侵犯任何行会成员的财产时以集体惩罚实施报复，中断与该国的贸易。统治者可以从贸易中获得贸易剩余和税收，短期的侵犯获利可能比不上长期的贸易获益，从而会保护海外商人的产权。集体惩罚的有效性依赖于集体统一行动，统治者可能侵犯一部分商人的产权却承诺保护其他商人的产权，以此瓦解集体惩罚。对此，商人行会内部建立起强制性，任何违反集体惩罚的行会成员将受到行会的排斥。商人行会通过垄断商业许可证、逐出行会、阻止船只进出海峡或收取罚金等手段强制行会成员遵守集体惩罚。

商人行会多建立在地缘、宗族等社群的基础之上，信息传递和集体惩罚具有优势，可以在行会内部实现有效的治理。但是，基于特殊关系的社群规范具有封闭性，交易对象被分隔为两类，社群内可信的交易对象和社群外不可信的交易对象，社群成员只同社群内的对象交易，当市场发展和交易范围扩大的时候，社群主义成为扩展交易机会的障碍。

在扩展交易机会的需求驱使下，即使不怎么熟悉的人，基于某种纽带，组成俱乐部这样的组织。俱乐部具有交易配对、信息传递和集体惩罚的功能。欺骗信息在俱乐部内部快速传递，欺骗者将受到俱乐部成员的排斥，俱乐部规范可以终止欺骗者的俱乐部资格。俱乐部具有开放性，只要遵循俱乐部规范，新的诚信交易者可以带着交易机会加入俱乐部，从这一点看来，俱乐部突破了封闭的传统社群的局限性。布兰查德和克莱默（Blanchard & Kremer，1997）认为，转轨国家产出急剧下降的一个重要原因是合同执行机制的解体。在俄罗斯，转型前的行政协调被取消，仲裁法庭虽然被保留，但起的作用非常有限，非正式的关系型商业网络虽然发挥一定的作用，但总的趋势是不断萎缩的。有研究者（Recanatini & Ryterman，1999）发现，俄罗斯企业通过商业协会形成新的商业关系，42.3%的被调查企业是商业协会或贸易协会的成员。麦克米兰等（McMillan et al.，1999）指出，波兰、罗马尼亚、俄罗斯、斯洛伐克和乌克兰五国的被调查企业有47.8%是商会成员，其中2/3的企业表示商会在帮助寻找新的交易伙伴和提供交易伙伴的可靠性信息方面发挥了作用。

普特南（Putnam，1993）在《使民主运转起来》一书中指出，意大利北部的社团活动更为活跃，存在着大量的协会，这些协会形成合作的规范，推动了意大利北部的成功；相反，意大利南部的协会很少，经济水平也落后于北部。普特南（Putnam，2000）在《独自打保龄球：美国社区的衰落与复兴》一书中指出，打保龄球的美国人比过去多，但参与保龄球俱乐部的人比过去少很多。在普特南（Putnam）看来，美国的结社生活在衰落，这影响了美国的社会资本和公共信任。福山（Fukuyama，1995）认为，高信任的社会有发达的社会中间组织，如教会、商会、工会、俱乐部、民间慈善团体、民间教育组织等自愿团体，这些中间组织为人们提供了交流和合作的平台，有利于信任的建立。缺乏中间组织的社会，形态上近似“马鞍型”，一边是强大的政府组织，另一边则是原子化的个人和家庭。福山认为，中国是低信任度的国家，而日本是高信任度的国家，因为中国缺少中间组织，而日本的中间组织发达。

米格罗姆、诺思和温格斯特（Milgrom，North & Weingast，1990）发现，中世纪流行于欧洲的“香槟交易会”，法律商人制度运行良好。当一个商人与一个陌生人做生意，最关心的是这个陌生的交易对象是否诚信，该商人就向法律商人付费咨询交易对象是否有欺骗记录，如果没有欺骗记录，就与之交易。交易当中，任何一方受骗，受害者去法律商人那里对欺骗者提起控诉，法律商人做出判决，若违约方拒不执行判决，则会被记录违约信息。如果交易前没有咨询过法律商人，受骗后法律商人不受理判决事宜。法律商人起到一个欺骗信息的收集和传递作用，依靠商人群体的多边惩罚，即不与有不良记录的人做生意，建立起良好的秩序。法律商人总是从相关商人团体中推选出来的商人，他们是商业事务专家，并受到广泛的尊重。不管是胜诉方还是败诉方，都接受法律商人的裁决，因为法律商人基本上控制了商人的声誉，并控制了商人的交易能力，一个拒绝接受法律商人裁决的商人，有被整个商人共同体排斥的危险，其生意是做不长久的。

格雷夫（Greif，2006）认为，以货款和货物在时空上分离为特征的非人格化交易需要缓解合同执行问题的制度基础，一项自我实施的制度——社群责任制，推动了现代欧洲跨辖区的非人格化交易，这一制度处在声誉机制与法律机制的过渡阶段。在社群责任制中，当 A 社群的任何成员违约，侵犯了 B 社群成员的产权，B 社群的法院会让 A 社群的所有成员承担违约责任。如果 A 社群的法院拒绝补偿受害方，那么 B 社群的法院会没收辖区内 A 社群的所有成员的财产作为赔偿。可见，一个社群的所有成员都要为该社群的某个成员在跨社群交易中的违约行为负责，违约行为会受到受害人所在的社群惩罚的可信威胁，迫使社群法院做出公正的判决，要求本社群成员自己承担违约给社群造成的成本。中世纪英国一些地方的特许状明确规定，如果社群成员因违约而使另一个成员的货物被没收，那么违约方必须赔偿受害方，否则他的财产将被没收，而且会被驱逐出社群。社群为违约行为集体负责，迫使社群注重维护自己的声誉，对社群成员的行为做出强有力的制约。历史证据表明，社群责任制曾经流行于整个欧洲。[①] 古代中国有连坐制度和保甲制度，这是东方版的社群责任制，这样的制度在中国实行了上千年，在某种程度上具有合理性。一人犯法，株连九族，这促使整个家族有强烈的动机约束、监督和制止家族成员的不法行为；一人若为匪通匪，联保各户实行连坐，这促使同保同甲的人有激励监督、制止保内甲内的不法行为。

社群责任制将个人的声誉转化为团体的声誉，当交易范围扩大，监督和信息成本越来越高时，个人的团体身份就越来越重要。某人在人群中，别人并不知道他是谁，如果某人穿着警察制服在人群中，人们就知道他是一名警察。在大学校园里，很多大学生长得比老师高大，还有可能是校外的人在校园里办事，如果没有任何的标识，可能分不清这个人

① 阿夫纳·格雷夫. 大裂变：中世纪贸易制度比较和西方的兴起［M］. 郑江维，等，译. 北京：中信出版社，2008.

是谁，如果一个人穿了学生的校服，那他是学生，如果一个人佩戴了校徽，他一定是学校的人。韦伯认为，加入社团组织等于获得一个“社会印章”，得到一个信誉认证。某个人做了坏事，别人往往很难追踪这个具体的人，但很容易识别他的团体身份。例如，一个人喝酒打人与警察喝酒打人性质完全不同，人们首先识别的不是某人打人，而是警察打人，舆论对警察打人的声讨会损害整个警察队伍的声誉，损害每一个警察的利益。当社团成员的不当行为损害社团整体的声誉，从而损害每个社团成员的利益时，这就是社群责任制，也叫连带责任。社团有激励约束每一个社团成员的行为，甚至采取内部惩罚、相互监督、主动举报等约束措施。有理由相信，有社团身份的人，如军人、警察、教师往往更值得信赖。

不管是中世纪的行会及马格里布商人联盟在海外贸易中的作用，还是社群责任制曾流行于整个欧洲，这些制度正是基于多边声誉机制。联合抵制的社会规范和俱乐部规范是多边声誉机制的表现形态[①②]，只是前者具有封闭性，后者的开放性更强。

5.6 匿名声誉机制

已有文献对双边和多边声誉机制有大量关注，双边交易关系只占交易的微小部分，对多边声誉机制的关注局限于熟人社群，如乡村封闭社会、马格里布商人联盟、温州商会等。俱乐部机制虽然有一定的开放性，但交易仅限于俱乐部成员之间。这意味着熟人社群的多边声誉机制虽然可以自我实现诚信交易，但具有封闭性的局限，交易的范围和规模有限。

---

① AVNER GREIF. Reputation and Coalitions in Medieval Trade: Evidence on the Maghribi Traders [J]. Journal of Economic History, 1989, 49 (4): 857-882.

② 青木昌彦. 比较制度分析 [M]. 周黎安，译. 上海：上海远东出版社，2001.

对于匿名交易，法律可以实现部分的治理，若法律是高效的，对违约的制裁是确定的，就会形成一种威慑，使违约减少，同时司法成本也会处在低水平。若法律不那么高效，匿名交易的治理就不能依靠法律，主流经济学强调法律对匿名交易的治理作用忽视了法律的局限性。

我们强调，匿名交易也可以依靠多边声誉机制建立起诚信。很多文献只研究熟人社会的多边声誉机制，而把匿名交易交给法律处理。这些文献大多认为多边声誉机制的基础是熟人社会，认为只有熟人社会才能提供有效的信息传递和多边惩罚。事实上，匿名社会也可以实现信息传递和多边惩罚，多边声誉机制也可以实现匿名交易的治理。中世纪的法律商人制度依靠多边声誉机制在陌生的商人之间建立起诚信合作，关键的因素是法律商人起到信用信息收集和传递的作用。在现代匿名社会，只要建立起覆盖全社会的征信系统，起到信用信息收集和传递的作用，匿名声誉机制也可以实现交易的有效治理。

在征信系统的存在下，匿名声誉机制是不是起作用，需要考察以下几个问题：一是征信机构是否有积极开展征信业务？二是匿名交易者选择诚信还是欺骗？三是第三方是否有积极性实施惩罚？四是受骗方是否有积极性举报欺骗信息？

先看第一个问题，征信机构是否有积极开展征信业务？这是商业问题，只要提供信用信息产品有利可图，就会有相应的机构进入市场开展征信业务。在匿名交易市场，每位交易参与人都面临信息不对称问题，交易对象可能是好人，也可能是坏人，信息不对称可导致逆向选择和道德风险问题。

如果交易代理人是好人，子博弈精炼纳什均衡是委托人信任，代理人诚信。如果交易代理人是坏人，子博弈精炼纳什均衡是委托人不信任，代理人欺骗。如果能确切地知道对方是好人还是坏人，那么也就能做出清晰的决策。和好人交易则信任，和坏人交易则不信任（见图 5-7）。

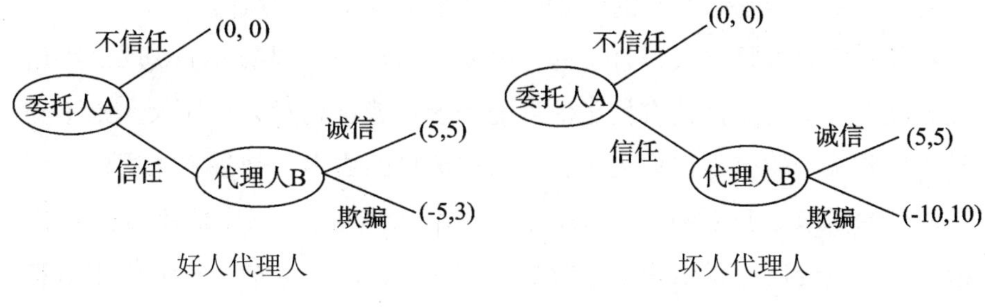

图 5-7

如果不能确切地知道对方是好人还是坏人，则陷入一个不完全信息静态博弈。

如图 5-8 所示，当 A 选择信任，好人类型的 B 会选择诚信，这时 A 的收益为 5，坏人类型的 B 会选择欺骗，这时 A 的收益为-10。因此，A 的期望支付为 $p \times 5 - 10 \times (1 - p)$，A 选择不信任时的支付为 0。当 $p \times 5 - 10(1 - p) > 0$ 时，A 会选择信任，即 $p > \frac{2}{3}$。

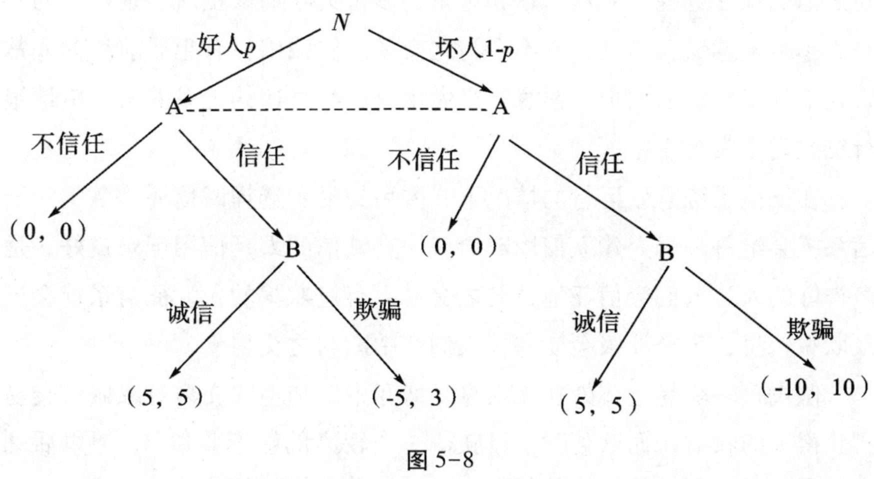

图 5-8

只有估计匿名交易对象是好人的先验概率大于 2/3 时，交易主体才会信任对方。但普遍存在的一个问题是，在陌生的环境中，人们普遍低估陌生人是好人的概率，这无疑会减少交易的总量。当人们根据先验概率的估计来决定是否交易时，难免有交易失误带来的风险。

若查到对方是好人，且交易，只要交易带来的剩余大于获取信用信息的成本，交易主体就有信用信息的需求。若查到对方是坏人，则不交易，只要减少的交易损失大于获取信用信息的成本，交易主体同样有信用信息的需求。只要有信用信息的需求，市场就会产生信用信息的供给。征信机构对提供信用信息收费，收集、记录、维护、查询信用信息会产生成本，只要经营信用信息的收益大于成本，投资征信业就有利可图。

在匿名市场交易中，两两之间很可能是一次性交易，当事一方无法对欺骗者实施惩罚，第三方是否有积极性实施惩罚？这其实是这样一个问题：任何第三方查到交易对象有欺骗记录，他是否与之交易？当第三方得知交易对象有过欺骗行为时，根据贝叶斯法则，第三方会修正交易对象是好人的先验概率，有过欺骗行为的人是好人的先验概率将降低，如果先验概率降低到 $p<2/3$ 时，这个第三方将不再信任，放弃与之交易是他的理性选择。显然，欺骗记录越多，贝叶斯修正后，是好人的先验概率越来越低，第三方越不会与之交易。实践中，有犯罪前科的人常常找不到工作，人们也不愿意与之做生意；有过违约记录的人在申请银行贷款时常常被拒绝。

在征信系统有效运行的情况下，匿名交易者选择诚信还是欺骗？征信系统会给每一个人建立信用账户，一直诚信的人，信用记录良好，是声誉好的人，人们会信任他并与之交易；有过欺骗的人，征信系统会记录欺骗信息，声誉评级会变差，人们会中断与之交易。

假设每一交易主体处在无限重复博弈中，和不同交易对象诚信交易可获得 x_i 的收益，而欺骗时，可获得一个较高的短期收益 d，但以后别人不再与之交易，他只能获得保留支付 e_0，在触发策略下，假设贴现因子为 δ，参与人欺骗时获得的支付现值为：

$$d + \delta e_0 + \delta^2 e_0 + \delta^3 e_0 + \cdots = d + e_0 \frac{\delta}{1 - \delta}$$

若采取诚信，则每期可获得 x_i的支付，在无限重复博弈中获得的支付现值为：

$$x_1 + \delta x_2 + \delta^2 x_3 + \delta^3 x_4 + \cdots = \sum_{n=1}^{n} \delta^{n-1} x_n$$

只要 $\sum_{n=1}^{\infty} \delta^{n-1} x_n > d + e_0 \dfrac{\delta}{1-\delta}$，诚信就成为参与人的理性选择。

当参与人的贴现因子 δ 大于一定程度时（即只要他的耐心足够大），诚信就是他的理性选择。

第四个问题是受骗方是否有积极性举报欺骗信息？匿名市场交易中，两两之间往往是一次性博弈，一方欺骗了另一方，但事情已经过去了，受骗方为什么还要举报欺骗方？举报会产生额外的成本，其中包括害怕欺骗者的报复，举报欺骗者不再产生额外的收益。受骗者对欺骗者的举报实际上类似于提供公共物品，都指望别的受骗者去举报，自己做一个“搭便车”的人，这就是典型的二阶囚徒困境问题。受骗方是否有积极性举报欺骗信息与下面几个方面有关：

其一，私人执行成本。如果私人举报欺骗的成本很低，甚至是举手之劳，而且风险很小，受骗者就乐于举报。如果举报的成本很高，人们往往采取息事宁人、自认倒霉的态度。例如，很多人不敢举报有权势的人物，也不敢举报黑恶势力，这些强势力量的违法乱纪只能由国家合法的、强制性暴力来纠正。对于严重的违法乱纪，刑法规定，即使民不告，法律也要依法介入。当然，如果民众的力量弱小，私人无法实施惩罚，国家强制性机构也不作为时，社会可能出现“侠客式”的人物。

其二，传递信号功能。依据波斯纳（Posner，2000）的信号理论，为了显示自己是诚信的人，人们鄙视欺骗的人，举报欺骗的人，通过传递这样一个信号，表明自己是一个诚信的人。正是因为存在成本，才体现信号的有用性。见义勇为正是因为存在一定的风险，显示出只有疾恶如仇的人才会挺身而出。如果被欺骗了忍气吞声，可能显示出容忍欺骗行为的信号，可能会被认为是“敌人的朋友是敌人”。

其三，尊严和尊敬。受骗人举报欺骗者是当事人实施的惩罚。当一个人被侵犯的时候，为了尊严也要勇敢地站出来。中世纪欧洲流行决斗，一般起因于贵族为了自己的尊严而战，受到侵犯、侮辱的一方如果不提出决斗，会没有尊严，被人耻笑，而拒绝迎战也是没尊严的事。麦克亚当斯（McAdams，1997）提出了尊敬理论，人们在社会当中需要得到他人的尊敬，也会尊敬他人，人们对尊敬的竞争使得自己不但愿意遵守社会规范，还鄙视违反社会规范的人。

其四，惩恶扬善的社会规范。“恶有恶报，善有善报”“人不犯我，我不犯人；人若犯我，我必犯人”，是常见的惩恶扬善的社会规范，这些策略之所以成为社会规范，是因为构成演化稳定战略。如果多数人遵守这些规范，遵守这样的规范符合每个人的激励。惩恶扬善与针锋相对策略是一致的，阿克塞尔罗德（Axelrod，1984）的实验证明了针锋相对是最成功的一种战略。

其五，社会规范内化为个人道德。库特（Cooter，1995；2000）用社会规范内化为个人道德来解决二阶囚徒困境问题，冤枉一个好人、纵容一个坏人都会产生负罪感，这已经内化为个人的道德和正义感，即使没有外部的监督，即使付出成本也要遵守惩恶扬善的社会规范。教育及父母和师长的言传身教对个人道德与正义感的形成至关重要。

若违约发生，受害者有激励将违约信息告诉征信机构，征信机构对违约行为进行审核，并登记真实的违约信息，违约者一旦有违约行为被记录，他在未来就难以找到交易对象，因为潜在交易对象通过向征信机构查询他的信用记录，可以获知他曾经是违约者，从而避免与之交易。违约行为会导致失去潜在的交易对象，因此任何人注重维护自己诚信的声誉。至于多边惩罚，匿名社会同样可以实现，尽管违约者和受害者之间是一次性交易，受害者无法对违约者通过中断交易来实施惩罚，但其他人会拒绝与违约者交易，由他们来实施惩罚，在面对一个有违约风险的交易对象时，其他人拒绝与违约者交易是理性的。这样违约者与受害人之间的交易冲突转化为违约者与全社会的交易冲突，每个人都将控制自己的违约行为。征信系统起到法律一样的威慑效果，即使法律没有健全，在征信系统的作用下，也可以实现匿名交易的诚信。

举一个简单的例子，女生遇到一位陌生男生的求爱，这个男生可能是好男人，也可能是坏男人，如果没有信息，女生往往是风险规避的，会拒绝该男生。这样女生可能拒绝了一个好男生，让自己成为“剩女”的概率增加。女生如果很快答应该男生的求爱，这样女生可能接受了一个坏男生，被骗财骗色的风险增加。如果社会存在征信系统，每个人都有其信用账户，女生可以从征信系统检索该男生的信用信息，若得知该男生在某年某地欺骗了某一位女生，她肯定会拒绝这个危险的男生。之前那位被欺骗的女生有动力将该男生欺骗的信息反馈给征信系统，因为她自己难以实施惩罚（假设法律是有局限的），她寄希望于多边惩罚，让其他女生拒绝与欺骗男生交往。

福山（Fukuyama，1995）、普特南（Putnam，1993；2000）强调中间组织对建立诚信和信任的作用，是因为中间组织提供了信息传递和多边惩罚功能，但是他们所说的中间组织，针对的是熟人社群。离开熟人社群，有没有一种中间组织可以在匿名交易中实现信息的有效传递和多边惩罚呢？我们的回答是征信系统。2013 年 3 月 15 日，《征信业管理条例》正式施行，授权中国人民银行对全国征信业进行监督管理，为中国征信业确立法律地位，使征信工作有法可依。每个法人企业和自然人都被纳入社会信用体系，建立起信用档案，每个企业和个人的信用状况都将有数据可查，诚信者因为诚信而赢得信任，将获得更多的商业机会，而失信者因为失信而受到全社会的惩罚，最简单的惩罚就是不再与失信者交易。

5.7 结语

如果我们把视界穿越到国家、法律出现以前的社会，那时也有市场交换，是什么机制规约人们不会违约呢？格雷夫（Greif，1993；1994；2006）、米格罗姆等（Milgrom et al.，1990）对中世纪欧洲、亚洲商业社会的研究，找到了法律出现之前的交易治理机制，那就是声誉机制，包括双边声誉机制和多边声誉机制。声誉机制一般建立在无限重复博弈的基础之上。KMRW（1982）将不完全信息纳入重复博弈，只要重复次数足够多，诚信合作在有限重复博弈中也可以实现。由于不完全信息，本性欺骗的人可能在相当长时间内选择诚信，直到最后才暴露出欺骗的本性，这就是著名的“KMRW 声誉机制”。双边声誉机制的核心是个人惩罚，多边声誉机制的核心是信息传递和多边惩罚。

在国家和法律制度出现之后，声誉机制仍然是交易治理的重要组成部分，因为双边交易和多边交易在现代经济生活中仍然普遍存在。市场发展和交易规模扩大之后，非人格化交易不断增加，声誉机制的执行成本不断增加，以关系为基础的声誉机制会向法律机制转变。但是，如果法律机制进展缓慢，法律的局限性使得人们对法律的信任不足，人们会进行声誉机制的创新来实施交易治理，俱乐部机制使多边声誉机制具有一定的开放性，人们可以发展征信系统，建立起匿名社会的多边声誉机制。总之，若法律机制替代不了声誉机制，声誉机制就会占据它的地盘，并且以更有活力的形式适应现代经济社会的非人格化交易。

在双边或多边熟人社会，人们依靠自我实施的声誉机制实现交易的治理，在匿名交易中，人们从征信机构这样的中间组织获取信用信息，也可以通过多边声誉机制解决诚信和信任问题。投资建立覆盖全社会的征信系统，是法律存在局限时借助匿名声誉机制重建社会诚信的有效途径。

6 不完全信息下的声誉机制

人们为了维持长期的合作关系，有激励建立和维护诚信合作的声誉。声誉机制包括单边声誉机制、双边声誉机制和多边声誉机制，单边声誉机制是指个人自觉建立和维护自己的声誉，甚至内化为个人的道德修养，是自我实施的理性行为。双边声誉机制基于双边惩罚，在无限重复博弈下，参与人为了未来的长期利益，建立和维持诚信合作的声誉。多边声誉机制基于多边惩罚或集体惩罚。不管是中世纪的商人行会、马格里布商人联盟、法律商人制度、社群责任制、连坐制度、保甲制度，还是现代的俱乐部、商会、企业、单位等，都通过基于多边惩罚的多边声誉机制建立起自我实施的秩序，实现诚信合作。联合抵制的社会规范和俱乐部规范是多边声誉机制的表现形态[①][②]，熟人社群的社会规范具有封闭性，而俱乐部规范开放性更强。在匿名交易中，如果人们可以从征信机构这样的中间组织获取信用信息，也可以通过多边声誉机制解决诚信合作问题。

声誉机制的理论模型建立在无限重复的、完全信息博弈的基础之上，在无限重复博弈中，人们为了长期的合作收益，放弃短期的欺骗诱惑，注重建立和维护诚信合作的声誉。如果是有限重复博弈，如果是不

---

① AVNER GREIF. Reputation and Coalitions in Medieval Trade: Evidence on the Maghribi Traders [J]. Journal of Economic History, 1989, 49 (4): 857-882.

② 青木昌彦. 比较制度分析 [M]. 周黎安，译. 上海：上海远东出版社，2001.

完全信息，能否实现诚信合作呢？特别地，举一个例子，孩子升学读小学或上初中了，在小学六年或初中三年当中，孩子面临的是有限重复博弈，刚入学时，每个孩子对其他孩子的性格类型均不了解，班上有“熊孩子”，喜欢欺负同学，欺软怕硬，而你的孩子生性软弱，你会教自己的孩子怎么做呢？

6.1 KMRW 声誉模型

在完全信息情况下，好人就是好人，坏人就是坏人，遇到好人或坏人时决策对号入座，再清楚不过。但是当涉及不完全信息时，参与人对对方是好人还是坏人不甚清楚，这会改变参与人的行为。参与人会根据对方是好人还是坏人的先验概率来决策其行动，参与人也会利用信息不完全，建立起合作的声誉，即使他不是合作类型的参与人。

在博弈论中，不完全信息是指一方参与人对对方类型的知识是不完全的。例如，对方可能是好人，也可能是坏人；对方可能是高成本类型，也可能是低成本类型；对方可能是诚信类型，也可能是欺骗类型。克雷普斯、米格罗姆、罗伯茨、威尔逊（Kreps，Milgrom，Roberts，Wilson，1982）研究了不完全信息对重复博弈中人的行为的影响，建立了著名的 KMRW 声誉模型。KMRW 声誉模型证明的核心思想是如果参与人对其他参与人的特性具有不完全信息，即使重复博弈的次数是有限的，人们也有激励建立起合作的声誉，合作在有限重复博弈中仍然可以出现。

本书参考借鉴 KMRW 声誉模型和张维迎（2013）的文献，通过诚信博弈来说明不完全信息下的声誉机制。

如果是完全信息，这是典型的囚徒困境博弈，纳什均衡是（欺骗，欺骗），诚信合作没有实现（见图 6-1）。即使该博弈重复有限次，也是这样的结果，诚信合作无法实现。

	乙：诚信	欺骗
甲：诚信	3，3	-1，4
欺骗	4，-1	0，0

图 6-1

假设参与人存在单方的信息不完全，甲方了解乙方，乙方是典型的理性囚徒，可以理解为机会主义者，或者非合作类型。而乙方不了解甲方，甲方可能是合作型，也可能是理性囚徒，合作型可以理解为讲诚信、重声誉。假设合作型参与人采取针锋相对策略，先采取合作，然后每一阶段采取的行动与前一阶段对方的行动相同，如果对方前阶段诚信，已方本阶段也诚信，如果对方前阶段欺骗，己方本阶段也欺骗。乙方对甲方类型的先验概率为（P，$1-P$），即甲方为合作型的概率为 P，甲方为理性囚徒的概率为 $1-P$（见图 6-2）。

		$t=1$	$t=2$
甲	合作型（P）	诚信	*
	理性囚徒（$1-P$）	欺骗	欺骗
乙	理性囚徒	*	欺骗

图 6-2

假设有限博弈只进行两个阶段，理性囚徒在最后阶段都会选择欺骗，甲知道乙是理性囚徒，因此甲若是理性囚徒，在第一阶段会选择欺骗，跟有限重复博弈理论一样的思维。

甲若是合作型，他采取针锋相对策略，第一阶段诚信，第二阶段依赖于乙在前一阶段采取什么策略，我们用“*”表示。

在第一阶段，乙若清楚地知道甲是理性囚徒，则会选择欺骗。正是因为乙考虑到甲可能性是理性囚徒，也可能是合作型，如果甲是合作型的话，乙在第一阶段选择诚信也许更好，这样的话，第一阶段，二者都诚信；第二阶段，甲诚信，乙欺骗，结果对乙来说都不错。当然，如果乙在第一阶段采取诚信，而甲实际上是理性囚徒的话，乙在第一阶段会受损，第二阶段也结局平平。乙要计算期望收益并进行比较，才能决定选择诚信还是欺骗。

若乙在第一阶段选择诚信，博弈如图 6-3 所示。

		$t=1$	$t=2$
甲	合作型（P）	诚信	诚信
	理性囚徒（$1-P$）	欺骗	欺骗
乙	理性囚徒	诚信	欺骗

图 6-3

可计算乙的期望收益，第一阶段的收益为 $3 \times P - 1 \times (1 - P)$。

第二阶段的收益为 $4 \times P + 0 \times (1 - P)$。

乙的两阶段收益之和[①]为 $3 \times P - 1(1 - P) + 4P = 8P - 1$。

若乙在第一阶段选择欺骗，博弈如图 6 - 4 所示。

		$t = 1$	$t = 2$
甲	合作型(P)	诚信	欺骗
	理性囚徒($1 - P$)	欺骗	欺骗
乙	理性囚徒	欺骗	欺骗

图 6 - 4

可计算乙的期望收益，第一阶段的收益为 $4 \times P + 0 \times (1 - P)$。

第二阶段的收益为 $0 \times P + 0(1 - P)$。

乙的两阶段收益之和为 $4P$。

如果 $8P - 1 > 4P$，即 $P > 1/4$，乙就会在第一阶段选择诚信。大家看到，乙实际上是理性囚徒，但当他看到甲可能是合作型时，他在第一

① 这里忽略掉贴现，若要精确计算，第二阶段的收益应该乘以贴现因子。

阶段伪装自己是合作型，选择诚信，到了最后阶段，才回归本性，选择欺骗。

现在假设有限博弈进行三个阶段，理性囚徒在最后阶段都会选择欺骗，甲知道乙是理性囚徒，因此甲若是理性囚徒，在第二阶段会选择欺骗，同前面的两阶段博弈一样。甲若是合作型，他采取针锋相对策略，第一阶段诚信，第二阶段依赖于乙在前一阶段采取什么策略，我们用“＊”表示，第三阶段依赖于乙在第二阶段采取什么策略，我们用“#”表示（见图 6-5）。现在问题的关键是作为理性囚徒的甲在第一阶段怎么选择？理性囚徒本性是选择欺骗，但他可能伪装自己的欺骗本性，选择诚信，也许收益会更多。因此，甲若是理性囚徒，第一阶段可能选择诚信，也可能选择欺骗；理性囚徒乙在前两个阶段有四种可能的策略，分别是（诚信，诚信）、（诚信，欺骗）、（欺骗，诚信）、（欺骗，欺骗）。

		$t=1$	$t=2$	$t=3$
甲	合作型（P）	诚信	＊	#
	理性囚徒（$1-P$）	?	欺骗	欺骗
乙	理性囚徒	＊	#	欺骗

图 6-5

先看作为理性囚徒的甲第一阶段选择诚信，假设坏人可能做好事，但好人绝对不做坏事，当理性囚徒甲选择诚信时，乙对甲的先验概率不会发生变化。这时有四种博弈情况，如图 6-6~图 6-9 所示。

		$t=1$	$t=2$	$t=3$
甲	合作型（P）	诚信	诚信	诚信
	理性囚徒（$1-P$）	诚信	欺骗	欺骗
乙	理性囚徒	诚信	诚信	欺骗

图 6-6

这种情况下（见图 6-6），乙的期望收益为 $3+3\times P-(1-P)+4P=8P+2$。

		$t=1$	$t=2$	$t=3$
甲	合作型（P）	诚信	诚信	欺骗
	理性囚徒（$1-P$）	诚信	欺骗	欺骗
乙	理性囚徒	诚信	欺骗	欺骗

图 6-7

这种情况下（见图 6-7），乙的期望收益为 $3+4P$。

		$t=1$	$t=2$	$t=3$
甲	合作型（P）	诚信	欺骗	诚信
	理性囚徒（$1-P$）	诚信	欺骗	欺骗
乙	理性囚徒	欺骗	诚信	欺骗

图 6-8

这种情况下（见图 6-8），乙的期望收益为 $4-1+4P=4P+3$。

		$t=1$	$t=2$	$t=3$
甲	合作型（P）	诚信	欺骗	欺骗
	理性囚徒（$1-P$）	诚信	欺骗	欺骗
乙	理性囚徒	欺骗	欺骗	欺骗

图 6-9

这种情况下（见图 6-9），乙的期望收益为 $4+0+0=4$。

只要 $8P+2>3+4P$，即 $P>1/4$ 时，作为理性囚徒的甲选择诚信时，理性囚徒乙在第一阶段和第二阶段选择（诚信，诚信）要优于选择（诚信，欺骗）和（欺骗，诚信）。

只要 $8P+2>4$，即 $P>1/4$ 时，作为理性囚徒的甲选择诚信时，理性囚徒乙在第一阶段和第二阶段选择（诚信，诚信）要优于选择（欺骗，欺骗）。

只要 $4P+3>4$，即 $P>1/4$ 时，作为理性囚徒的甲选择诚信时，理性囚徒乙在第一阶段和第二阶段选择（诚信，欺骗）或（欺骗，诚信）要优于选择（欺骗，欺骗）。

因此，作为理性囚徒的甲选择诚信时，只要先验概率 $P>1/4$，理性囚徒乙会在前面两个阶段选择（诚信，诚信）。

再看作为理性囚徒的甲第一阶段选择欺骗，这就暴露了其理性囚徒的类型，$P=0$，因为好人不做坏事，做了坏事的一定是坏人。这时理性囚徒乙会在第二阶段和第三阶段都选择欺骗，乙在第一阶段，要么是诚信，要么是欺骗，甲的三阶段总收益分别是 $4+0+0=4$ 或 $0+0+0=0$。若理性囚徒甲在第一阶段选择诚信，前面已经证明，理性囚徒乙会在前面两个阶段选择（诚信，诚信），最后一阶段选择欺骗，甲的三阶段总收益是 $3+4+0=7$。因此，作为理性囚徒的甲在第一阶段一定选择诚信。

博弈的均衡是只要 $P>1/4$，作为理性囚徒的甲会在第一阶段诚信，第二、第三阶段欺骗，理性囚徒乙会在第一、第二阶段诚信，第三阶段欺骗（见图 6-10 和图 6-11）。

		$t=1$	$t=2$	$t=3$
甲	理性囚徒	欺骗	欺骗	欺骗
乙	理性囚徒	诚信	欺骗	欺骗

图 6-10

		$t=1$	$t=2$	$t=3$
甲	理性囚徒	欺骗	欺骗	欺骗
乙	理性囚徒	欺骗	欺骗	欺骗

图 6-11

如果是完全信息，理性人的行动遵循理性逻辑，在信息不完全时，理性的参与人有积极性建立一个诚信的声誉，不想过早地暴露自己的欺骗本性。当别人不知道自己的类型时，理性囚徒有动机建立起诚信的声誉。骗子出场时，常常西装革履，热情合作，伪装为诚信合作的好人，到了后来，才回归骗子的本性，以干一票大的收场。至于没有不确定性的理性囚徒乙，在早期阶段采取诚信行为，是因为对方可能是合作型的，使用的是针锋相对策略，乙方早期的诚信是为了换取未来更多的合作机会。

如果有限博弈的次数继续增加，上述不完全信息博弈中的理性囚徒甲会一直保持诚信，直到最后两个阶段回归欺骗，理性囚徒乙会一直保持诚信，直到最后一阶段回归欺骗。即使重复博弈是有限的，当具有不完全信息时，参与人也有激励建立起合作的声誉，合作在有限重复博弈中仍然可以实现。

现在假设甲、乙双方都对对方拥有不完全信息，为了分析方便，假设每一方都采取触发战略，一开始选择诚信合作，若对方也是诚信合作，则继续保持诚信合作，一旦对方采取欺骗，就永远不再跟对方合作。

对于任一方，如甲，若选择诚信合作，则乙有两种可能，一种可能是合作型，双方一直保持合作，每一阶段的收益为 3，博弈 N 个阶段，甲的收益为 $3N$。另一种可能是理性囚徒，在第一阶段选择欺骗，以后各阶段双方都欺骗，这时甲的收益为 -1。可以计算甲选择诚信合作时的期望收益为 $3NP-1$（$1-P$）。

甲若选择做理性囚徒，一开始就欺骗，这时乙也有两种可能，一种可能是合作型，在被甲欺骗一次之后，永远不再与之合作，这种情况下甲的收益为 4。另一种可能是欺骗型，双方从第一阶段就互相欺骗，甲的收益为 0，甲的期望收益为 $4P$。

只要 $3NP-1$（$1-P$）$>4P$，即 $N>$（$3P+1$）$/3P$，甲就会选择诚信合作。可见，如果存在不完全信息，只要博弈次数足够多，参与人有激励建立起合作的声誉，诚信合作在有限重复博弈中仍然可以实现。

6.2 信号发送与声誉积累

当 A 遇到一个陌生人 B 时，由于陌生，不知道他是好人还是坏人，是诚信类型还是欺骗类型，是有文化还是没文化，是有能力还是没能力等。市场中有一个在位者，进入者想进入这个市场，但不知道在位者是高成本类型，还是低成本类型。不完全信息与先验概率联系在一起，先验概率是指根据以往经验和分析得到的概率，利用过去的历史资料计算得到的先验概率，称为客观先验概率；根据人们的主观经验来判断得到的先验概率，称为主观先验概率。当 A 遇到陌生人 B 时，A 对 B 有一个先验概率，B 是好人的概率为 P，是坏人的概率为 $1-P$。

当存在不完全信息时，人们可以通过自己的行动建立起声誉，声誉是不断积累的，好名声和坏名声一样，都是不断积累的。当人们不清楚陌生的对象时，会察其言观其行，不断深入地了解其本质，这在统计学上叫做贝叶斯（Bayesian）法则，即人们根据新的信息从先验概率得到后验概率的方法。

给定参与人 i 有 N 种类型，可以采取 H 种行动，观察到参与人采取行动 a^h（这是新信息）之后，参与人 i 属于类型 t_i 的后验概率可以根据贝叶斯（Bayesian）法则进行计算：

$$P(t_1 \mid a^h) = \frac{p(a^h \mid t_i)p(t_i)}{p(a^h \mid t_1)p(t_1) + \cdots + p(a^h \mid t_n)p(t_n)}$$

假设陌生人 B 可能是好人（GP），也可能是坏人（BP），是好人的先验概率为 1/2，是坏人的先验概率也是 1/2，即 $P(GP) = 1/2$，$P(BP) = 1/2$。A 看到 B 做了一件好事，这是一个新的信息，我们知道，好人可以做这件好事，坏人也可以做这件好事，只是好人和坏人做这件好事的概率不同。例如，假设好人一定会做这件好事，而坏人做这件好事的概率为 1/2，即：

$$P(GT \mid GP) = 1,\ P(GT \mid BP) = 1/2$$

A 根据看到的 B 做好事的行动信息，会修正 B 是好人的概率，得到一个后验概率，根据贝叶斯法则：

$$P(GP \mid GT) = \frac{P(GT \mid GP)P(GP)}{P(GT \mid GP)P(GP) + P(GP \mid BP)P(BP)}$$

$$= \frac{1 \times 1/2}{1 \times 1/2 + 1/2 \times 1/2} = \frac{2}{3}$$

这时，A 对 B 是好人的看法就有了修正，A 把 B 是好人的概率修正为 2/3。之后，A 又看到 B 做了这件好事，这时 A 会进一步进行贝叶斯修正：

$$P(GP \mid GT) = \frac{P(GT \mid GP)P(GP)}{P(GT \mid GP)P(GP) + P(GP \mid BP)P(BP)}$$

$$= \frac{1 \times 2/3}{1 \times 2/3 + 1/2 \times 1/3} = \frac{4}{5}$$

这一轮的贝叶斯修正之后，A 认为 B 是好人的概率上升到 4/5。A 认为 B 更接近于一个好人，主要的原因是好人做这件好事的概率比坏人做这件好事的概率要大。特别地，如果这样的好事，好人一定会做，坏人是绝对不会做的，即：

$$P(GT \mid GP) = 1,\ P(GT/BP) = 0$$

那么 A 看到 B 做了这件好事，就可以判断 B 是好人。根据贝叶斯法则计算的结果也是如此：

$$P(GP \mid GT) = \frac{P(GT \mid GP)P(GP)}{P(GT \mid GP)P(GP) + P(GP \mid BP)P(BP)}$$

$$= \frac{1 \times 1/2}{1 \times 1/2 + 0 \times 1/2} = 1$$

如果 B 不断地做这样的好事，A 观察到之后会不断修正 A 对 B 的看法，B 通过自己的行动发送了信号，可以建立和积累起自己的声誉。

从前面的分析可以看出，声誉是不断积累的，好名声和坏名声一样，都是不断地依据其行动信号积累起来的。

相比之下，坏事比好事更具有信号作用。一般的好事，好人会做，坏人也会做，坏人也通过做好事假装为好人，以便建立起好的声誉，获得更多的合作机会。因此，一般的好事并不具有区分好人和坏人的信号作用，除非是很好很好的好事，如舍己救人，要牺牲自己才能做这件好事时，只有好人会做，坏人很难做这样的好事，这样的好事才能很好地区分好人和坏人。坏事的信号作用更强，是因为好人很少干坏事，干了坏事的人，多半是坏人了。由于不确定性，有时候人们不是故意做坏事，只是因为不可控因素导致不良结果发生。对于某人偶然做了坏事，我们应该更多地观察，而不是一棒子打死，如果是名声不错的人偶尔犯错，应该原谅他，给他改过自新的机会。如果一个人是惯犯，就可以贴上坏人的标签。张维迎（2013）讲得好："一个人干一件坏事并不可怕，可怕的是一辈子干坏事。"

贝叶斯法则是根据行动信号修正先验概率，行为人通过发送行动信号来积累声誉。声誉的积累取决于以下几个因素：

其一，不断地发送信号。雷锋之所以是雷锋，是因为他不断地做好事，随时随地做好事。"十年树木，百年树人""路遥知马力，日久见人心"就蕴含着这样的道理。老字号之所以成为好品牌，是因为百年老店产品质量好、服务好、守诚信，这些信号已传送百年之久，经久不衰，积累了好声誉。历史悠久的大学往往有更好的声誉，学校喜欢整理校友名人榜，出了多少总统、多少诺贝尔奖得主、多少名人、多少企业家，这些杰出校友就是一些信号，不断积累着学校的声誉，新办的学校往往没有这些东西，尽管有钱、有人、有地方，但还是很难吸引到好学生。明星热衷于宣传炒作，就是在发送信号表明自己的存在，极力宣传，不断在作品里亮相，即使出不了作品，也要闹出点绯闻来，好不让别人忘记自己。好名声积累起来往往很慢，一个菜鸟拳手要经过一场又一场的胜利，才能证明自己；冠军选手梦想着大满贯，在一项赛事中夺冠，可能是实力使然，也可能有偶然的因素，但如果能在多项赛事中夺冠，绝对是实力使然，反复地证明着自己，积累着声誉。正因为成名很难，所以名人的身价往往较高。但是，声誉毁坏起来往往较快，所谓一失足成千古恨。

其二，信号能有效地传递。发送信号是一回事，但接收信号却是另一回事。一个人想通过做好事来建立自己的声誉，他一定要让别人观察到他做好事。大家还记得 2014 年风靡全球的冰桶挑战，发起方规定，被邀请者要么在 24 小时内接受冰桶挑战，要么为对抗“肌肉萎缩性侧索硬化症”捐出 100 美元。事实上，很多明星捐了这 100 美元，也接受了冰桶挑战，但他们特别看重自己接受冰桶挑战的视频公众于众。信号有效传递是建立声誉必要的手段，现在的娱乐明星、体育明星收入很高，是因为电视、网络把他们的信号传递得很广泛、很频繁，使得他们的声誉建立更快，范围更广，受众更多，所以收入也更高。

其三，行动信号的稳定性。稳定的行动信号可以形成稳定的贝叶斯修正路径，前面的例子中，B 不断做好事，A 认为 B 是好人的概率从 1/2 上升到 2/3，又上升到 4/5，不断地趋近于 1，如果 B 一会儿做好事，一会儿又做坏事，就难以形成稳定的贝叶斯修正路径，其声誉也就得不到积累。对于日本在二战中的罪行，日本有 57%的民众认为日本已经道歉，已经做得足够了。但是，中国、韩国及亚洲其他受侵略国家却觉得日本道歉得不够，要求日本道歉。一份调查显示，在被问到日本是否已经为二战的侵略行为充分道歉时，有 98%的韩国受访者回答是“否”、78%的中国受访者回答是“否”，菲律宾的这一比例是 47%、印度尼西亚的这一比例是 40%。[①] 造成这种分歧的主要原因是日本政府反复摇摆不定，虽偶有道歉，但又要参拜靖国神社、修改教科书歪曲历史、否认南京大屠杀、不承认慰安妇问题、不承认“731”部队罪行、强行通过日

① 二战结束 70 年：德国受尊重，日本遭敌意［J/OL］. http://www.jiemian.com/article/354131.html.

本新安保法案、修改宪法解禁集体自卫权以及日本政府及右翼官僚言行不一，说一套做一套，因此其道歉和悔意的声誉无法积累。从声誉积累的理论来讲，日本应该反复地道歉，而且言行一致，在行动上表现出彻底的悔改，才能取信于世界。日本知名作家村上春树在接受共同社采访时表示，日本应就二战期间对中国、朝鲜半岛以及其他国家的侵略反复道歉，直至受害方认为，道歉已经足够。相比之下，德国对二战罪行的道歉和行动是持续的、一致的和彻底的，也为自己重新赢得了世界的尊重。

6.3 “连锁店悖论”中的声誉

根据逆向归纳法，有限重复博弈在理论上无法实现合作。但现实中，有限重复博弈也常常实现合作。1994 年诺贝尔经济学奖得主泽尔腾（Selton，1978）提出“连锁店悖论”，探讨了有限重复博弈的合作问题。

假设市场中存在一个企业生产某种产品，称之为在位者，有新的企业想进入这个市场，称之为进入者。

如果进入者不进入，则在位者获得垄断 200 单位的利润，进入者得到 0。如果进入者进入，则在位者可以默许进入，也可以选择斗争。如果在位者选择默许，则在位者可以获得 100 单位的利润，而进入者可以获得 80 单位的利润；如果在位者选择斗争，则在位者可以获得 50 单位的利润，而进入者要承担 30 单位的损失（见图 6-12）。

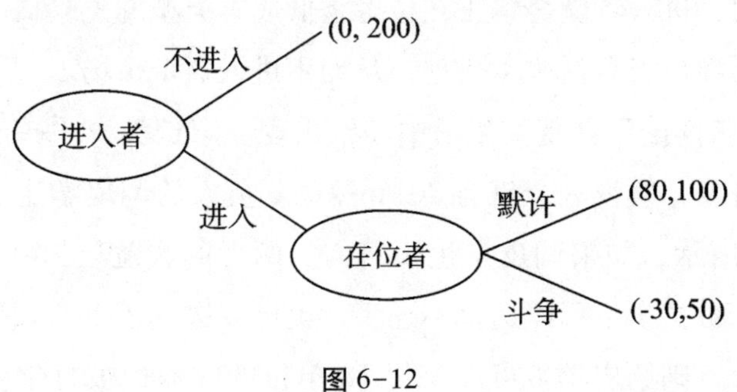

图 6-12

根据逆向归纳法，在位者是理性的，会选择默许，因为 100>50，进入者知道在位者是理性的，会选择进入，因为 80>0。因此，博弈的精炼纳什均衡是进入者进入，在位者默许。

假设在位者是一个连锁企业，在全国 30 个市场上开有分店，因为产业利润绩效尚佳，潜在的进入者都想进入这 30 个市场。这 30 个市场的进入博弈构成一个有限重复博弈，理论上的结论是在每一个市场进入者选择进入，在位者选择默许。但在现实中，连锁企业可能一开始选择的是斗争，逼迫进入者不敢进入。连锁企业一开始选择斗争的理由在于，虽然在第一个市场上斗争存在损失 50 单位，但如果通过斗争建立起“我不是好惹的”的声誉，可阻止其他 29 个市场的进入者，从而保住更多的垄断利润。在第一个市场上斗争带来的 50 单位损失可以避免其余 29 个市场的损失，即 29×100=2 900 单位。因此，在开始的几个市场上积极斗争，建立起斗争的声誉，阻止了其他市场的进入，起初几个市场斗争的损失就是值得的。泽尔腾（Selton，1978）把有限重复博弈逆向归纳法得出的结论与现实实践存在的矛盾称之为“连锁店悖论”。

“连锁店悖论”的解决与不完全信息下的声誉机制联系在一起。在位者可能是高成本类型，也可能是低成本类型，进入者并不知道在位者的类型。如果在位者是低成本类型，已经建立起多余的生产能力，斗争是理所当然的。如果在位者是高成本类型，理论上斗争是不可置信的威胁，但在位者可以伪装为低成本类型，在开始阶段建立起斗争的声誉，每斗争一次，进入者就会修正在位者是低成本类型的先验概率，越来越倾向于认为在位者是低成本类型，从而不进入这个市场。

“连锁店悖论”在现实生活中经常出现。家长教育小孩子在学校不要和同学打架，假设一个班有 20 个喜欢欺负人的调皮学生。打人博弈如图 6-13 所示，如果调皮学生不打人，两者的收益均为 0，如果调皮学生打人，被打学生可以选择不还手，也可以选择还手，如果被打学生选择不还手，则调皮学生可以获得 10 单位的收益，被打学生遭受 5 单位的损失；如果被打学生选择还手，则调皮学生遭受 4 单位损失，被打学生遭受 10 单位损失。

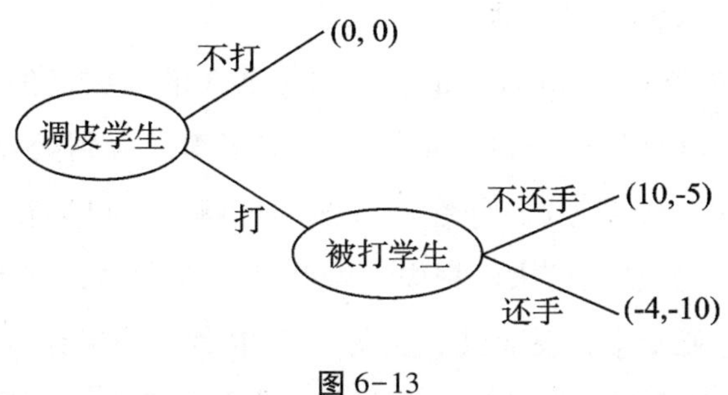

图 6-13

若是一次性的动态博弈，根据逆向归纳法，被打学生的理性选择是不还手，而调皮学生的理性选择是打人，这是子博弈精炼纳什均衡。试想班上有 20 个这样的调皮学生，构成一个 20 次的有限重复博弈。理论上，逆向归纳的结果是每一阶段都重复这个一次性动态博弈的均衡，即被打学生不还手，调皮学生打人。这样的结局当然对被打学生不利，家长肯定不满意这样的结局。

若家长教育孩子，不要在学校惹是生非，不惹事，但也不怕事。“班上谁要是第一个打你，一定要反抗，自己会受伤，但要让对方知道欺负人是要付出代价的。”从纯理论的角度来说，这样一来，孩子还手虽然比不还手损失更多，如多出 5 单位的损失，但让对方也受损失了，对方的理性选择就是不打。孩子敢于还手，不怕受损，让来犯者受损，“人若犯我，我必犯人”，从而建立起强悍的声誉，接下来的“熊孩子”也就不敢欺负他了，避免了更多的损失（19×5=95 单位）。

在博弈的开始阶段，“熊孩子”并不知道孩子的类型是强硬还是软弱，如果孩子本性强硬，他自会还手；如果孩子本性温和，也有必要在开始阶段建立起强硬的声誉，通过自己的行动发送信号，“熊孩子”就会修正其先验概率，认为这个孩子不是好欺负的，以后就不敢再欺负了。当然，事情的结局与行动信号发送时对方的收益有关，还手的时候一定得让对方产生成本，“驴不胜怒，蹄之”，对老虎没有任何伤害，反而暴露了自己的无能，结局被吃掉，驴要想保全自己，需要“快、准、狠”，让老虎尝一次苦头。

截至 2009 年 4 月 30 日，世界上超过 2/3 的国家已经废止了死刑，也有一些国家仍然保留死刑。A 蓄意杀害了 B，被判处死刑，在法律上，杀人偿命，天经地义，但在经济学的理解上，可能存在不解之处。A 杀害了 B，已经造成巨大的损失，若继续让 A 偿命，损失会更大，不但不能让 B 起死回生，反而又失去另一条生命，如果让 A 为 B 的家属和社会赎罪也许更好。既然这样，为什么人类又产生了死刑呢？

如图 6-14 所示，某君若不犯事，收益均为 0，某君若犯事，法官可能给他判死刑，也可能不给他判死刑。若判死刑，其收益为-∞，法官让杀人者偿命，失去了两条生命，其收益为-10；若不判死刑，某君的收益为 1，法官的收益为-5。本博弈的子博弈精炼纳什均衡是法官不判死刑，而某君会犯事。可见，理论上取消死刑判决的结果可能是更多的恶性犯罪。

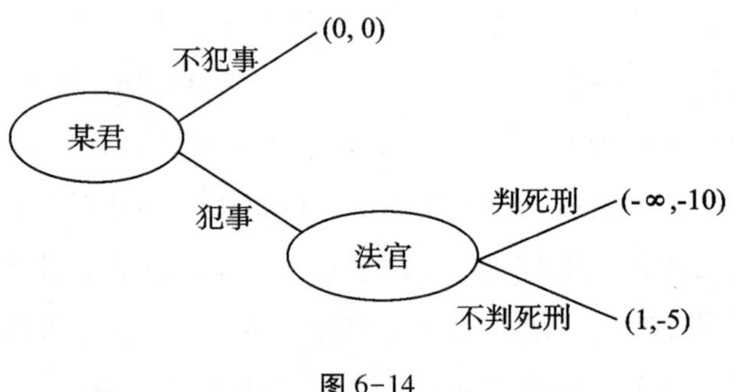

图 6-14

死刑的作用更多地体现在对犯罪的威慑上面，而不是以牙还牙，以命偿命，以命偿命对受害者来说并无意义，但对于威慑犯罪来说意义重大。如果保持一定的死刑判决，哪怕是较小的概率，犯罪的期望收益为负，小于不犯罪的收益，因此人们会放弃犯罪。法律对一些严重罪行判处死刑，保持一个重罪严惩的声誉或法律尊严，有利于威慑其他的人不敢犯罪，“杀一儆百”就是这样的道理。

在国家领土和主权问题上，国家建立起强硬的声誉是必要的。1982年9月，邓小平同志会晤英国首相撒切尔夫人，撒切尔夫人坚持“三个条约有效论”，无视中方提出的“十二条方案”，邓小平同志很强硬地回答说：“我告诉你，香港，包括九龙、新界，主权问题是不能讨论的。我们从来没有承认过三个不平等条约，主权一直属于我们中国，这很明确，没有讨论的余地。”香港问题是澳门问题、台湾问题的先例，在香港问题上建立起强硬的声誉，有利于中国处理澳门问题、台湾问题。中国在钓鱼岛、南海、中印边境问题上，理所当然应该保持强硬，因为一个问题的处理会影响到其他问题的处理，中国虽然这么大，但没有一寸土地是多余的，国家领土和主权神圣不可侵犯。

6.4 结语

传统经济理论假设完全理性、完全信息，市场有着非凡的功能，价格反映了市场中的一切，人们根据边际分析进行理性决策。实际上，人们面临一个复杂的、不确定的世界，信息是不完全的。人们对复杂的、不确定的环境的认识能力和计算能力都是有限的，不可能无所不知。在不完全信息的世界里，人们的策略行为格外重要。不喜欢撒谎的人说出“美丽的谎言”；坏人也西装革履，注重礼仪……

不完全信息下，即使是有限重复博弈，人们也有激励建立起合作的声誉。在陌生的环境里，坏人也做好事，就是想建立起合作的声誉，获得更多合作的机会。根据贝叶斯法则，人们根据观察的信号对先验概率进行修正。因此，声誉可以通过不断的信号发送得到积累。

在为人处事中，面对伪装的善意时，我们既可以将错就错，达成一些合作，也需要心知肚明，防范恶之本性。当参与人试图制止他人的侵犯时，有时候需要“给他点颜色看看”，即使自己不是好斗的类型，也要建立起强硬的声誉。

7　乡土熟人社会的交易纠纷治理

7.1　中国乡土社会的特征

费孝通在《乡土中国》的第一部分就描述了“乡土本色”，乡下人离不开泥土，靠拖泥带水种田讨生活，在乡下，土地是农民的命根子，依靠农业谋生的人是依附在土地上的。乡村里的人口附着在土地上，一代一代不太有变动。以农为生的人，世代定居是常态。当人口增长时，过剩人口被迫另辟新地，最终形成一个个大小不同的聚居社区，农民聚村而居，形成村落这种中国乡土社会的基本单位。费孝通认为，在空间上，村落与村落之间彼此孤立和分隔，人口流动小，村民生于斯、死于斯，是一种彼此熟悉的社会，鸡犬相闻，朝夕相见。

在乡土社会，即使互为熟悉，但也存在一个亲疏有序的差序格局，以“己”为中心，像石子投入水中，产生一圈圈推出去的波纹，愈推愈远，也愈推愈薄。人和人往来构成的关系网络中的纲纪，就是一个差序，也就是伦，不失其伦是指能分辨清楚父子、远近、亲疏。在所有的关系中，最为重要的是亲属关系，“一表三千里”。地缘关系对村落也很重要，街坊邻居常常结成互助共同体。个人的关系网络在社会交往、互助和资源配置方面发挥十分重要的作用，关系也是一种资本，华人社区是特别注重攀关系、讲交情的群体。

乡土社会的特征主要体现在以下几个方面：其一，村落是熟人社会，人们生于斯、死于斯，世世代代定居在此，低头不见抬头见，人们彼此知根知底。其二，人口流动性小，农民被固定在土地上面，从事农业生产，村落内部的人们彼此熟悉，但和村落外部的联系甚少，村庄具有封闭性。其三，信息传递快，人们聚村而居，相距很近，村民互相合作，经常见面，信息口口相传，充满流言蜚语。其四，差序格局，人们根据血缘、亲缘、地缘关系构成亲疏有序的差序格局，有“自己人和外人”一说。

7.2　中国乡土社会的变迁

7.2.1　传统乡土社会

中国的乡土社会一直到 1949 年中华人民共和国成立前都保持着传统的特征。在治理上，最流行的看法是“皇权不下县，县下靠乡绅”。中国幅员辽阔，加之交通、通信不发达，各地文化和语言差异巨大，行政治理的难度巨大，在经济和国家的现代化以前，以小农经济为主体的农业剩余难以支撑庞大的官僚体制运作成本。“皇权不下县”的意思是指中国古代社会国家政权只渗透到县一级，我国自秦汉至明清的 2 000 余年都是“皇权止于县政”。“县”作为最低的地方基层行政建制，“县官”由中央政府直接任命，享受国家的俸禄。美国家族史专家古德指出：“在中华帝国统治下，行政机构的管理还没有渗透到乡村一级，而宗族特有的势力却一直维护着乡村社会的安定和秩序。”

中国作为民族国家要实现国家工业化、现代化的崛起，由于现代工业基础薄弱，建设资金匮乏，国家不得不从农业中提取更多剩余来支持工业发展。为了能够有效地从农业中提取剩余，从晚清开始，国家政权开始向乡村渗透。[1] 国民政府的新县制确定县以下为区、乡或镇、保和甲四级制[2]。百户以上村者设乡，百户以下村者集为一乡，保甲编组以“户”为单位编排，每户设一户长，由家长充任；10 户为一甲，设甲长，由户长推选产生；10 甲为一保，设保长，由甲长推选产生；保甲长须由县区长委任。

7.2.2 中华人民共和国成立以后的乡土社会

1949 年中华人民共和国成立以后，中国采取计划经济模式，乡土社会的面貌也发生了实质性的变化。20 世纪 50 年代初开展了土地改革运动，政府出台《中华人民共和国土地改革法》，废除了地主阶级封建剥削的土地所有制，同年冬起，没收地主的土地，分给无地或少地的农民耕种，同时也分给地主应得的一份，让他们自己耕种，自食其力。土地改革之后，中国农村的生产关系由封建租佃制转变为以土地个人所有制为基础的小农经济。1953 年，中国采取统购统销政策，对粮食实行计划收购与计划供应。在农村，小生产者逐渐失去了经营上的选择权，土地改革和统购统销之后，建立在传统生产关系上的耕作制度与合作制度瓦解了。

新政权的最终目标是建设共产主义。小农经济土地私有，带着资本主义性质。在人民民主专政条件下，通过合作化道路，把小农经济逐步改造成为社会主义集体经济，是中华人民共和国成立后过渡时期总路线的一个重要组成部分。农业合作化先后经历了具有社会主义萌芽的互助组（1949 年 10 月—1953 年年底），土地入股、统一经营的初级社（1954—1955 年）和土地及主要生产资料（如耕畜、农具）归集体所有的高级社（1955—1956 年）三个阶段。到了高级社阶段，不再承认农

---

① 赵晓峰．漫谈近代以来乡村基层组织的演变逻辑［J］．调研世界，2008（11）：24-27.

② 项继权．中国乡村治理的层级及其变迁——兼论当前乡村体制的改革［J］．开放时代，2008（3）：77-87.

民的私有权利，农民私有的土地全部无代价地转为集体所有，其私有的耕畜、大型农具等由人民公社计价购买成为集体财产，合作社作为劳动的基本组织单位进行有计划的生产。高级社阶段实现了生产资料的社会主义公有制。农民不再作为一个单独的经营者存在，丧失了对土地的独立经营权，集体在很大程度上取代了农民原有的经济利益，年长的人将这一段称为“搞集体”。

为了组织农村基层政权，在农村建设社会主义，向共产主义过渡，1958 年 8 月在北戴河召开的中央政治局扩大会议通过了《中共中央关于在农村建立人民公社问题的决议》，提出建立人民公社是“指导农民加速社会主义建设，提前建成社会主义并逐步过渡到共产主义所必须采取的基本方针”，要求全国各地尽快地将小社并大社，转为人民公社。毛泽东同志说：“人民公社这个名字好，包括工、农、商、学、兵，管理生产，管理生活，管理政权。”他指出，公社的特点是“一大，二公”。“一大”主要表现为规模大，一个公社平均有 500 户、1 000 名劳动者和 1 000 亩土地；“二公”是指公有化程度高，社员的一切土地连同耕畜、农具等生产资料都归公社所有。人民公社实行政社合一、工农兵学商相结合。人民公社在我国延续了 20 多年，直到 20 世纪 80 年代被乡一级政权替代。《关于在农村建立人民公社问题的决议》提出兴办公共食堂，把农民引向更幸福的集体生活，进一步培养和锻炼着农民的集体主义思想。社员统一在公共食堂吃饭，吃“大锅饭”，实行供给制，吃饭不要钱。

人民公社建立之后，中国彻底改变了农村社会的土地所有制，从封建土地所有制到农民个体土地所有制再到土地的集体所有制。人民公社制度建立起“政社合一”的乡村治理模式，人民公社不仅继承了原农业合作社的集体经济职能，也合并了原乡政府的行政职能，建立统一的公社管理委员会。自此，国家的行政控制全面深入乡村一级。

中华人民共和国成立后，实行县、区、乡三级政府组织形式。1954

年，《中华人民共和国宪法》和《中华人民共和国地方各级人民代表大会和地方各级人民政府组织法》首次明确规定，乡镇是我国最基层的政权组织。人民公社时期，农村基层政权调整为县(区)-公社-生产大队-生产队的模式。公社相当于乡，生产大队相当于村，生产队相当于组。人民公社制度撤销之后，20 世纪 80 年代，农村基层政权变成现在的县-乡(镇)-村委会基层治理体制。国家实行严格的户籍制度，1958 年 1 月，以《中华人民共和国户口登记条例》为标志，开始对人口自由流动实行严格限制和政府管制。这使得城市和乡村泾渭分明，有效地限制了人口的流动。从这种意义上说，乡土社会的一些特征得到保留甚至强化，农民聚村而居，不准自由流动，以生产队为单位进行集体生产和集体生活，依旧具有熟人社会、人口流动性小、信息传递快、差序格局的特征。

7.2.3 改革开放以后的乡土社会

1978 年 11 月 24 日晚上，安徽省凤阳县凤梨公社小岗村 18 位农民在村民严立华家里秘密开会，准备穷则思变搞“包产到户”，大伙签订了“包产到户”的契约。1979 年的农业产量表明，小岗村这 18 位村民的包产到户取得了很大的成功。1980 年年初，安徽省委第一书记万里在全省农村工作会议上把“包产到户”的典型拿出来，在全省推广。在安徽省委推广“包产到户”的时候，有的地方又采取了一种新的措施，叫“包干到户”即“大包干，真简单，直来直去不拐弯，缴足国家的，留足集体的，剩下都是自己的”。1982 年 1 月 1 日，中共中央发布《全国农村工作会议纪要》指出，农村实行的各种生产责任制，如“包产到户”“包干到户”等，都是社会主义集体经济的生产责任制。1983 年 1 月中共中央发布的《当前农村经济政策的若干问题》正式确立了家庭联产承包责任制。与人民公社时期称为“搞集体”相对应，家庭联产承包责任制被称为“搞单干”。随着“大包干”在全国推开，人民公社制度也告别历史舞台，恢复乡（镇）和村民委员会。在改革的春风里，新的商品经济和乡村工业化对农村的社会生活带来前所未有的影响。①

1979 年 3 月，国务院第一次提出恢复和发展个体工商业。1982 年 9 月召开的中国共产党第十二次全国代表大会明确提出鼓励个体经济发展且扩展到农村。1982 年 12 月，第五届全国人民代表大会第五次会议通过的《中华人民共和国宪法》第十一条规定：在法律规定范围内的城乡劳动者个体经济，是社会主义公有制经济的补充。农村家庭联产承包责任制不断推广，一些农业劳动力逐渐从土地的束缚中解放出来，形成日益庞大的待业群体。在改革开放的大背景下，社队企业发展迅速。1984 年 3 月，中共中央同意农牧渔业部（现农业农村部）将社队企业改名为乡镇企业，并指出："乡镇企业已成为国民经济的一支重要力量，是国营企业的重要补充。" 1985 年 9 月，《中共中央关于制订国民经济和社会发展第七个五年计划的建议》指出，"发展乡镇企业是振兴我国农村经济的必由之路"，要积极地"鼓励农民兴办乡镇企业"。

20 世纪 70 年代末 80 年代初，国家解放思想，开始鼓励外商投资。1984 年 10 月，党的十二届三中全会通过的《关于经济体制改革的决定》提出："利用外资，吸引外商来我国举办合资经营企业、合作经营企业和独资企业，也是对我国社会主义经济必要的有益的补充。" 1986 年 10 月，国务院发布了《关于鼓励外商投资的规定》，明确了对外商投资企业，尤其是先进技术企业和产品出口企业在所得税、土地、水电、用工费用、利润汇出和进出口配额、关税减免、外汇调剂等方面给予优惠，保障外商投资企业享有按照国际通行做法进行经营管理的权利。1979 年 7 月，党中央决定在深圳、珠海、汕头、厦门建立出口特区，1980 年 5 月改名为"经济特区"。经济特区以外向型经济为发展目

---

① 梁治平. 乡土社会中的法律与秩序［M］//王铭铭，王斯福. 乡土社会的秩序、公正与权威. 北京：中国政法大学出版社，1997.

标，以减免关税等优惠措施为手段，创造良好的投资环境，鼓励外商投资。

改革开放深刻地改变了中国的农村。从20世纪80年代初开始，大量农村剩余劳动力向城市转移。中国的首批外出务工人员是20世纪80年代农村青年到深圳、珠海等经济特区打工。当时要到这些地方打工，还要办理特区边防证。农村青壮年劳动力外出打工这种状况一直延续到现在，只是目的地有所变化，从最初的深圳、珠海向东莞、惠州、苏州再向内地城市转移。农村青年除了外出打工之外，也有部分人走进县城、城市从事个体经营。

这些外出务工人员长期在城市工作生活，有的在城市置业定居。农村劳动力持续流出的结果是农村出现"空心化"，农村人口减少，基本上只剩下留守妇女、留守儿童和空巢老人，部分田地撂荒。也有些外出务工人员把子女带在身边，租住在城市的城乡接合部，那里的房租比较低一点。城市对外来务工人员的子女提供上学的机会，这些小孩在城市的环境里长大，基本上不愿意回到农村去，但他们所受的教育及家庭环境又比不上城市的孩子。不管是留守在农村的孩子，还是在城市的城乡接合部长大的孩子，不管是传统的家庭教育还是正规的学校教育，都比较令人担心，而且这批孩子往往不再有上一辈那样吃苦耐劳的精神，往往考学不理想，绝大部分继续走上父辈一样的打工之路。

农村总的趋势是人口在减少，农业生产在衰退，人口的流动性增大，农业生产中的互助活动在减少。常住农村的老人和妇女仍是一个熟人社会，但在外地上学和打工的年轻人回到乡里之后，对家乡的人和事逐渐变得陌生，年轻人之间若不是一起长大的，或者是同学，或者在一起打工，回到乡里也感觉和陌生人差不多。

人口流动性增大时，相对年轻的村民往返于城市与乡村之间，见的世面广了，掌握的信息也多了，传统乡土社会的封闭性不再明显。大众传媒也进入了农村，村民每家每户都买了电视，有线电视也向农村普及；很多村民装上了电话，用上了手机，还使用了移动数据业务；相对年轻的村民用上了微信，村民的物质文化生活改善了很多，也了解了外面的世界。但是，不可否认的一个事实是，农村人口减少了，村民之间的交流减少了，甚至邻里串门也不像以前那样多。

虽然农村的人口流动增大，但中国人对家的观念几乎没什么变化。不管是人民公社这样的集体生活，还是外出务工的中国式农民，家庭制度的基本内容一直保持不变，如父系的财产继承、从夫居、男性为主的家庭生活方式、生儿育女、建房子、赡养老人、给儿子娶媳妇、带孙子、游子回家过年等。从这一点来看，即使现在，农村社会仍然保留了我们熟悉的乡土社会中的情形。只是今天的经济社会环境和费孝通写作《乡土中国》的 20 世纪 40 年代有了很大的变化，但这些变化尚不足以使乡土社会的基本特征消逝。工业化、城市化、信息化和今天的乡村紧密地交织在一起，也许这正是城乡统筹、城乡一体化发展的目标。

自 2004 年起，国家先后实施了农作物良种补贴、种粮农民直接补贴和农资综合补贴三项补贴政策，促进农村粮食生产和农民增收。各省（市、区）的补贴标准不一，种粮直补每亩 100 元左右。2005 年 12 月 29 日，十届全国人大常委会第 19 次会议决定，自 2006 年 1 月 1 日起，全面取消农业税，一个在中国存在了 2 600 多年的古老税种宣告终结。取消农业税是政府解决“三农”问题的重要举措，工业反哺农业，城市反哺农村，取消农业税切实减少了农民的负担。在中国，农业征税、缴税成本太高，这种成本有时候甚至超过了农业税本身，以农业税为载体派生出的从农民、农村、农业摄取剩余的税费品种繁多，导致一些农村的干群关系非常紧张，农业税取消之后，处处向农民伸手征收税费的体制得到根本性的改变。

取消农业税之后，农村的政治生态发生了显著的变化。在征收农业税的时代，一年一度的农业税征收是乡镇干部、村干部非常重要的一项工作。乡镇需要动员村委会征收税费，村干部不但跑腿，还要动嘴，要一户一户做工作。老实的农民一般比较配合，缴公粮，天经地义，是法律规定的纳税义务。也有不听话的农民，不愿意缴税费或按时缴税费，经济困难时拖欠在所难免，拖欠个三五年的陈年旧账也是经常的事，一些农民甚至要求政府为其解决这样那样的问题，才配合。一些老是拒不缴纳税费的农户就成了乡镇干部、村干部眼中的“钉子户”。乡镇要想比较顺利地完成税费征收工作，就不得不关心农村的公共事物和生产事物，第一要务是指导农业生产，提供技术支持。负责这项工作的农技干部必须下到各村的田间地头，指导播种、杀虫等农业生产事宜。第二要务是水利，即组织修缮水库和水渠，保证农业灌溉，旱情发生时要协调各村灌溉纠纷，需要时要组织抗旱。第三要务主要是治安，即维护当地安全秩序，调解比较重大的民间纠纷。

取消农业税后，乡镇退出村，村退出组成为农村的普遍现象，现在的村庄已很难见到乡镇干部的身影，取消农业税后，乡镇不再从农村征收税费，乡镇也没有积极性主动介入村里的公共事务和农业生产事务。乡镇的注意力发生了大转移，从之前90%的精力用于农业和农民问题，转变到90%的精力用于招商引资和小城镇建设。① 同样，村干部对农村的公共事务和农业生产事务也失去了兴趣。有项目经费支持的事务，会有积极性，如通村公路、安全饮水工程等，而没有项目经费的事务，一般都无人问津了。

7.3 乡土社会的法律与秩序

7.3.1 霍布斯的《利维坦》

让我们从霍布斯的丛林世界开始分析，在一个自然状态下，人与人之间永无休止的相互争斗。在自然状态下保全自己是人的根本自然欲

① 贺雪峰. 论乡村治理内卷化——以河南省K镇调查为例［J］. 开放时代，2011（2）：85-101.

望，每一个人按照自己愿意的方式运用自己的力量保全自己，那是人的自然权利。丛林就是一个弱肉强食的世界，陷入每个人对每个人的战争状态。

毫无疑问，人类的发展必须走出“霍布斯丛林”这种自然状态。人们对死于暴力的恐惧产生了强烈的自我保全的欲求，这是一切正义和道德的根源。人们寻求和平，信守和平，一个人为了和平自愿放弃一些权利。霍布斯认为，必须建立保障自然法（公道、正义、感恩等道德法则）得以实施的权威，即国家。“要宣布什么是公道、什么是正义、什么是道德并使他们具有约束力，就必须有主权者的法令，并规定对违反者施加什么惩罚。”国家是“统一在一个人格之中的一群人”。“就是一大群人相互订立信约、每个人都对它的行为授权，以便使它能按其认为有利于大家的和平与共同防卫的方式运用全体的力量和手段的一个人格。它是伟大的利维坦，是活的上帝。”[①] 国家一旦成立，人们服从他们自愿授权的主权者的法律义务，国家成为实现和平的必要手段。为了走出人人为战的自然状态，使社会获得和平与安全，必须建立起强有力的国家。[②]

霍布斯的利维坦对强制的政治和法律秩序的合法性具有较强的解释力，但是霍布斯的建构是猜想的和非历史的，他提出了“霍布斯丛林”这个社会秩序问题，他对自然法（道德法则）和国法的区分，奠定了社会秩序研究的基础。

7.3.2　哈耶克的自发秩序

哈耶克认为，社会秩序有两种：一种是“人为”制造的秩序，即被指导的秩序或外力产生的秩序；另一种是“自然”的秩序，即认为

① 霍布斯. 利维坦［M］. 黎思复，黎廷弼，译. 北京：商务印书馆，1985.

② 武建奎. 走出自然状态——论霍布斯的和平之思及其缺陷［J］. 重庆科技学院学报（社会科学版），2010（5）：5-7.

秩序是由系统内部形成的，而非理性设计的。哈耶克强调“自发扩展的秩序”，他认为社会秩序的产生不是来自个人和群体的理性设计，而是一种适应性的、自我演化的结果。按照弗格森[①]的说法，它们是“人类行为的结果，但不是人类设计的产物”。

制度是一种游戏规则，人们在游戏过程中悟出这样的规则，并愿意自觉遵守，并没有一个权威的人或机构去设计。社会秩序的形成，如哈耶克（1960，1979）指出的，在很大程度上是一个自发演进的过程，而不是精心设计的结果。[②]

在社会演化过程中，行为人在不同的行动中进行选择，其预期支付的大小决定了某种选择的适应性，行为选择的模式通过生物遗传、言传身教、学习模仿来得到强化。对于后天习得的规则而言，社会教育是有用的，学习模仿是有用的，人们学习和模仿适应性更强的行为方式。以交通规则为例，靠右行驶是长期演化的结果，而最开始的时候，人们靠右或靠左完全是随机的，但只要靠右行驶的人超过1/2，靠左行驶的人的事故率就比靠右行驶的人的事故率高，学习模仿的结果是靠左行驶的人越来越少，靠右的人越来越多，最后均衡的结果是都靠右行驶。靠右行驶的人超过1/2是偶然出现的，如果最初偶然出现的是靠左行驶的人比较多，那最终的均衡是都靠左行驶。因此，世界上有两种行车的模式，如中国是靠右行驶的，但英国是靠左行驶的。

产权是促进人类合作最重要的制度。[③] 大卫·休谟提出，产权规则是自发演化而来的。先占规则在世界各地都适用，先占是国际法中国家获得领土主权的一种方式。排队遵循的也是先来后到，大学校园里学生上课占座位也是先来后到的规则。张维迎（2013）讲了黄河洪水退后

---

① ADAM FERGUSON. An Essay on the History of Civil Society [M]. London: T. Cadell, 1782.

② 顾自安. 制度演化的逻辑 [M]. 北京：科学出版社，2011.

③ NORTH D. Institutions, Institutional Change and Economic Performance [M]. Cambridge: Cambridge University Press, 1990.

人们捞河碳遵守的规则，人们在煤块上放上自己的东西，以示占有，等河碳捡完之后再慢慢往家里搬。尽管没有任何法律保护，但是这个规则得到所有居民的遵守，这就是惯例。惯例是自发演化而来的行为规则，即大家都这样做。先占规则是有效率的，是因为该规则鼓励人们积极开发新的资源，而不是把精力放在现有资源的争夺上。一种行为方式之所以演化成惯例，是因为人们相信其他人也会遵守它，只要预期其他人也会遵守这个规则，遵守这一规则就是其理性选择。若某人把人家以示占有的东西据为己有，这叫破坏了规矩，不但会遭到对方的反抗，也会招致其他人的鄙视。若行动规则演化为稳定战略，人们就应该遵守这一行为规则。这时惯例就变成了规范。在中国，靠右行驶已变为一种社会规范，在扶梯上，即使没有法律规定，也应该靠右站立。

7.3.3 中国传统礼治

中国传统乡土社会的秩序主要靠礼治，而不是法治。费孝通（1947）在《乡土中国》中写道：乡土社会可以说是个“无法”的社会，但是“无法”并不影响这个社会的秩序，因为乡土社会是“礼治”的社会。礼是社会公认的合适的行为规范，“克己复礼为仁”。礼治基于传统，即老规矩，是由社会的历史在维持社会秩序，是传统文化和习俗约定的社会规范。

自汉武帝“罢黜百家，独尊儒术”之后，儒家文化就成了社会治理的主导力量，其核心正是礼治。儒家主张的社会秩序是每个人按照其身份、地位或角色行事。不同身份有不同的行为规范，即所谓礼。[①] 费孝通（1947）认为，每个人从己向外推，以一根根私人联系构成一个社会关系网络，最基本的是亲属，相应的礼教是孝和悌，另一路线是朋友，相配的是忠信。齐景公问政于孔子，孔子回答说：“君君，臣臣，

---

① 张维迎. 博弈与社会［M］. 北京：北京大学出版社，2013.

父父，子子。”意思是说君主有君主的规范，臣子有臣子的规范，父亲有为父之道，儿子有为子之道，每个人按照自己的角色规定的方式行事，别人才会有稳定的预期，每个人都知道该如何行为，社会才会和谐。礼的功能就是协调预期，定分止争。传统礼教在漫长的历史演变过程中，变成了法律，即援礼入法。在儒家看来，治理应按德主刑辅的思路，孔子坚信，“道之以政，齐之以刑，民免而无耻；道之以德，齐之以礼，有耻且格”。①

费孝通（1947）认为，中国乡土社会主张无讼。在乡土社会应该在礼治秩序中做人，要打官司，在升堂时，双方都要先挨板子，然后再是一方来申冤。乡土社会主张教化，因而是长老统治，老人的经验更为丰富，称得上后生的老师。在快速变迁的社会，传统经验并不可靠，重要的是智力和专业，长老的地位趋于下降。见面也不再问贵庚了，这种社会离乡土性也远了。法律在传统中国社会的地位远不及土生土长的礼俗秩序，依靠强制力保障实施法律是外生于社会的，而是礼俗是社会内生演化的。礼俗社会根植于农耕制度，安土重建，传统经验代代相传，长幼有序，家庭组成社会最重要的关系，家庭内部的纷争不需要外力的介入，一般依靠家长的权威来解决，家丑不可外扬，否则对整个家庭不利；家庭与家庭之间的纠纷由宗族长老来解决。

7.3.4 法律下乡

法律与国家紧密相连，法律是国家统治的工具，体现统治者的意志。韦伯认为：“国家是这样一个人类团体，它在一定疆域之内成功地宣布了对正当使用暴力的垄断权。”② 现代社会的司法正是体现国家这种合法的、垄断的暴力权力。国家制定法律规范人的行为，形成统一的

---

① 张维迎. 博弈与社会［M］. 北京：北京大学出版社，2013.

② 马克斯·韦伯. 学术与政治［M］. 冯克利，译. 北京：生活·读书·新知三联书店，1998.

国家权威和法律秩序。在传统中国社会，与“皇权不下县”相对应的是“国法不下乡”。国家正式机构只设到县一级，法律的实施与贯彻也只到县一级，有冤屈的人必须去县府衙门击鼓喊冤。

大规模的“法律下乡”是伴随着现代国家的“政权下乡”而展开的。在现代国家的建构中，“法律下乡”势在必行。[①] 伴随着新中国的法制化进程和基层政权的建立，国家权力深入社会基层，正式制度取代非正式制度以及国家法律进入乡村社会，这是国家政权建设过程中的不同侧面。但是严格说来，国家正式法律大规模地进入乡村社会主要是20世纪80年代以后的事情。[②] 其一，专门的法律机构延伸到乡村。其二，向农村普及法律知识。其三，依法治村与村民自治。

大规模的“法律下乡”推动着国家意志以法律的形式向乡土社会全面渗透，推动建立国家权威，建构现代国家。在传统社会，乡土社会“天高皇帝远”，“王法”在乡土社会的适应性不强，乡土社会基本上是费孝通所讲的“无讼”的社会，乡土社会更多地服膺于乡土传统规则，如家法、族规、乡规民约、习俗等。这些乡土性规则来自于乡村社会的内生演化，不需要官方介入，称为“民间法”。民间法生长于民间社会，其与普通民众日常生活秩序的关系更加有机和密切，以至当政体变更、国家的法律被彻底改写之后，它仍然可能长久地支配人心，维系着民间社会的秩序。[③] “法律下乡”试图将国家法律体系覆盖到全社会，国家建构一个强制性的法律共同体，国法作为人们行为规范的根本准则和基本依据。对于严重的刑事犯罪，刑法具有强制性，即使民不告，法律也会强制介入。而对于民事纠纷，国家遵循“民不告，官不究”的原则，绝大多数纠纷是私下解决的。一旦发生纠纷，人们首先借助各种

---

① 徐勇.“法律下乡”：乡土社会的双重法律制度整合［J］. 东南学术，2008（3）：19-27.

② 梁治平. 乡土社会中的法律与秩序［M］//王铭铭，王斯福. 乡土社会的秩序、公正与权威. 北京：中国政法大学出版社，1997.

③ 梁治平. 乡土社会中的法律与秩序［M］//王铭铭，王斯福. 乡土社会的秩序、公正与权威. 北京：中国政法大学出版社，1997.

非正式安排来试图解决，如协商、习俗、惯例、调解等。只有在私下解决的种种途径都失败之后，才最后诉诸法律，但凡走上法庭，意味着双方的关系彻底破裂。[①②] 法律这样的正式机制往往是人们最后才诉诸的手段。现代国家通过树立法治权威稳固统治基础，法制也是文明进步的表现，统一的、现代性的法律取代一些不文明、不合理甚至野蛮的乡间做法，可为乡村民众争取更为理想的生活秩序。

当国家法向乡土社会渗透和普及时，也遇到许多制度性冲突，国家法律遇到乡土社会传统规则的抵触。电影《被告山杠爷》中的“山杠爷”是乡土社会中的权威和领袖，他全心全意为村民办好事，威望极高，也深得村民的拥戴。一个雨夜，女子强英上吊死在“山杠爷”的门前，检察院的人查清事实，强英因虐待婆婆引起公愤，“山杠爷”为惩治歪风邪气，当众处罚了她。强英既不服处罚，又不改正，被捆绑游街示众。当晚，脾气倔强的强英上吊寻死。在乡土秩序看来，村有村规，家有家法，对不听话的村民施予惩罚是天经地义的，是维系村庄秩序之必需，但村规这种暴力强制性却触犯了现行的国家法律，“山杠爷”成了“被告”，虽然是国家法律的要求，但“山杠爷”被带走时，村民们呼喊着“杠爷”，全跪下了。

至于国家法与民间法冲突的原因，主要有以下几点：

其一，历代以来，“国法”维护的是统治者的利益，如皇帝的权威和治理，不一定是老百姓满意的。例如，类似诛九族这样的王法，肯定被老百姓痛恨。国有国法，乡有乡约，家有家规。在专制制度下，国法对百姓更多的是皇粮国税这样的强制性义务或杀人偿命、谋反死罪、诛九族这样的惩罚性规定。“法等于刑”“法等于罚”，民众想尽可能地避

---

① MACAULAY STEWART. Non-contractual Relations in Business: A Preliminary Study [J]. American Sociological Review, 1963 (28): 55-69.

② AVINASH K DIXIT. Lawlessness and Economics: Alternative Models of Governance [M]. Princeton: Princeton University Press, 2004.

而远之。而发生在身边的民事纠纷，官府并不感冒，人们却离不开民间法来处理。因此，在思想上，久而久之，人们对国法已形成思维定势，避免介入国法，凡事按家规、族规、乡规民约、习俗这样的民间法解决。

其二，介入国法是有成本的。法律运行的成本需要起诉方承担，在古代，去县衙告状时，原告也要被先打板子，其实这也是成本。现代社会打官司需要缴纳诉讼费、律师费，费时费力，乡村社会很多民事纠纷都是小事情，涉案金额不高，通过官司来解决是不合算的。

其三，人们生活在乡土熟人社会里，若按法律行事，会伤了和气，不利于持续长久的和谐关系。有部电影叫《秋菊打官司》，主人公秋菊是一位农家妇女，村长踢了他男人，秋菊对此不满，但对方是村长，在村里的力量肯定比秋菊大，秋菊起诉村长，她本意是想为这事儿讨一个说法。在国家法律面前，村长违法了，要受到国家法律的制裁。当村长被警察带走时，秋菊却高兴不起来，大家都是低头不见抬头见的乡里乡亲，村长还为自己办了许多好事，弄成这个局面秋菊以后不好再面对村长了，甚至秋菊这样处理也遭到其他村民的非议，秋菊以后在村子里也就不好过了。

其四，乡村百姓对国家法律及其实施程序方面缺乏知识，学习、运用起来非常困难。对此，梁治平（1997）写道："最近十几年中得到强化的法律制度，无疑是建立在一种本土之外的知识传统上面，对于乡土社会中的人来说，这套知识是难以理解的，包括大量非生活化的和费解的术语。"而乡土秩序正如费孝通所言是基于传统经验，大家都心知肚明的，即使各方理解有差异，那么请最有经验的长老们来评理就好了。

其五，国家法律及实施机制的统一性与千差万别的地方特殊情况也存在固有的冲突。统一性有利于强化统治者统一的意识形态，也有利于发挥法律基础设施的规模效应。就社会特征而言，城市社会具有较强的匿名性和较大的流动性，而乡村社会安土重迁，是熟人社会。中国的少数民族众多，各民族的文化传统也很不相同，很难适用统一的法律。

现行的司法制度下乡，可能破坏原有的礼治秩序，但并没建立起有效的法治秩序。法治秩序的建立不能只依靠法律条文和若干法庭，还要看人们对法律的接受程度。在市场经济和城市化背景下，乡土社会本来就有瓦解的趋势，再加上“法律下乡”，政府试图在乡村建立法治秩序，如果这种努力心有余而力不足，不但礼治秩序被破坏了，而且法治秩序又建立不起来①，乡村社会就可能出现治理上的真空。

7.4 乡土社会交易纠纷治理方式

根据本书建立的交易治理制度框架，解决交易纠纷可以通过法律这样的正式制度，也可以通过私人秩序。格雷夫（Greif，2003）从契约执行的角度，区分了基于声誉的私人执行机制和基于法律的公开执行机制。张维迎（2001）指出，法律与声誉是维持市场有序运行的两个基本机制。关系运作和法律手段是建立信任的两种机制。扎克和耐克（Zak & Knack，2001）认为，两类机构可以减少欺骗，一类是正式机构，如司法系统；另一类是非正式机构，如声誉机制。经济学的交易纠纷治理分类其实与社会学对此的分类非常相似。美国汉学家郭丹青将纠纷的解决分为“外部解纷方式”和“内部解纷方式”。在学术界或法律实践中，对私力救济和公力救济的二元划分属于主流。② 布莱克斯通就把权利救济分为司法救济和非司法救济两大类。③ 徐昕（2005）将纠纷

① 就目前的情形来说，正式司法制度在乡村社会的派出机构——负责审判事务的人民法庭，和担任基层政权司法行政工作、指导民间调解活动的司法助理员，本身就难以胜任指派给它们的繁重工作。相对于乡村法律事务的繁复和庞杂，这些基层司法机构无论在人员配备、专业素质还是在财政力量方面都明显地不足。正式司法制度在乡村可谓是供给不足。

② 贺海仁. 自我救济的权利［J］. 法学研究，2005（4）：63-74.

③ 贺海仁. 自我救济的权利［J］. 法学研究，2005（4）：63-74.

解决机制分为私力救济、公力救济和社会型救济。[①] 私力救济是指当事人依靠自身力量，维护权益、解决纠纷。公力救济是指当事人将纠纷提交给国家机关，由公权力对被侵害人实施救济。社会型救济是指当事人在不具有公权力的第三方参与和协助下解决纠纷。社会型救济处在私立救济和公力救济之间，属于第三方协调，只是这个第三方不属于法律、政府这样的正式机构，而是双方认可的民间团体或个人，如仲裁、长老、族长、村委会的调解人等。

7.4.1 乡土社会的法律机制

乡村法律系统主要包括乡镇的公安派出所、乡镇司法所、人民法庭，即通常所说的“二所一庭”。公安派出所、乡镇司法所、人民法庭是政法机关维护治安、服务群众的最基层单位，在维护社会稳定、构建和谐社会方面发挥着重要的作用。1999 年，在全国政法工作会议上，罗干同志提出：“各级政法部门要牢固树立抓基层、打基础的思想，进一步加强基层派出所、人民法庭、司法所的建设。”2004 年，中央领导同志在全国政法工作会议、全国司法厅（局）长会议和最高法院、司法部联合人民调解工作座谈会上，多次强调“两所一庭”处在基层，面向群众，在解决矛盾纠纷、维护群众合法权益、推进依法治国方略的实施中具有十分重要的作用，各级党委、政府和政法部门要牢固树立固本强基的思想，切实加强“两所一庭”的组织建设、业务建设、队伍建设和基本设施建设。

乡镇司法所是县（区）司法局在乡镇（城市是街道办）的派出机构，是中国司法系统最基层的单位。在中华人民共和国成立初期，中国许多地区在基层政权组织机构中配备了司法助理员；1966—1976 年，基层司法工作停滞；改革开放之初，乡镇人民政府普遍设置专职或兼职

① 徐昕. 论私力救济 [M]. 北京：中国政法大学出版社，2005：102.

司法助理员；进入20世纪80年代，因工作需要，一些沿海地区在司法助理员的基础上成立司法办公室，1987年召开的全国乡镇法律服务工作会议上，提倡乡镇建立法律服务所。司法部先后出台了《关于乡镇法律服务所的暂行规定》《乡镇法律服务业务工作细则》《乡镇法律工作者证》，国务院物价局将基层法律服务所业务收费列为准予收费的项目。2000年3月，司法部出台《基层法律服务所管理办法》《基层法律服务工作者管理办法》。基层司法所产生于20世纪90年代，比基层法律服务所晚10余年。1996年6月，司法部出台《关于加强司法所建设的意见》，明确了基层司法所的主要职能。1990年的全国司法局长会议提出，有条件的乡镇积极建立司法所。到1994年年底，全国已建立司法所13 800多个。[①] 在有的地方，司法所和法律服务所是"两个牌子，一套人马"。根据1989年6月17日国务院发布的《人民调解委员会组织条例》的规定，人民调解委员会是村民委员会或居民委员会下设的调解民间纠纷的群众性组织。由于司法所的法定职责包括指导管理人民调解工作并参与重大疑难民间纠纷调解，因此司法所所长也常常兼任调解委员会主任，这样的情形就是"三个牌子，一套人马"。人民调解委员会解决不了的纠纷可邀请乡镇司法所派法律工作者参加调解。还有一个司法机构是法律援助中心。法律援助中心是由国家拨款设立的专门为需要律师服务但经济困难无力聘请律师的弱势群体及法律规定必须有律师提供法律帮助而自己又没有聘请律师的特定人员提供无偿法律服务，而设立的一种专门的法律服务机构。很多地方将法律援助工作站建到了乡镇。

派出所是公安系统的基层组织，是市、县公安局管理治安工作的派出机构。根据《公安派出所组织条例》[②] 的规定，市、县公安局，铁道、水上公安局可以在辖区内设立公安派出所。公安派出所的职权包括：保障有关公共秩序和社会治安的法律的实施；镇压反革命分子的现

---

① 姜爱东. 中国进一步强化基层司法所建设［J］. 中国法律，2006（3）：32-34.

② 1954年12月31日全国人民代表大会常务委员会第四次会议通过。

行破坏活动；预防与制止盗匪和其他犯罪分子的破坏活动；依照法律管制反革命分子和其他犯罪分子；管理户口；管理剧场、电影院、旅店、刻字、无线电器材等行业和爆炸物品、易燃物品及其他危险物品；保护发生重大刑事案件的现场，协助有关部门破案；指导治安保卫委员会的工作；在居民中进行有关提高革命警惕、遵守法律、遵守公共秩序、尊重社会公德的宣传工作；积极参加和协助进行有关居民福利的工作。可见，派出所的职能主要是治安管理和户口管理。1989 年，公安部明确提出派出所的工作方针，即以治安管理为中心，以户口管理为基础。维护辖区社会治安，保一方平安，是派出所的中心任务。1997 年在苏州召开的全国公安派出所工作会议提出，把派出所的工作重点调整到治安防范和管理上来，以“发案少、秩序好、群众满意”作为衡量派出所工作好坏的最高标准。傅郁林（2004）通过调查研究发现，派出所在乡镇法律服务体系中占有重要的一席之地，虽然派出所是管社会治安的，但在解决纠纷中发挥了一定的作用。之所以如此，主要的原因是效果，老百姓觉得到派出所处理纠纷效果明显，因为有些老百姓怕派出所，派出所说话能算数，派出所对有些纠纷就像打击犯罪一样，把人带到派出所去很多问题都解决了。而老百姓打官司，面临法官的主观性和执行难的问题，且法院收费较高，律师和法律工作者也都是有偿服务，这令很多老百姓望而却步。一旦发生纠纷，派出所出于履行维护社会治安的职责可能参与进来，派出所也出面调解纠纷引致的民事赔偿，通常会收取几百元的调解费，在地方成为派出所合法的“创收”方式。①

人民法庭是基层人民法院的派出机构。根据《中华人民共和国人民法院组织法》② 第二十条的规定，基层人民法院根据地区、人口和案件

---

① 傅郁林. 中国基层法律服务状况的初步考察报告［J］. 北大法律评论，2004，6（1）：86-123.

② 1979 年 7 月 1 日第五届全国人民代表大会第二次会议通过，根据 1983 年 9 月 2 日第六届全国人民代表大会常务委员会第二次会议通过的《关于修改〈中华人民共和国人民法院组织法〉的决定》修订。

情况可以设立若干人民法庭。人民法庭是基层人民法院的组成部分，它的判决和裁定就是基层人民法院的判决和裁定。根据《最高人民法院关于人民法庭若干问题的规定》[①] 第六条的规定，人民法庭的职责是审理民事案件和刑事自诉案件，有条件的地方，可以审理经济案件；办理本庭审理案件的执行事项；指导人民调解委员会的工作；办理基层人民法院交办的其他事项。该规定第十一条要求，人民法庭的名称，以其所在地地名而定，并冠以所属基层人民法院的名称。2014 年，《最高人民法院关于进一步加强新形势下人民法庭工作的若干意见》指出，要完善立案机制。基层人民法院要根据辖区实际情况，科学构建人民法庭直接立案工作机制，加强对人民法庭立案工作的指导和管理。经济发达、交通便利地区的人民法庭，可以通过基层人民法院统一立案的方式，加强案件流程管理。山区、牧区、林区、边远地区等交通不便地区的人民法庭，要加强和完善人民法庭直接立案工作机制，并通过远程立案等技术手段，着力解决当事人立案难问题。人民法庭具体受案范围由所属基层人民法院确定后，通过一定方式向社会公布。对依法应当受理的案件，要做到有案必立、有诉必理，对确实不应受理的，要向当事人说明理由。[②] 调解工作是人民法庭的重要职责，人民法庭受理民事案件和刑事自诉案件后，可视案件情况进行庭前调解。

7.4.2 乡土社会的声誉机制

乡土社会是一个封闭的熟人社会，人们互相熟悉，嵌入在各种各样的交易关系之中，每个人面临的是无限重复博弈，即使个人的生命有限，整个家庭延续着无限重复博弈。乡土社会中，各种信息以流言蜚语的形式口口相传，任何人的欺骗行为很快就会为村民所知，多边惩罚的

---

① 1999 年 6 月 10 日最高人民法院审判委员会第 1067 次会议通过。

② 《最高人民法院关于进一步加强新形势下人民法庭工作的若干意见》(法发〔2014〕21 号)。

社会规范会让行为不当的人在村庄里难以立足。因此，在乡土社会里做人，要守礼懂规矩，按照大家都认可的习俗、宗法、伦理、乡规民约来行事，否则就会被人鄙视，甚至被惩罚，在村里抬不起头，难以做人。正是这种乡土秩序，“兔子不吃窝边草”“克己复礼”“己所不欲，勿施于人”，长辈为了维护家庭的荣光，也注重教化后代知书达礼，“子不教，父之过”“教不严，师之惰”。

处事于世间，矛盾纠纷难以避免，但是大多数纠纷不是通过法律这样的正式机制来解决的，而是通过私人秩序加以解决。如果说法律是基于正式的强制机制实施的，如警察、法院、监狱甚至死刑，那么与之对应的私人秩序是建立在社会规范的基础上的。社会规范不依靠上述正式机制来实施，而是依靠声誉机制来自我维持。每个人按照自己的角色、按照传统规矩行事，礼节起到协调预期、定分止争的作用，不遵守礼节等社会规范，就会使声誉受损。乡土社会不喜欢法律而偏爱于礼俗，原因可能在于人们对于法律的敬畏和无知，也在于法律运行的成本，人们付不起诉讼费、律师费或法律工作者的服务费，或者对法律解决纠纷存在顾虑，如司法不公、判决后难以执行，更主要的是在乡土社会里动用法律，可能坏了乡间的规矩，视老祖宗的规矩、村规民约、长老们于不顾，意味着以后在乡里也就难以立足了。

声誉机制可以区分为单边声誉机制、双边声誉机制和多边声誉机制。单边声誉机制是指自觉维护自己的声誉，已内在化为个人的道德修养，是自我实施的自律行为。双边声誉机制基于双边惩罚，在无限重复博弈和触发策略之下，参与人为了长期利益保持诚信的声誉，多边声誉机制基于多边惩罚或集体惩罚。下面着重探讨声誉机制如何在乡土社会的纠纷治理中发挥作用。

单边声誉机制是指自觉维护自己的声誉，已内在化为个人的道德修养，是自我实施的自律行为。在乡土社会这样的熟人社会，大部分人都是自觉维护自己的声誉，具有良好的道德修养。人们做好人，也教导自己的后代做好人，人们会自觉遵守习俗、族规、乡规民约等社会规范，按规矩行事，处事有良心，有同情心，合情、合理、合法，为人和气，不惹是生非，总之是“己所不欲，勿施于人”和“克己复礼为仁”[①]。

双边声誉机制基于双边惩罚，即双边合作的当事人之间的惩罚或应对措施。为了维持长期的双边合作关系，人们会注重维护自己的诚信声誉。由于交易一般发生在双边关系之中，交易纠纷出现时，更多是当事人双方之间的应对处理。只是在双边的纠纷处理过程当中，也可能用到多边声誉机制。多边声誉机制基于多边惩罚或集体惩罚，不是由受侵犯当事人本人实施惩罚，而是由第三方实施惩罚。例如，A 欺骗了 B，B 将 A 欺骗的信息广而告之，C 对 A 实施惩罚。在封闭的乡土社会，信息传递迅速，交易的圈子有限，人口流动受到限制，这种多边惩罚机制往往很厉害，人一旦在村子里作恶，在村子里就难以混下去了。

当双边合作的经济主体陷入经济纠纷时，双方该如何处理呢？美国法社会学家布莱克将解决纠纷的方式概括成以下五种：自我帮助、逃避、协商、通过第三方解决、忍让。[②] 为了使合作关系继续保持下去，面对纠纷时，协商是很好的办法。纠纷双方对矛盾掌握的信息总比其他人更为充分，双方如果想继续保持合作关系，总能想到解决问题的方法，实现双方的和解。人们在协商中各自说清事实，使信息更充分，消除一些误解，当事人在面对面的沟通过程中，可以表达一些情感。例如，多少年的朋友；从小一起玩大的兄弟；邻里邻居，乡里乡亲；低头不见抬头见；百年修得同船渡，千年修得共枕眠；一日夫妻百日恩；和家万事兴；和气生财；等等。纠纷双方互相妥协和让步，该道歉道歉，该原谅原谅，得饶人处且饶人。双方协商和解之后，情感上可能进一步加深，风雨过后见真情。协商和解反映了人们对矛盾的自我调节能力，

---

① 克制自己，一切都照着礼的要求去做，这就是仁。

② 唐·布莱克. 社会学视野中的司法［M］. 郭星华，等，译. 北京：法律出版社，2002.

在协商调解过程中，当事人的态度、澄清事实信息可能比原则和法律这样的正式制度更为重要。越是在规模较小的利益共同体里，协商和解越是普遍，在家庭生活中协商和解最为常见，绝大部分的夫妻争吵最终以沟通和解结束，有了小孩的家庭更是如此。没有可替代的选择或选择替代交易对象成本高昂时，人们会自觉地倾向于协商和解。

7.4.3 自我解决纠纷

有时候，可能会遇到蛮不讲理的人或坏人欺负你及侵犯了你的权益，你怎么办呢？你可能采取的措施就是逃避或回避，即使过去是合作伙伴，也不再与之交往，中断与他的交易。对已造成的侵害自认倒霉，以后采取“惹不起，躲得起”的策略，现实生活中的回避很广泛，如不再光顾卖假货给你的商店，遇到坏邻居选择搬家。用布莱克的话说：“纵观人类历史，逃避已经成为一种主要的法律替代物。”[①] 在乡村熟人社会，对矛盾对方的回避常常表现在断绝红白喜事的人情往来，见面不打招呼，在公共场合谈论时不接对方的话头，参加公共活动时有对方在就不参与，对对方家庭成员也保持情感上的对立。最剧烈的回避形式是自杀，一死百了。[②] 在村庄这样的熟人社会，人们一般会极力回避村里的“恶霸”，不与之交往。与“恶霸”交往，可能意味着向村民发出这样一个信号，即“敌人的朋友是敌人”，和“恶霸”交往的人会被村民认为不是什么好人，村民也会避免与之交往。

遇到交易纠纷时，还有一种人们普遍采取的解决之道，就是忍让。忍让是指当事人虽然受到侵害，但自我克制，放弃争议，甚至根本不向对方提出任何问题，以避免冲突，其目的通常在于维持与对方的关系。忍让可能是人们应付误解、不公正、伤害等的最常见的处理方式了。即

① 唐·布莱克. 社会学视野中的司法［M］. 郭星华，等，译. 北京：法律出版社，2002.

② 陈柏峰. 暴力与屈辱：陈村的纠纷解决［J］. 法律和社会科学，2006（1）：199-233.

便在美国这样的法治发达的国家，大多数违法行为也是通过忍让的方式解决的。[①] 在相处之道中，首先，我们的言语、行为一定要懂得防范一切冲突，不惹事，合情理；其次，万一冲突起来了，我们应争取尽快把它化解，大事化小，小事化无，不要让冲突扩大，吃点亏不要紧，就是不能把冲突扩大，为社会的安定、有序做出贡献。中国的传统文化中，对“忍”字给予很高的评价。“忍一时风平浪静，退一步海阔天空”“忍得一时之气，免得百日之忧”“小不忍，则乱大谋”，只有能够忍受一般人不能忍受的羞辱，才能获得一般人得不到的荣光。《留侯论》说：“古之所谓豪杰之士，必有过人之节。人情有所不能忍者，匹夫见辱，拔剑而起，挺身而斗，此不足为勇也。天下有大勇者，卒然临之而不惊，无故加之而不怒。”忍让常常是人们避免更多麻烦而采取的方式，在家庭生活中，忍让和宽容往往是家庭和睦相处的法宝。人际冲突中，当侵犯者的力量或社会地位高于被侵犯者时，特别是地位卑微的人受到侵犯时，倾向于采取忍让的态度。在乡土社会，慑于家庭力量的对比，受害者常常选择忍让。村民在同基层政府的矛盾和冲突中，村民即使受到冤屈和不公平对待，通常也是抱以忍让的态度。[②]

不管是忍让还是回避，矛盾并没有真正解决，而是潜伏在受害者的内心深处，日积月累之后，可能发生恶性报复事件。在乡村社会，上代人的矛盾甚至可能继承到下一代人身上，不利于社区共同体的和谐。

遇到交易纠纷导致利益受损时，有时候是对方的不当行为所致，也可能仅仅是不确定性因素引起，一方为了主张自己的利益，直接或间接地找对方的麻烦，我们称之为自我解决。一方面，自我解决取决于人的观念，有些人斤斤计较、疑心重、以自我为中心，总是把责任归罪于他人。另一方面，自我解决取决于当事双方的力量对比，有力量的一方凭

① 唐·布莱克. 社会学视野中的司法［M］. 郭星华，等，译. 北京：法律出版社，2002.

② 陈柏峰. 暴力与屈辱：陈村的纠纷解决［J］. 法律和社会科学，2006（1）：199-233.

借自己的力量迫使对方服从其利益。如果纠纷的一方既斤斤计较，又没有相应的力量迫使对方做出补偿，他可能采取间接的手段来解决。不管怎么样，自我解决都不借助第三方的参与。直接的自我解决通常靠力量说话，要么是靠拳头说话，这是比较极端的暴力，也有时候是面对面吵架；比较文明的自我解决是靠据理力争，以理服人，或者采取博弈论里的针锋相对策略。在村庄这样的乡土社会，暴力解决比文明解决更为普遍。在农村，人们常常为了灌溉纠纷、小孩打架、牲畜毁坏庄稼、林木所有权争议发生打架，极端的甚至发生家族之间、村与村、组与组激烈冲突。通常情况下，动用暴力自我解决的方式往往很极端，容易导致违法行为，旧的纠纷未了，却又产生新的纠纷，宿怨未了，又添新仇。

在乡村，间接的自我解决手段也非常普遍，主要是骂街这样的公开谴责，但不面对面冲突，也有不点名道姓的咒骂。在村庄这样的封闭熟人空间，将不当行为公之于众，会使侵害者受到乡村流言蜚语的伤害，做了坏事的人在村子里将颜面受损，声誉被破坏。例如，在村子里，一个 80 岁的老人因为年轻的时候偷过鸡，仍然会被村民视为小偷，甚至于他家的子孙都会受到影响，小孩间斗嘴吵架时或许都会骂“你爷爷偷鸡，你是贼崽子”。在家庭内部的矛盾纠纷中，如父子之间、夫妻之间一般不会采取骂街这样的公开谴责方式，大家深知流言蜚语的伤害，尽力地做到“家丑不可外扬”。因此，“冷战”是家庭矛盾的常见表现。咒骂在农村也很常见，一般发生在不知道是谁干的情形。例如，村民鱼塘里的鱼被偷了、庄稼被牲畜破坏了、家里的鸡半夜被偷了，主人一般会咒骂一通。对于偷牛羊这类比较大的案件，主人甚至不惜采取迷信手段诅咒。另外，纠纷主体不点名道姓地咒骂对方在农村也很常见，指桑骂槐，含沙射影，虽然不指名道姓，但谁都知道针对的是谁。骂街和咒骂可以在一定程度上发泄出不满的情绪，在情感上给予冤屈的当事人慰藉。这种形式在乡村熟人社会可以对不当行为形成一定的制约，乡里乡亲的，害怕“丢面子”“现家丑”“流言蜚语”“人言可畏”“唾沫淹死人”。

7.4.4 第三方机制解决纠纷

当交易纠纷发生时，可能出现双方各执一词，公说公有理，婆说理又长，互不相让，协商陷入僵局，稍有不慎就有可能上升到暴力，双方力量比较接近时更是如此。这时双方可能希望找一个第三方来评评理，所谓“当局者迷，旁观者清”，引入第三方解决交易纠纷的机制，可以称之为通过第三方解决。所有第三方解决中的第三方与双方都没有利害关系，不袒护任何一方，摆事实、讲道理，可以缓冲彼此的对立情绪，有利于纠纷的化解。

第三方机制有很多种，其一是法律，即“打官司”。“官司”一词是民间从古到今的通俗说法，“官”和“司”旧时都是指“官方”“官府”，发生利害冲突的双方到官府或官员那里去请求裁决，官府或官员根据查明的事实做出裁断。我国历史上实行行政司法一体化，县官即法官，古代的县令一般还负责审理各类诉讼案件。法律作为第三方机制，由法院查明事实，依法裁判，各方同意判决，则依判决执行；若不同意判决，则依法上诉。诉讼解决纠纷的根据是国家法律，现代社会的法律具有国家合法的暴力权力，可以强制执行法律裁决，不管当事人有没有动用法律，法律就在那里。只要事实是明确的，执行法律的结果就成为当事人在纠纷解决过程中博弈的保留支付。即使当事人没有动用法律解决纠纷，法律仍然在当事人解决纠纷的其他途径中发挥着作用。法律的合法暴力强制性的威慑促使纠纷当事人在非诉讼手段中做出妥协和让步。对于上升到刑法的纠纷，“民不告，官也究”。对于力量弱小的一方，国家具有强制性的合法暴力会帮助他讨回公道，法律的威慑力让强者不敢侵犯弱者。对于力量较为对等的受侵犯方，法律把私人报复的链条阻断，不至于形成冤冤相报何时了的局面。在乡村这种封闭的熟人社会，法律诉讼虽然表面上解决了一时的纠纷，但并不能消除当事人之间的情感对立，打官司会伤了和气，个别的纠纷经过诉讼后反而演变成当事人后续长久的情感对抗。“词讼之兴，初非美事，荒废本业，破坏家财，胥吏诛求，率徒斥辱，道途奔走，犴狱拘囚。与宗族诉，则伤宗族之恩；与乡党诉，则伤乡党之谊。幸而获胜，所损已多，不幸而输，虽悔何及。”①

其二是仲裁。根据《中华人民共和国仲裁法》的规定，平等主体的公民、法人和其他组织之间发生的合同纠纷和其他财产权益纠纷，可以仲裁。当事人采用仲裁方式解决纠纷，应当双方自愿，达成仲裁协议。没有仲裁协议，一方申请仲裁的，仲裁委员会不予受理。仲裁应当根据事实，符合法律规定，公平合理地解决纠纷。仲裁委员会应当由当事人协议选定。仲裁实行的一裁终局制度。裁决做出后，当事人就同一纠纷再申请仲裁或向人民法院起诉的，仲裁委员会或人民法院不予受理。仲裁庭在做出裁决前，可以先行调解。当事人自愿调解的，仲裁庭应当调解。调解不成的，应当及时做出裁决。仲裁应当开庭进行。当事人协议不开庭的，仲裁庭可以根据仲裁申请书、答辩书以及其他材料做出裁决。②

其三是行政处理。行政处理是指基层政府和干部对辖区内发生的民事纠纷、行政纠纷和轻微刑事纠纷的行政裁决或行政调解。当事人可以申诉、请愿、信访，对行政裁决也可以申请行政复议。前面提到，在中国传统社会，司法也好，行政也好，都是官府，古代实行行政司法一体化，县官也是法官，起诉也叫“打官司”，老百姓有冤屈找官府。到了现代，虽然出现了法院、司法局、公安局负责法律事宜，但这些机构在老百姓眼里仍然是政府的机构，这些机构的人都是国家干部，具有“官”的权威性。老百姓一旦遇到自己解决不了的问题，肯定是走进政府的大门，他们分不清楚什么是法律问题，什么是行政问题，有问题先

---

① 何兵. 现代社会的纠纷解决［M］. 北京：法律出版社，2003.

② 《中华人民共和国仲裁法》由中华人民共和国第八届全国人民代表大会常务委员会第九次会议于1994年8月31日通过，自1995年9月1日起施行。

找政府再说。在农村，他们先是找村委会，村委会解决不了，就去找乡政府、镇政府，村民最为熟悉的政府也就是身边的乡政府或镇政府。出于稳定和发展的需要，比较大一点的纠纷，特别是与乡镇的切身利益有关系时，乡镇政府及其相关部门通常会出面处理，如安全事故、比较大规模的械斗等，乡镇政府不出面，村民就可能到县政府去上访。行政处理往往效果不错，一是乡镇政府有其制度性权威，老百姓通常比较怕这些基层官员。二是乡镇政府往往掌握一些权力资源，如减免税赋、批宅基地、子女参军、计划生育等，政府往往通过这些资源给当事人些许好处或施加压力。三是行政处理对解决复杂纠纷有优势，相关人员可以综合各种情况，提出一篮子解决方案，快刀斩乱麻，而司法程序往往是一事一议。四是行政处理的时间短、费用低，而法律程序琐碎、缓慢，诉讼、律师费用高昂。傅郁林（2004）、陈柏峰（2006）指出，乡村派出所在乡村纠纷处理当中占有一席之地，虽然派出所是管社会治安的，但它有较多的机会接触到民事纠纷，派出所在乡村有很高的权威，直接代表着合法的暴力，村民有纠纷时愿意找派出所处理，派出所的处理结果也容易让村民接受。

其四是调解。调解是指通过说服教育和劝导协商，在查明事实、分清是非和双方自愿的基础上达成协议，解决纠纷。在我国主要有以下四种调解方式：一是法院调解，即在人民法院主持下进行的调解。二是行政调解，即在政府机关主持下进行的调解。三是仲裁庭调解，即在仲裁庭主持下进行的调解。四是群众调解，即由人民调解委员会或双方认可的第三方进行的调解，即民间调解。

在乡村社会，通过法院调解、行政调解、仲裁庭调解的纠纷基本上很少，这些业务是要收费的。乡村社会更多采取的是民间调解和人民调解委员会调解。民间调解是一种主要模式，由民间组织或个人主持调解，以习俗、族规、村规民约等社会规范为依据，通过对纠纷当事人搞清楚事实，并进行说服、劝解，促使他们互相让步，达成和解，消除纷争，不伤害彼此的情感，以利于日后相处。调解人一般是有威望、双方当事人都信任的中间人，不偏袒任何一方。在分家和赡养这样的矛盾中，调解者一般是宗族中有威信，并与家庭纠纷当事人有着良好关系的老人；在夫妻冲突时，调解者的范围比较广泛，家族有威信的老人、媒人等都是常见的调解人。稍大一些的财产纠纷、宅基地纠纷，调解者通常是村组干部或村子中在外工作的被认为有一定见识的地方能人。费孝通（1947）写道："我曾在乡下参加过这类调解的集会。我之被邀，在乡民看来是极自然的，因为我是在学校里教书的，读书知礼，是权威。"在契约纠纷中，中间人往往成为纠纷的调解者。调解的本质是调解方案被当事人自愿接受，这不但需要摆事实，还需要讲道理，教育说服，让双方都做出让步。费孝通（1947）认为，在乡村里调解，其实是一种教育过程。调解时由一位很会说话的乡绅开口。他总是先把被调解的双方骂一顿。"这简直是丢我们村子里脸的事！你们还不认了错，回家去。"有时竟拍起桌子发一阵脾气，教训了一番之后，他依着他认为的应当告诉他们应该怎么做，这一招式极为有效，双方时常就和解了，有时还得罚他们请一次客。为了使被调解人做出让步，调解人一般是那些德高望重之人，他的威望、权威至关重要，或多或少地会给双方施加些压力，当事人往往看在调解人的"面子"上做出某些让步。如果在长老面前不让步，不服从长老的权威，当事人以后在村子里就不太好混，至少会落下个目中无人、没规没矩、不成体统的口实。传统乡村社会由乡绅和宗族为基础构筑乡土秩序，宗族主要协调族内成员之间的关系，解决族内发生的纠纷，乡绅还管宗族与宗族之间的冲突调处。族长和乡绅按照族规和乡约指导村民行为、控制乡土秩序，发生纠纷时，族长、乡绅出面进行调解，这些长老们有足够的资历，不但精通传统习俗、先祖遗训、族规民约，还有很多宝贵的传统经验，他们教化年轻人遵守规矩，好好做人，共同维护家族荣光。

乡村社会纠纷调解的另外一个重要途径是人民调解委员会调解。在

3 000 多年前的西周，设有“调人”“胥吏”的官职，专门负责调解纠纷，平息诉讼，维护社会秩序。2 000 多年前的秦汉时期，县以下的乡、亭、里设有夫，负责“职听讼”和“收赋税”两项职责，“职听讼”就是指调解民间纠纷。唐代县以下行政组织没有审判权，乡里民间纠纷和讼事则先由坊正、村正、里正调解，调解未果才能上诉到县衙。根据《大明律》的规定，明代在乡一级设置“申明亭”调解民间纠纷，由耆老、里长主持调解。中华民国县下设区、乡、镇，区、乡、镇设立调解委员会。1953 年，全国司法工作会议后，全国开始在区、乡党委和基层政权组织内建立人民调解组织。1954 年，国务院出台《人民调解委员会暂行组织通则》，规定调解委员会是群众性的调解组织，在基层人民政府与基层人民法院指导下进行工作。调解委员会的任务为调解民间一般民事纠纷与轻微刑事案件。经人民调解委员会调解达成的调解协议，具有法律约束力，当事人应当按照约定履行。①

7.4.5 乡村纠纷治理趋势

乡村调解面临这样一个局面，传统的乡绅、宗族权威丧失殆尽，农业税取消之后，村干部丧失制度性权威，乡镇干部没有积极性参与调解事务，调解不属于乡镇政府的职能。乡村“空心化”背景下，乡村能人也非常稀少，即使有也一般住在城里，而且不一定能得到村民的认同。在很多纠纷中，没有人愿意出面调解，不再有传统社会里的那种长老、族长，即使是年老的人，年轻人也越来越不买账。因此，人们普遍会认为自己的面子和权威不够，拒绝充当调解者。同时，现在的人越来越怕得罪人，多一事不如少一事。民间调解和人民调解委员会的调解如果萎缩了，而法院、司法所、行政、仲裁这些业务需要收费，人们可能将很多纠纷交给私力解决，如协商和解、忍让、回避、暴力、骂街。

---

① 《中华人民共和国人民调解法》由中华人民共和国第十一届全国人民代表大会常务委员会第十六次会议于 2010 年 8 月 28 日通过，自 2011 年 1 月 1 日起施行。

当纠纷发生时，相比通过第三方解决，人们可能更倾向于协商和解、忍让、逃避和暴力相向、骂街这样的自我解决，主要的原因是第三方解决或多或少存在一些费用。例如，法律起诉和律师的费用不少，即使胜诉，执行起来也很难，而且容易让自己的声誉受损，伤了和气，不利于未来在乡土社会的和谐相处。双边的解决之道中，协商和解、忍让、逃避可能比暴力相向、骂街这样的自我解决更为普遍，暴力、泼辣会在乡土社会留下很不好的名声，村民们会避而远之。通过第三方解决的方法中，调解比法律、仲裁、行政解决更为常见。

近些年，乡土社会的传统秩序，如宗族、乡规民约由于乡村“空心化”而不断破坏，而法律秩序由于成本、知识等种种原因没有建立起来，乡村组织由于政府取消了农业税，在乡村的治权衰退，导致乡村社会出现治理上的真空。新时期的农村，虽然治理秩序呈真空状态，但据笔者的观察，农村的治安、秩序一年比一年好，至于原因，可能有四：其一，经济发展了，人们生活富裕了，温饱问题解决了，要奔小康了，“仓廪实而知礼节”，人们遵纪守法。基二，乡村仍然是乡土熟人社会，虽然宗族、乡规民约被破坏了，但流言蜚语造就的面子问题依然如故。其三，农村的人口流动性也大了，大家见多识广了，各种新媒体向农村普及，法制观念普遍有所增强，虽然不知道太多的法律条文，但有一点是知道的，国法就在我们身边，坏人做了坏事自会有法律来惩罚，这是一种无形的威慑。其四，无为而治，老子认为：“我无为，而民自化；我好静，而民自正；我无事，而民自富；我无欲，而民自朴”，政府不过多的干预、顺其自然，在一定程度上可以实现良好的治理。

7.5 乡土社会交易纠纷治理调查

7.5.1 调查问卷

您的家乡在：____省____县____镇 ____村。

1. 您所在的村子，属于（　　）。

A. 比较偏远的农村　B. 城乡接合部　C. 相当于或接近于城市社区

2. 您所在的村子，村民的生计来源主要是（　　）（最多选两项）。

A. 种传统粮食作物　B. 种经济作物　C. 靠年轻人在外打工的收入

D. 经营个体商业

3. 在您所在的村子里，大部分人自觉维护自己的声誉，具有良好的道德修养，遵守法律和社会规范，不惹是生非，力争做好人，也教导自己的后代做好人。（　　）

A. 认同　B. 不认同

4. 近年来，您所在的村子的治安、秩序在好转还是在恶化？（　　）

A. 好转　　B. 恶化　　C. 没感觉

5. 近年来，您生活的村子里，是否出现了小混混或黑社会组织？（　　）

A. 有　B. 没有

6. 据您在村子里的生活经验，村民在发生纠纷时，通过法院起诉解决，这种情况（　　）。

A. 比较普遍　B. 有，但比较少　C. 没听说过

7. 据您在村子里的生活经验，村民在发生纠纷时，通过仲裁机构裁决，这种情况（　　）。

A. 比较普遍　B. 有，但比较少　C. 没听说过

8. 据您在村子里的生活经验，村民在发生纠纷时，政府出面行政解决，这种情况（　　）。

A. 比较普遍　B. 有，但比较少　C. 没听说过

9. 据您在村子里的生活经验，村民在发生纠纷时，双方协商解决，这种情况（　　）。

A. 比较普遍　B. 有，但比较少　C. 很少

10. 据您在村子里的生活经验，村民在发生纠纷时，采取自认倒

霉、忍让（忍让是指当事人虽受到侵害，但自我克制，放弃争议，装成什么都没有发生的样子，甚至根本不向对方提出任何问题，以避免冲突）的态度，这种情况（　　）。

A. 比较普遍　B. 有，但比较少　C. 很少

11. 据您在村子里的生活经验，村民在发生纠纷时，采取“惹不起，躲得起”的回避态度，这种情况（　　）。

A. 比较普遍　B. 有，但比较少　C. 很少

12. 据您在村子里的生活经验，村民在发生纠纷时，发展到暴力解决（如打架、械斗等）的情况（　　）。

A. 比较普遍　B. 有，但比较少　C. 很少

14. 据您在村子里的生活经验，村民在发生纠纷时，发生骂街（互相对骂）的情况（　　）。

A. 比较普遍　B. 有，但比较少　C. 很少

15. 据您在村子里的生活经验，村民在发生纠纷时，发生咒骂（不知侵犯对象，不针对特定对象）的情况（　　）。

A. 比较普遍　B. 有，但比较少　C. 很少

16. 据您在村子里的生活经验，村民在发生纠纷时，经由人民调解委员会（由村民选出的人民调解员）调解解决，这种情况（　　）。

A. 比较普遍　B. 有，但比较少　C. 很少

17. 据您在村子里的生活经验，村民在发生纠纷时，经由民间调解（如长辈、邻里、村里能人、村干部等）解决，这种情况（　　）。

A. 比较普遍　B. 有，但比较少　C. 很少

18. 据您在村子里的生活经验，发生纠纷时，您宁愿选择下面哪一项：①法院诉讼、仲裁、政府行政解决、调解这样的第三方解决；②协商和解、忍让、回避和暴力相向、骂街这样的自我解决。（　　）

A. ①　B. ②

19. 据您在村子里的生活经验，发生纠纷时，您宁愿选择（　　）

(限选三项)。

A. 协商和解 B. 忍让 C. 回避 D. 用拳头暴力解决

E. 骂街，咒骂

20. 据您在村子里的生活经验，发生纠纷时，通过第三方解决的办法中，您宁愿选择（ ）(限选两项)。

A. 调解 B. 法律诉讼 C. 仲裁 D. 行政解决

21. 据您在村子里的生活经验，发生纠纷时，若选择调解方式解决，你宁愿选择（ ）。

A. 人民调解委员会调解

B. 民间调解（请长辈、邻里、村里能人、村组干部等调解）

22. 据您在村子里的生活经验，在村子里发生纠纷时，请选择最为影响您选择解决纠纷方式的因素（ ）(限选三项)。

A. 相关成本或费用和时间 B. 怀疑其公正性 C. 担心名声受损

D. 自身的力量 E. 纠纷涉及的利益大小

23. 据您在村子里的生活经验，在村子里，老人的话语权（ ）。

A. 有下降的趋势 B. 有上升的趋势 C. 没什么变化

24. 据您在村子里的生活经验，现在还有家规、族规、村规吗？（ ）

A. 有 B. 没有 C. 不知道

25. 据您在村子里的生活经验，现在乡镇干部下村子里来吗？（ ）

A. 经常来 B. 偶尔来 C. 很少来

26. 据您在村子里的生活经验，现在村委会干部到村民小组来吗？（ ）

A. 经常来 B. 偶尔来 C. 很少来

27. 据您在村子里的生活经验，您面临一项涉及100元人民币的经济纠纷时，您最愿意选择下面哪些解决方式？（ ）(限选两项)。

A. 法律诉讼 B. 第三方调解 C. 双方协商 D. 忍让

E. 骂街甚至打架

28. 据您在村子里的生活经验，您面临一项涉及 1 000 元人民币的经济纠纷时，您最愿意选择下面哪些解决方式？（ ）（限选两项）

A. 法律诉讼 B. 第三方调解 C. 双方协商 D. 忍让

E. 骂街甚至打架

29. 据您在村子里的生活经验，您面临一项涉及超过 10 000 元人民币的经济纠纷时，您最愿意选择下面哪些解决方式？（ ）（限选两项）

A. 法律诉讼 B. 第三方调解 C. 双方协商 D. 忍让

E. 骂街甚至打架

30. 据您在村子里的生活经验，近年来，村民的法律知识（ ）。

A. 在增加 B. 在减少 C. 没什么变化

31. 据您在村子里的生活经验，近年来，村民的法律意识（即使不知道具体的法律法规，但知道国家有法律，不能胡来）（ ）。

A. 在提高 B. 在降低 C. 没什么变化

您能讲讲发生在村里的纠纷解决的案例吗？

____

____

____

7.5.2 问卷调查结果

我们在问卷星网站上发布问卷，只针对来自农村的受访者调查，共收集到 489 份有效问卷。家乡分布如表 7-1 所示。其中，46.73%的受访者来自比较偏远的农村，40.61%的受访者来自城乡接合部（见表 7-2）。68.78%的受访者反映，“靠年轻人在外打工的收入”是所在村庄村民的生计的主要来源，41.84%的受访者选择了靠种传统粮食作物来维持生计（见表 7-3）。

表 7-1　受访者家乡来源地分布

省份	数量（人）	百分比（%）
海南	1	0. 20
陕西	1	0. 20
上海	1	0. 20
北京	2	0. 41
广西	2	0. 41
宁夏	2	0. 41
黑龙江	3	0. 61
江西	4	0. 82
辽宁	4	0. 82
广东	6	1. 23
云南	6	1. 23
福建	8	1. 64
山东	8	1. 64
贵州	10	2. 04
重庆	11	2. 25
山西	13	2. 66
湖北	16	3. 27
河南	18	3. 68
江苏	18	3. 68
安徽	20	4. 09
河北	52	10. 63
湖南	55	11. 25
浙江	112	22. 90
四川	116	23. 72
合计	489	100. 00

表 7-2 家乡来源地性质

选项	小计	比例
A. 比较偏远的农村	229	46.73%
B. 城乡接合部	199	40.61%
C. 相当于或接近于城市社区	62	12.65%

表 7-3 受访者所在村庄村民的生计来源

选项	小计	比例
A. 种传统粮食作物	205	41.84%
B. 种经济作物	127	25.92%
C. 靠年轻人在外打工的收入	337	68.78%
D. 经营个体商业	184	37.55%

86.76%的人认同，所在的村子里，大部分人自觉维护自己的声誉，具有良好的道德修养，遵守法律和社会规范，不惹是生非，力争做好人，也教导自己的后代做好人（见表 7-4）。55.1%的受访者认为，近年来，所在的村子的治安、秩序在好转（见表 7-5）。82.65%的受访者选择近些年村子里没有出现小混混或黑社会组织（见表 7-6）。

表 7-4 自觉维护自己的声誉，做好人

选项	小计	比例
A. 认同	425	86.73%
B. 不认同	65	13.27%

表 7-5 受访者所在村庄的治安、秩序情况

选项	小计	比例
A. 好转	270	55.1%
B. 恶化	33	6.73%
C. 没感觉	187	38.16%

表 7-6　　近些年是否出现小混混或黑社会组织？

选项	小计	比例
A. 有	85	17.35%
B. 没有	405	82.65%

取消农业税之后，农村的政治生态发生了明显的变化，乡镇利益与农村和农民的利益日益脱钩，乡镇退出村，村退出组，成为乡村治理中的普遍现象。45.92%的受访者表示乡镇干部很少到村子里来了（见表 7-7）。40.61%的受访者表示村委会干部很少到村民小组来了（见表 7-8）。

表 7-7　　现在乡镇干部到村子里来吗

选项	小计	比例
A. 经常来	42	8.57%
B. 偶尔来	223	45.51%
C. 很少来	225	45.92%

表 7-8　　现在村委会干部到村民小组来吗

选项	小计	比例
A. 经常来	76	15.51%
B. 偶尔来	215	43.88%
C. 很少来	199	40.61%

针对费孝通在《乡土中国》中描述的长老统治，我们设计了一个问题，结果发现，50.41%的受访者表示，村子里老人的话语权出现下降的趋势（见表 7-9）。对于传统的宗族、家规、村规民约，61.84%的受访者表示现在没有家规、族规、村规了（见表 7-10）。

表 7-9 村子里，老人的话语权

选项	小计	比例
A. 有下降的趋势	247	50.41%
B. 有上升的趋势	48	9.8%
C. 没什么变化	195	39.8%

表 7-10 根据您在村子里的生活经验，现在还有家规、族规、村规这些吗

选项	小计	比例
A. 有	57	11.63%
B. 没有	303	61.84%
C. 不知道	130	26.53%

对于中国农村的乡土社会，一方面政府权力在后撤，另一方面传统的长老统治、宗族、乡规民约等在消失。比较可喜的是，乡土社会的法律知识和法律意识在增强。67.14%的受访者表示村民的法律知识在提高（见表 7-11），75.71%的受访者表示村民的法律意识在提高（见表 7-12）。

表 7-11 据您在村子里的生活经验，近年来，村民的法律知识

选项	小计	比例
A. 在增加	329	67.14%
B. 在减少	15	3.06%
C. 没什么变化	146	29.8%

表 7-12 据您在村子里的生活经验，近年来，村民的法律意识（即使不知道具体的法律法规，但知道国家有法律，不能胡来）

选项	小计	比例
A. 在提高	371	75.71%
B. 在降低	24	4.9%
C. 没什么变化	95	19.39%

但村民多多少少会有纠纷发生，当纠纷发生时，是否通过法院起诉解决纠纷？62.45%的受访者表示“有，但比较少”，有32.24%的受访者表示“没听说过”（见表7-13）。至于通过仲裁机构解决纠纷，53.47%的受访者表示“没听说过”，42.24%的受访者表示“有，但比较少”（见表7-14）。通过政府出面解决纠纷的情况，59.18%的受访者表示“有，但比较少”（见表7-15）。69.59%的受访者表示双方协商解决纠纷比较普遍（见表7-16）。

表7-13　村民在发生纠纷时，通过法院起诉解决的情况

选项	小计	比例
A. 比较普遍	26	5.31%
B. 有，但比较少	306	62.45%
C. 没听说过	158	32.24%

表7-14　村民在发生纠纷时，通过仲裁机构裁决的情况

选项	小计	比例
A. 比较普遍	21	4.29%
B. 有，但比较少	207	42.24%
C. 没听说过	262	53.47%

表7-15　村民在发生纠纷时，通过政府出面行政解决的情况

选项	小计	比例
A. 比较普遍	65	13.27%
B. 有，但比较少	290	59.18%
C. 没听说过	135	27.55%

表 7-16 村民在发生纠纷时，双方协商解决的情况

选项	小计	比例
A. 比较普遍	341	69.59%
B. 有，但比较少	117	23.88%
C. 很少	32	6.53%

可以看出，农村居民选择正式机构解决纠纷是不普遍的，双方协商解决纠纷更为普遍。但是，协商的过程就是依据力量讨价还价的过程，协商也是有成本的，力量较弱的一方可能选择忍让（忍让是指当事人虽受到侵害，但自我克制，放弃争议，装成什么都没有发生的样子，甚至根本不向对方提出任何问题，以避免更大冲突和更大吃亏），也可能选择回避，“惹不起，躲得起”。25.71%的受访者认为村民在发生纠纷时，采取忍让的态度比较普遍（见表 7-17）。36.33%的受访者认为采取回避的态度比较普遍（见表 7-18）。在村民发生纠纷时，骂街、咒骂的情况还是较为常见，38.78%的受访者认为骂街较为普遍（见表 7-20），36.33%的受访者认为咒骂较为普遍（见表 7-21）。真正通过暴力解决纠纷的还是很少，43.67%的受访者选择“很少”，47.76%的受访者选择“有，但比较少”（见表 7-19）。

表 7-17 村民在发生纠纷时，采取忍让的态度

选项	小计	比例
A. 比较普遍	126	25.71%
B. 有，但比较少	222	45.31%
C. 很少	142	28.98%

表 7-18　　村民在发生纠纷时，采取回避的态度

选项	小计	比例
A. 比较普遍	178	36.33%
B. 有，但比较少	192	39.18%
C. 很少	120	24.49%

表 7-19　　村民在发生纠纷时，采取暴力解决的方式

选项	小计	比例
A. 比较普遍	42	8.57%
B. 有，但比较少	234	47.76%
C. 很少	214	43.67%

表 7-20　村民在发生纠纷时，采取骂街（互相对骂）的方式

选项	小计	比例
A. 比较普遍	190	38.78%
B. 有，但比较少	209	42.65%
C. 很少	91	18.57%

表 7-21　村民在发生纠纷时，采取咒骂（不知侵犯对象，不针对特定对象）的方式

选项	小计	比例
A. 比较普遍	178	36.33%
B. 有，但比较少	209	42.65%
C. 很少	103	21.02%

除了正式机构的裁决和双方的协商之外，调解是常见的纠纷解决之道。事实上，即使法院、政府、仲裁等机构在处理纠纷时，也常常伴随着调解。在村集体里，正式的调解机构是人民调解委员会，但人民调解委员会发挥的作用似乎有限，42.24%的受访者选择“有，但比较少”，

37. 96%的受访者选择“很少”（见表7-22）。而经由民间调解（如长辈、邻里、村里能人、村干部等）解决较为普遍，62. 24%的受访者选择“较为普遍”（见表7-23）。绝大多数的受访者（80. 61%）表示村民会选择民间调解，而不是人民调解委员会调解（见表7-24）。

表7-22 发生纠纷时，经由人民调解委员会调解

选项	小计	比例
A. 比较普遍	97	19.8%
B. 有，但比较少	207	42.24%
C. 很少	186	37.96%

表7-23 村民在发生纠纷时，经由民间调解（如长辈、邻里、村里能人、村干部等）解决

选项	小计	比例
A. 比较普遍	305	62.24%
B. 有，但比较少	136	27.76%
C. 很少	49	10%

表7-24 村民发生纠纷时，选择调解方式解决

选项	小计	比例
A. 人民调解委员会调解	95	19.39%
B. 民间调解（请长辈、邻里、村里能人、村组干部等调解）	395	80.61%

如果让村民在法院诉讼、仲裁、政府行政解决、调解这样的第三方解决和协商和解、忍让、回避和暴力相向、骂街这样的自我解决当中选择，选择的比例较为接近，51. 84%的受访者选择前者，48. 16%的受访者选择后者。在第三方解决途径当中，绝大多数的受访者（85. 71%）选择调解，排第二位的是法律诉讼（37. 35%），选择仲裁的比例最小

（见表 7－25）。在自我解决的途径中，选择协商和解的受访者有 91.84%，其次是回避（43.06%）、忍让（38.78%），选择暴力解决的比例最小（6.94%）（见表 7-26）。

表 7-25 村民发生纠纷时，通过第三方解决的办法（限选两项）

选项	小计	比例
A. 调解	420	85.71%
B. 法律诉讼	183	37.35%
C. 仲裁	107	21.84%
D. 行政解决	147	30.00%

表 7-26 据您在村子里的生活经验，发生纠纷时，您宁愿选择何方式（限选三项）

选项	小计	比例
A. 协商和解	450	91.84%
B. 忍让	190	38.78%
C. 回避	211	43.06%
D. 用拳头暴力解决	34	6.94%
E. 骂街、咒骂	39	7.96%

影响村民选择何种纠纷治理机制的因素，排第一位的是相关成本或费用和时间，有 70.61%的受访者选择这一项，其次是纠纷涉及的利益大小（62.24%），利益越大，人们越倾向于通过正式机制特别是法律来解决，再次是怀疑其公正性（47.14%），对正式机制特别是政府、法院，人们担心没钱没势影响纠纷的解决（45.31%）（见表 7-27～表 7-30）。

表 7-27 村民发生纠纷时，最为影响选择解决纠纷方式的因素（限选三项）

选项	小计	比例
A. 相关成本或费用和时间	346	70.61%
B. 怀疑其公正性	231	47.14%
C. 担心名声受损	161	32.86%
D. 自身的力量	222	45.31%
E. 纠纷涉及的利益大小	305	62.24%

表 7-28 您面临一项涉及 100 元人民币的经济纠纷时，您最愿意选择何解决方式?（限选两项）

选项	小计	比例
A. 法律诉讼	27	5.51%
B. 第三方调解	181	36.94%
C. 双方协商	407	83.06%
D. 忍让	148	30.2%
E. 骂街甚至打架	16	3.27%

表 7-29 当面临一项涉及 1 000 元人民币的经济纠纷时，您最愿意选择下面哪些解决方式?（限选两项）

选项	小计	比例
A. 法律诉讼	82	16.73%
B. 第三方调解	315	64.29%
C. 双方协商	371	75.71%
D. 忍让	33	6.73%
E. 骂街甚至打架	21	4.29%

表 7-30 当您面临一项涉及超过 10 000 元人民币的经济纠纷时，您最愿意选择下面哪些解决方式？（限选两项）

选项	小计	比例
A. 法律诉讼	335	68.37%
B. 第三方调解	282	57.55%
C. 双方协商	236	48.16%
D. 忍让	10	2.04%
E. 骂街甚至打架	26	5.31%

7.6 结语

乡土熟人社会具有以下几个特征：村落是熟人社会、人口流动性小、信息传递快、差序格局。中华人民共和国成立后直到改革开放初期，我国的乡土社会基本保持了传统乡土社会的特征。改革开放以后，农村剩余劳动力向城市流动，农村出现“空心化”，人口流动性增强，熟人社会有减弱的趋势。取消农业税之后，农村的政治生态也发生了一定的变化，经济发展起来后，老百姓变富裕了，一些宗族活动得到一定程度的恢复。总体说来，当前的农村还是一个乡土熟人社会。传统礼治在农村仍然存在，但有减弱的趋势，村民的法律意识随着法律下乡而不断增强。在乡土熟人社会，道德自律是绝大多数村民的行为理念。当出现交易纠纷时，采取法律、仲裁和行政解决的情况有，但比较少，双方协商解决交易纠纷比较普遍，民间调解（如长辈、邻里、村里能人、村干部等）解决纠纷也比较普遍。力量较弱的一方可能选择忍让、回避或逃避，骂街、咒骂的情况也较为常见，但通过暴力解决纠纷的还是很少。在乡土熟人社会，协商和解、忍让、逃避可能比暴力相向、骂街这样的自我解决更为普遍，暴力、泼辣会在乡土社会留下很不好的名声。

选择第三方解决时，调解远比法律诉讼、仲裁和行政解决更受欢迎。随着纠纷金额的扩大，选择法律解决的可能性增大。在影响村民选择何种纠纷治理机制的因素中，排第一位的是相关成本或费用和时间。

8　城市匿名社会的交易治理

8.1　匿名声誉机制

在城市匿名社会，交易大多是一次性的匿名交易，交易双方对交易对象的人格信息并不知情。交易根据产品或服务的质量和价格进行。很多匿名交易还必须跨越时间和空间，无法完成一手交钱一手交货的交易。因此，交易的实施面临一个是否可信的问题，先实施交易契约的一方将面临机会主义风险。例如，先发货（或服务）的一方担心后来收不到货款，先付款的一方担心对方不及时交付保质保量的货物。

主流经济学理论强调法律对匿名市场交易的治理作用，但法律存在局限性。我们认为，匿名交易也可以依靠多边声誉机制建立起诚信和信任。中世纪的法律商人制度依靠多边声誉机制在陌生的商人之间建立起诚信合作，关键的因素是法律商人起到信用信息收集和传递的作用。在现代匿名社会，只要建立起征信系统，交易主体的信用账户可以被查询，陌生的交易主体在交易之前可以查询交易对象的信用情况，根据对方的信用情况来决定是否交易，征信系统起到信用信息传递的中介作用。

在匿名交易中，不能确切地知道对方是好人还是坏人，交易陷入一个不完全信息静态博弈。

如图 8-1 所示，当 A 选择信任，好人类型的 B 会选择诚信，这时

A 的收益为 5，坏人类型的 B 会选择欺骗，这时 A 的收益为-10。因此，A 的期望支付为 $p \times 5 - 10 \times (1 - p)$； A 选择不信任时的支付为 0。当 $p \times 5 - 10(1 - p) > 0$ 时，A 会选择信任，即 $p > \frac{2}{3}$。

只有估计匿名交易对象是好人的先验概率大于 2/3 时，交易主体才会信任对方。但普遍存在的一个问题是，在陌生的环境中，人们普遍低估陌生人是好人的概率，这无疑会减少交易的总量。当人们根据先验概率的估计来决定是否交易时，难免有交易失误带来的风险。

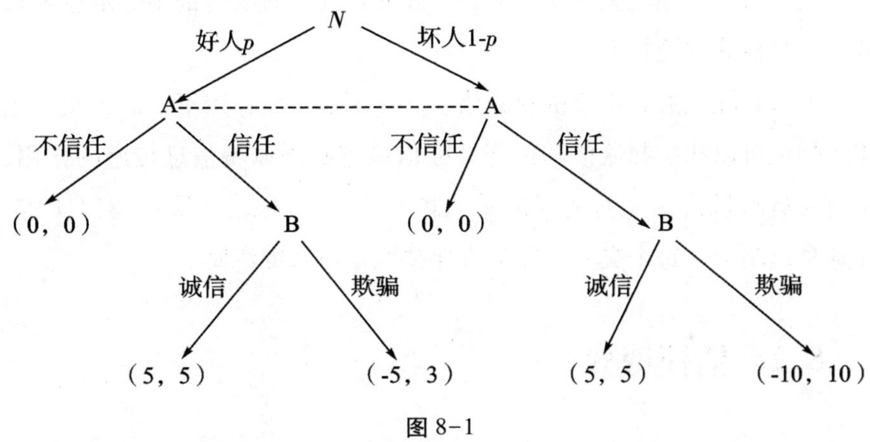

图 8-1

若存在一个征信系统，交易前可以查询交易对象的信用账户，当查到交易对象有过欺骗行为时，根据贝叶斯法则，会修正交易对象是好人的先验概率，有过欺骗行为的人是好人的概率将降低，如果该概率降低到 2/3 时，将不再信任这个交易对象，放弃与之交易是理性选择。如果查到交易对象的信用账户没有任何欺骗记录，则会信任这个交易对象。

每一交易主体处在无限重复博弈中和不同的匿名交易对象交易。假设每一次诚信交易可获得 x_i 的收益，而欺骗时可以获得一个较高的短期收益 d，但欺骗信息将被征信系统记录，以后别人不再与之交易，他只能获得保留支付 e_0。在触发策略下，假设贴现因子为 δ，参与人欺骗时获得的支付现值为：

$$d + \delta e_0 + \delta^2 e_0 + \delta^3 e_0 + \cdots = d + e_0 \frac{\delta}{1 - \delta}$$

若采取诚信，则每期可获得 x_i 的支付，在无限重复博弈中获得的支付现值为：

$$x_1 + \delta x_2 + \delta^2 x_3 + \delta^3 x_4 + \cdots = \sum_{n=1}^{n} \delta^{n-1} x_n$$

只要 $\sum_{n=1}^{\infty} \delta^{n-1} x_n > d + e_0 \frac{\delta}{1 - \delta}$，诚信就成为参与人的理性选择。

当参与人的贴现因子 δ 大于一定程度时（即只要他的耐心足够大），诚信就是他的理性选择。

征信系统是匿名声誉机制的核心。在征信系统作用下，匿名交易主体之间也可以建立起诚信和信任。征信系统起到欺骗信息传递的作用，使得对具有机会主义行为风险的人的惩罚（不与之交易）得以实施，在这种机制下，每个交易主体都有保持诚信声誉的激励。

8.2 信任博弈

行为经济学和实验经济学广泛使用实验的方法测度行为人的信任。伯格等（Berg et al.，1995）的经典研究给出了测度信任行为的实验方法，即著名的信任博弈实验。该实验描述了一个委托代理关系的投资过程，在整个实验中，委托人和代理人都不直接接触而是通过电脑或实验组织者来传递信息。在可控的带有激励机制的实验环境条件下，由于实验参与人的双向匿名性，剔除了博弈双方的相互关系及社会因素，因此能够衡量出一个纯粹的信任水平。①

如图 8-2 所示，在信任博弈中，一开始委托人会从主持人处得到一

---

① CAMERER C F. Behavioral Game Theory：Experiments in Strategic Interaction［J］. Princeton：Princeton University Press，2003.

笔钱（或实验筹码）y，委托人可以选择 0 到 y 之间任何数额的钱 z 交给代理人，当委托人投资 z 时，代理人能自动得到 $3z$ 的投资收益，然后代理人可以选择一个从 0 到 $3z$ 的数额 x 还给委托人。最终投资人的收益为 $y-z+x$，被信任者得到的收益是 $3z-x$。没有正式的契约规定委托人应该给代理人投资多少钱，也没有契约规定代理人对委托人的返还额。

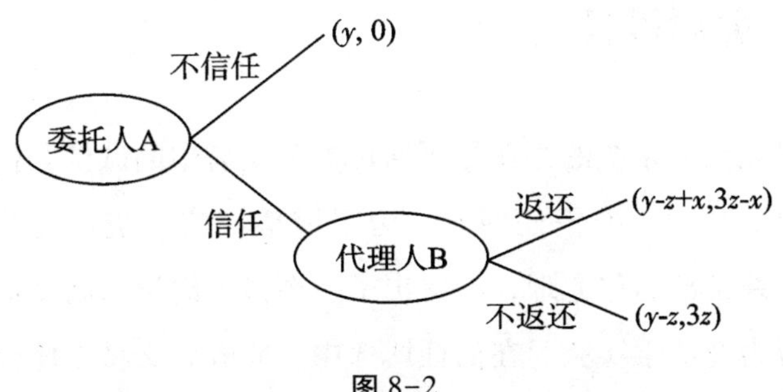

图 8-2

根据博弈论的逆向归纳法，在最后一阶段，代理人知道博弈是一次性的，根据理性原则，他应该保留所有的钱而不返还。逆推到第一阶段，委托人知道代理人是理性的，他就不会信任，不投资任何钱给代理人，即这个博弈的纳什均衡是委托人选择不信任，代理人选择不返还，双方无法建立信任。显然，这样的博弈结果对委托代理关系是不合意的，投资的价值没有被获取，毕竟每投资一单位，可以得到 3 倍的投资收益。上述分析只是一次性博弈的结果，如果双方建立起重复博弈，投资和返还是合意的，在重复博弈中，行为人有建立诚信声誉的激励。即使在匿名交易环境中，如果存在征信系统，交易主体可以从征信系统查询交易对象的信用记录，并据此决定是否合作，那么行为人有激励建立起诚信合作的声誉。

伯格等（1995）发现投资人往往选择信任对方而进行一部分投资，而代理人往往选择将一部分回报返还给投资人。后来的研究者用这个方法在世界各地做了很多实验，平均来看实验者会选择 0.5y 投资给代理人，而代理人会选择返还一个略小于 0.5y 的值给委托人，而且返还额与投资额成正比。

伯格等（1995）的实验度量是将委托人投资的比例作为其社会信任的度量，即 z/y，而将代理人返还的比例 $x/3z$ 作为诚信的度量，这一信任的实验度量成为实验经济学领域的普遍方法。

8.3 实验设计

为了研究征信系统的存在是否增进匿名交易中的诚信和信任，我们借鉴伯格等（1995）的信任博弈。为了模拟征信系统带来的影响，我们根据征信系统的运作原理，抽象出了一个极为简洁却高度概括征信系统特征的行为经济学实验。在信任博弈中，向匿名交易主体公布对方的行为数据，这一信息公布可以反映交易主体的行为特征。信息公布成为双方的共同知识，被公布行为数据的一方会考虑到该信息公布对对方行为的影响，从而也会影响到自己的行为。

实验包含一个基准组、一个实验组，为保证实验的可信度，每组实验我们都招募了 36 位学生被试，平均每场实验时长为 1 个小时。我们根据被试参与实验的真实表现给予相应的报酬，平均来说，每位参与者获得了 35.7 元人民币的报酬，远高于当地 15.7 元/小时的最低工资标准。因此，参与者有足够的激励做出真实反应。实验程序均采用国际流行的瑞士苏黎世大学开发的 z-Tree 软件编写而成。

对实验设计的具体说明如下：

		基准组	实验组
阶段 1			
	$1a$	信任博弈	信任博弈
	$1b$	信任博弈	信任博弈
	$1c$	信任博弈	信任博弈
	$1d$	信任博弈	信任博弈

		基准组	实验组
阶段 2			
	2*a*	信任博弈	征信系统
	2*b*	信任博弈	征信系统
	2*c*	信任博弈	征信系统
	2*d*	信任博弈	征信系统
阶段 3			
	3*a*	信任博弈	信任博弈
	3*b*	信任博弈	信任博弈
	3*c*	信任博弈	信任博弈
	3*d*	信任博弈	信任博弈

基准组和实验组均包含 12 轮实验。基准组的 12 轮全部采用信任博弈。为了实现匿名交易特征，搭配的实验对象随机匹配。委托人（Trustor）每轮一开始会自动得到 10 个实验筹码，委托人可以选择 0 到 10 之间任何数额的实验筹码 z（z 为整数）交给代理人（Trustee），当委托人投资 z 个实验筹码时，代理人能自动得到 $3z$。代理人在看到委托人的投资金额之前做出返还决策，在 3、6、9、12、15、18、21、24、27 和 30 这 10 种可能的情况（分别对应委托人投资 1、2、3、4、5、6、7、8、9 和 10 元）下填写愿意返还的金额，最后电脑会自动根据被试的真实投资额参照此前的返还意愿进行真实返还（投资额和返还额均为整数）。

实验组的 1~4 轮与 9~12 轮同样采用信任博弈，和基准组不同的地方体现在 5~8 轮。在 5~8 轮中，我们根据征信系统的特点进行了合理抽象，对标准的信任博弈进行了调整。征信系统的功能在于记录交易主体的历史信用信息，陌生的或初次合作的交易主体可以先查询交易对象的历史信用信息再决定是否参与合作。

我们对第 5 轮和第 6 轮进行如下设计：在第 5 轮的开始阶段，告知双方下一轮将公布本轮代理人（Trustee）的行为，包括投资 1~10 这 10 种可能情况下代理人的意愿返回额。在第 6 轮开始时，程序告知委托人（Trustor）本轮与之配对的代理人（Trustee）上一轮的返还情况。整个实验设计只对第 5 轮和第 6 轮有公布代理人行为的处理，且被全体被试共知。

行为人一般具有互惠偏好，投之以桃，报之以李，对于那些愿意信任代理人的委托人，代理人可能愿意给他们返还更多，以回报他们的信任。和愿意合作者保持合作，符合双方的利益。但是，对于陌生的交易对象，代理人得不到委托人的历史信息，不知道委托人是不是合作类型，若存在一个征信系统，则可以判断对方是否符合合作类型。

我们对第 7 轮和第 8 轮进行如下设计：在第 7 轮开始，我们告知双方下一轮将公布本轮委托人（Trustor）的投资数据。在第 8 轮的开始，程序向代理人（Trustee）公布与之匹配的委托人在上一轮的投资额，然后下一轮进入标准的信任博弈。上述信息被全体被试所共知（见图 8-3~图 8-8）。

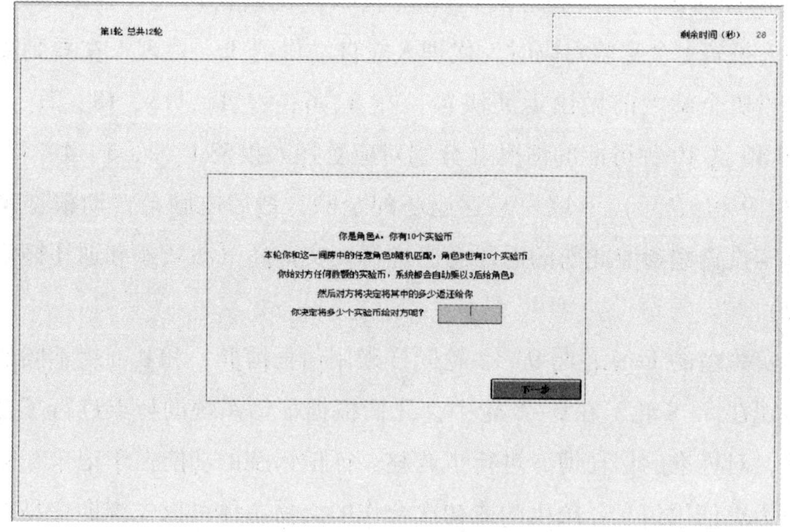

图 8-3　角色 A 的投资界面

第1轮 总共12轮

剩余时间（秒） 39

你是角色B，在对于左边对方各种可能数额的情况下，请在右边相应的输入你愿意返还给对方的数额。决策结束后，电脑将按照角色A的真实决策情况决定你们的收益。

对方给你的数额	你相应的收益	你愿意返还对方的数额
0	0	0
1	3	
2	6	
3	9	
4	12	
5	15	
6	18	
7	21	
8	24	
9	27	
10	30	

下一步

图 8-4　角色 B 的返还界面

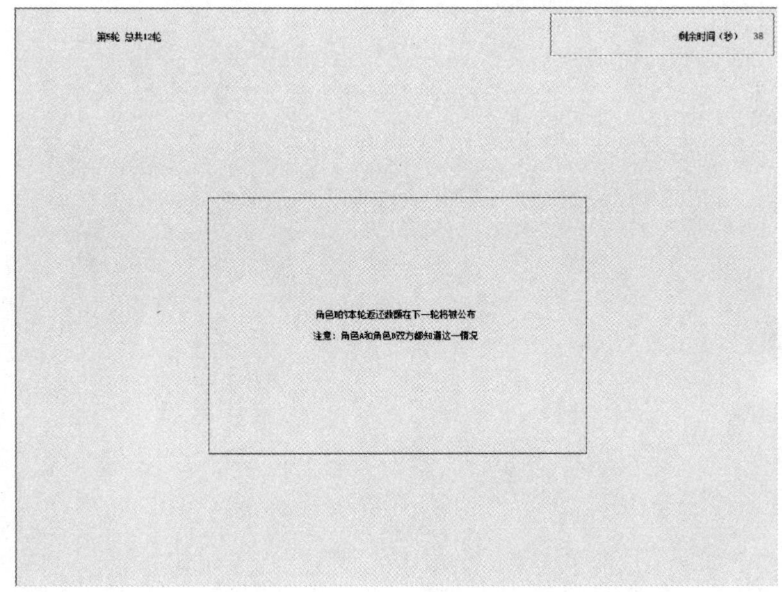

图 8-5　第 5 轮的提示界面

第6轮 总共12轮　　剩余时间（秒） 59

本轮你看到的是角色B上一轮的返还数额

注意：角色B本轮的返还数额下一轮不公布！

角色A给角色B的数额	角色B相应的收益	上一轮角色B真实返还给角色A的数额
2	6	3

角色A可能给角色B的各种数额	角色B相应的收益	上一轮角色B愿意返还对方的数额
0	0	0
1	3	2
2	6	3
3	9	4
4	12	5
5	15	6
6	18	7
7	21	8
8	24	9
9	27	10
10	30	11

你是角色A，你有10个实验币

本轮你和这一间房中的任意角色B随机匹配，角色B也有10个实验币

你给对方任何数额的实验币，系统都会自动乘以3后给角色B

然后对方将决定将其中的多少返还给你

你决定将多少个实验币给对方呢？

下一步

图 8-6　第 6 轮角色 A 看到角色 B 的征信记录

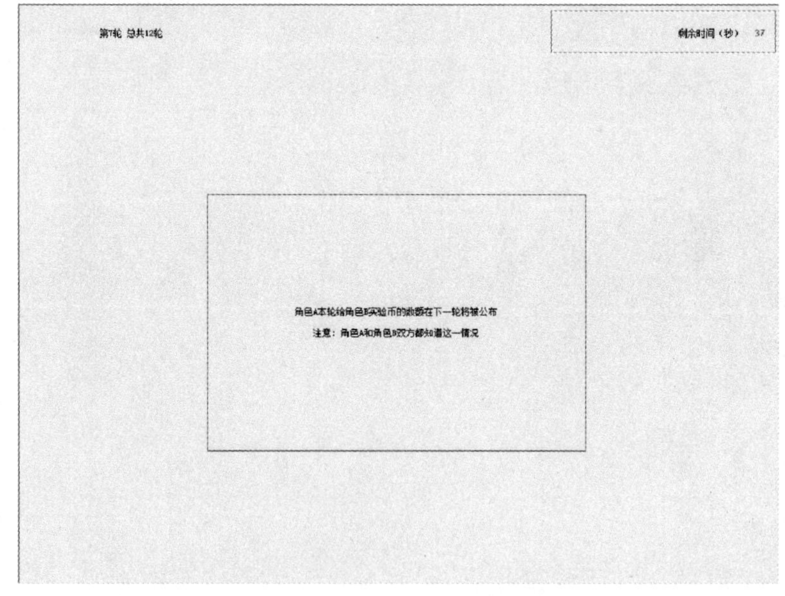

图 8-7　第 7 轮的提示界面

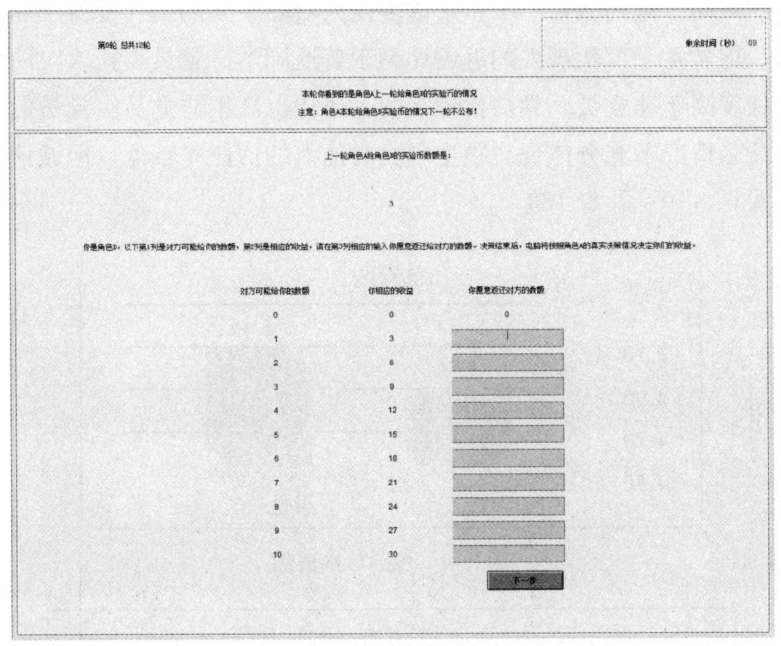

图 8-8　第 8 轮角色 B 看到角色 A 的征信记录

8.4　实验结果

8.4.1　影响信任和诚信的因素

基准组和实验组前 4 轮均为标准的信任博弈。据前 4 轮的实验数据，委托人（Trustor）的平均投资额为 4.81，即投资比为 0.481，与国际文献的同类研究相比，数据大致处在中间水平。而代理人（Trustee）的返还比平均为 0.32，处于较低的水平。这说明我国的信任程度大致处于平均水平，但诚信水平明显不足。

联系到个体特征，男性委托人的投资额比女性高，男性代理人的返还比也比女性高。家庭财富高于平均水平的委托人（Trustor）投资水平较高，对他人越信任。而家庭财富低于平均水平的代理人（Trustee）的返还比最高，最为诚信。学生干部委托人对陌生人的信任度低于非学生干部，但学生干部代理人的返还比高于普通同学。党员委托人对陌生人的信任度高于非党员，党员代理人的返还比也高于非党员。党员的先进性在匿名情况下充分体现。独生子女对他人的信任度较低，但诚信度较高（见图 8-9~图 8-18）。

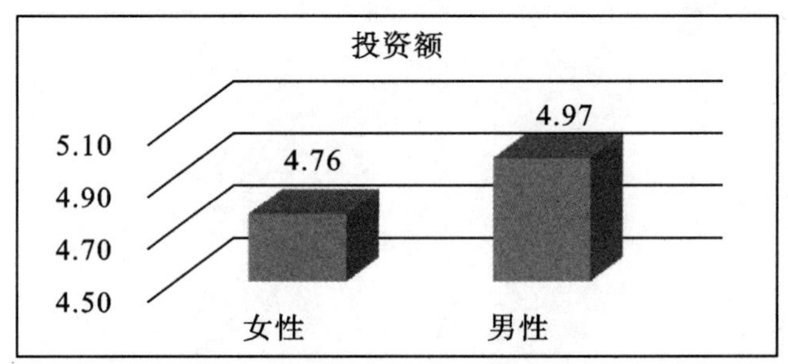

图 8-9　性别与投资额

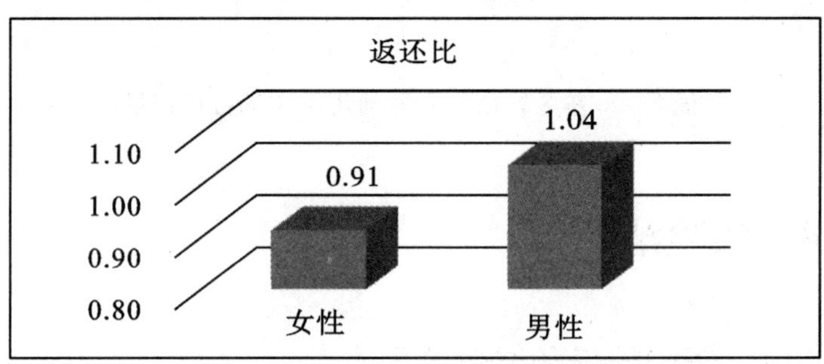

图 8-10　性别与返还比

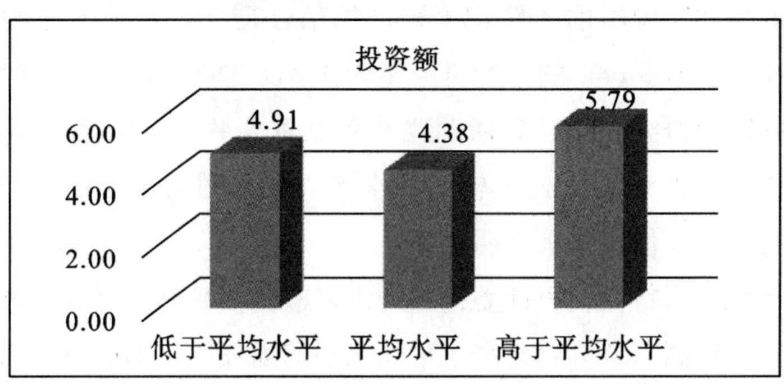

图 8-11　家庭财富水平与投资额

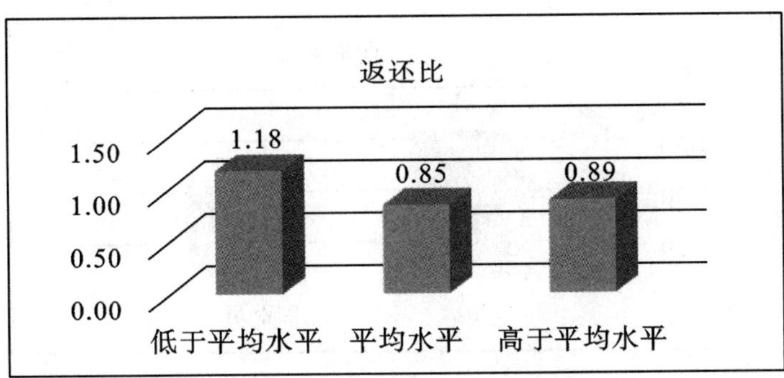

图 8-12　家庭财富水平与投资额

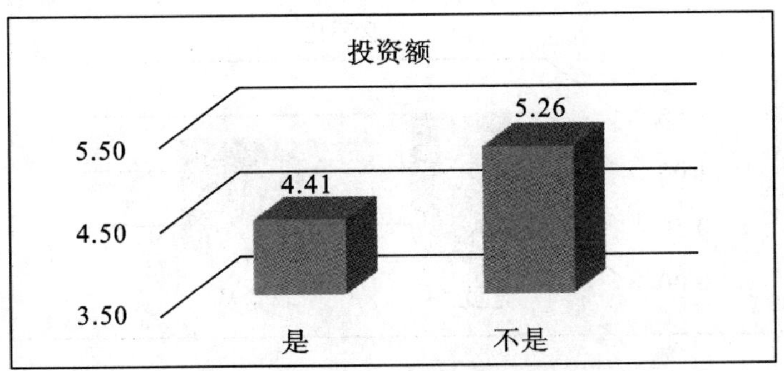

图 8-13　是否为学生干部与投资额

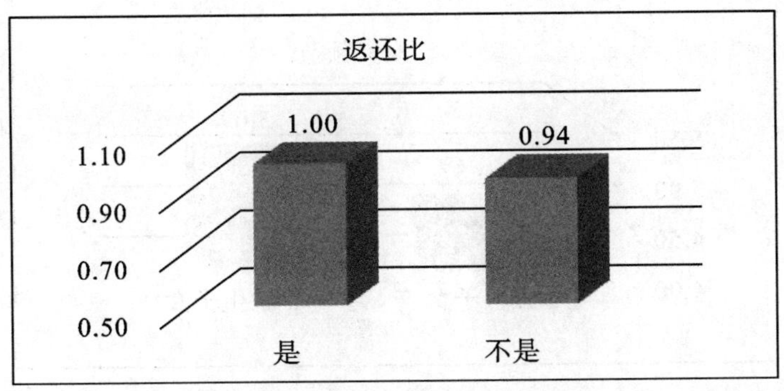

图 8-14　是否为学生干部与返还比

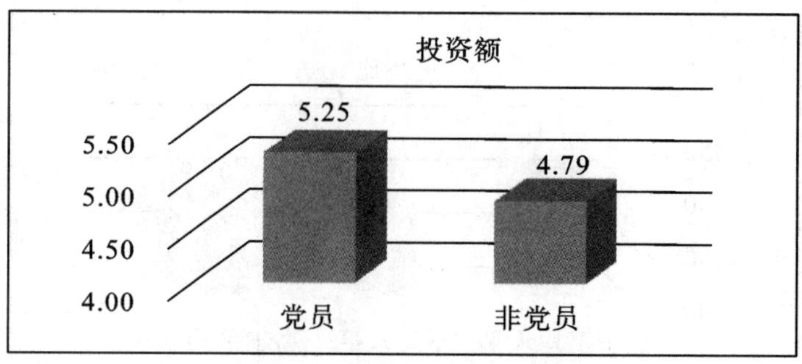

图 8-15　是否为党员与投资额

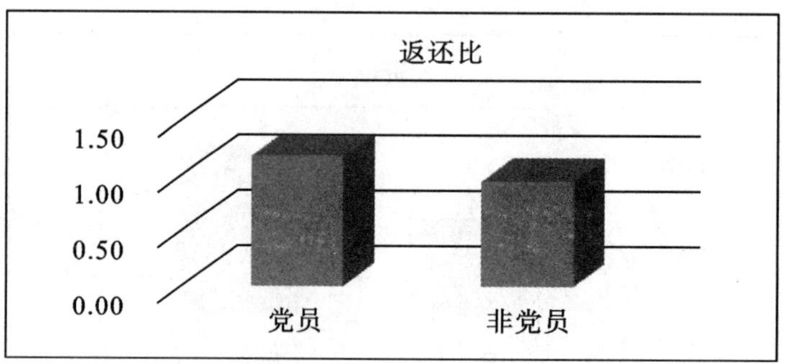

图 8-16　是否为党员与返还比

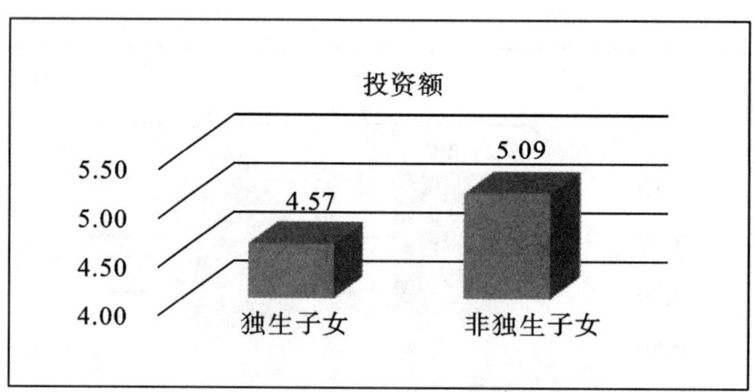

图 8-17　是否为独生子女与投资额

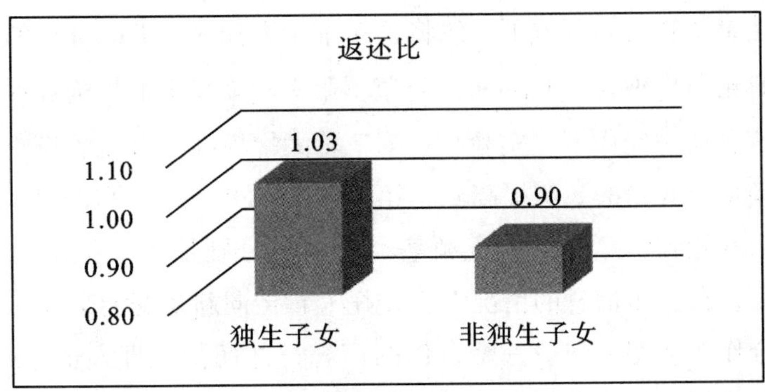

图 8-18 是否为独生子女与返还比

8.4.2 征信系统对信任和诚信的影响

图 8-19 汇报委托人（Trustor）在 12 轮中的投资情况，纵轴为投资额，横轴为轮次，一定程度上反映委托人对代理人的信任程度。

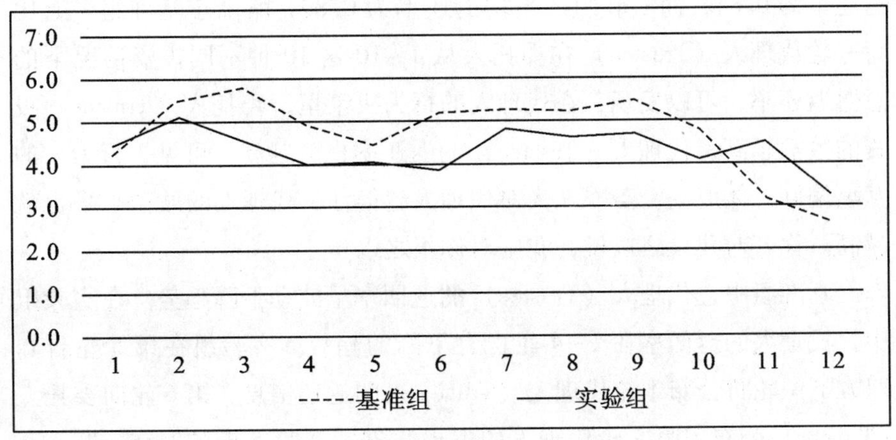

图 8-19 委托人 12 轮投资情况

总体来说，基准组 12 轮的平均投资额为 4.7 元，实验组的平均投资额为 4.3 元。基准组和实验组委托人（Trustor）的投资额在 12 轮中均有所波动，并且在最后一轮（第 12 轮）有一个较为明显的下降。这符合有限重复博弈最后一轮不再考虑未来，因此趋向回归理性的特征。

实验组在第 7 轮告知双方下一轮将公布本轮委托人（Trustor）的投资信息，第 8 轮向代理人（Trustee）公布了第 7 轮委托人的投资数据。在公布投资信息这一操作下，实验组在第 7 轮大幅提高了自己的投资额，平均投资额从第 6 轮的 3.9 提高到了第 7 轮的 4.8，提升了 23.1%，而基准组从第 6 轮到第 7 轮的投资额基本持平（分别是 5.2 和 5.3）。其原因可能是，在公布信息的情况下，委托人希望向新搭配的交易对象显示自己是合作的类型，塑造一个合作的声誉，并期待代理人也走进合作。可见，对委托人的投资信息进行公布，可显著提高委托人的投资水平，意味着委托人对代理人的信任水平提升。实验得知，征信系统可以有效提高匿名市场交易的信任水平。

实验得出了基准组、实验组中代理人（Trustee）面对委托人（Trustor）分别投资 1、2、3、4、5、6、7、8、9、10 时的意愿返还率。[①] 整体上来说，在 12 轮中，基准组在 1~10 这 10 种情况下的平均返还率为 0.84，而实验组的平均返还率为 0.89，略高于基准组。对比每一轮代理人（Trustee）在委托人从 1~10 这 10 种不同投资情况下的意愿返还率，可以发现，在代理人的行为决策里，委托人（Trustor）投资的数额越高，代理人（Trustee）的返还率也就越高。可见，行为人的互惠偏好总体成立，若委托人对代理人越信任，代理人的诚信水平也就越高。你若对我投之以桃，我则对你报之以李。

基准组中，代理人（Trustee）的返回率呈波动下降趋势。在实验组中，代理人的返回率在 1~4 轮也有下降的趋势。实验组在第 5 轮告知双方下一轮将公布本轮代理人（Trustee）的返还信息，第 6 轮向委托人（Trustor）公布了第 5 轮代理人的返还数据。在第 5 轮的时候，Trustee 的意愿返还率有较大幅度提升，对于 10 种投资选择情况（1~10 元）都是如此（见表 8-1）。

---

① 此处使用返还率这一相对指标的原因是便于进行横向和纵向的比较，使用返还额这一绝对指标则较难进行比较。

表 8-1　　第 4~5 轮代理人意愿返还率变动的详细情况

	1	2	3	4	5	6	7	8	9	10
基准组	0.00	0.03	0.07	0.13	0.08	0.08	0.10	0.05	0.07	0.11
实验组	0.22	0.31	0.28	0.28	0.24	0.19	0.27	0.20	0.28	0.28

第 6 轮及以后的代理人数据不会再公布，代理人（Trustee）的意愿返还率在第 6~8 轮又出现大幅下降，这一现象在基准组中并未出现，这说明实验组代理人在第 5 轮的高返还率与公布其行为信息有关。根据实验结果，我们得知，征信系统可以促进代理人的交易诚信。

在经历了 5~8 轮的征信阶段后，实验组在 9~12 轮中并没有出现和基准组一样明显的下降趋势，整体上呈现出在一个水平附近上下波动的情况，这说明即使取消公布代理人的信息，之前第 5 轮、第 6 轮对代理人信息的公布对之后的代理人行为仍然存在一个长期的影响。征信系统似乎起到一个教育或威慑作用，“要诚信交易，你的不诚信是可以被记录的”。就像警察没有每天都盯着你，但只要有警察这样的机制，就足以教育或威慑你不做坏事。

8.5　征信机构本身的诚信问题

征信系统是匿名声誉机制的核心。人们根据从征信机构获得的信用信息做出信任决策，这一逻辑背后，假设征信机构是诚信的，征信机构客观公正地获得和提供行为主体的信用记录。事实上，中间组织也可能不诚信。例如，房屋中介这样的中间组织经常曝光不诚信经营。如果征信机构提供虚假信用报告，就会误导交易主体的交易决策而导致交易风险。

加强对征信机构的监管和法律惩戒，可以部分解决征信机构的诚信经营问题。政府管制和司法制度的逻辑是一致的，制度主义的逻辑是人应该按规则行事，否则将面临规则的惩罚。政府对违反规则的行为进行管制，法律对违反规则的人实施制裁。对具有欺骗行为的征信机构依法进行惩罚，罚款、吊销营销执照甚至监禁等更为严重的惩罚，可以部分制约征信机构的欺骗行为。主流的观点认为司法是正义的守护神。

制度主义背后，有一个假想的无处不在、无时不有的万能的监管者在实施规则。然而，真的存在万能的大公无私的监管者吗？我们的回答是否定的，因为所有的监管者都是行为人，在经济学上叫“经济人”，在利益上追求利益最大化，在成本上面临成本约束，在信息上面临信息约束，在体制上面临制度约束。监管者可以多监管，也可以少监管，可以是好的监管，也可能是坏的监管。于是就产生了第二个问题，谁来监管监管者？如果说 B 是监管者，制度上设计由 A 监管 B，那么第三个问题又产生了，谁又来监管监管者 A 呢？谁来监管监管者在全世界都是无解的问题。

我们先看政府管制。政府管制创造一个规范、良好的市场环境，这是典型的正外部性行为。正外部性是说经济行为的成本由自己承担，经济行为给别人（外部）带来了好处，别人没有因为获得好处而对这一经济行为做出补偿。如图 8-20 所示，该经济活动存在外部价值，因此社会价值大于私人价值。私人成本和私人价值决定其私人产量，而私人成本和社会价值决定社会合意的产量，可以看出，正外部性的市场结果是私人决策产量低于社会最合意的产量。在市场中，人们总是觉得正外部性的行为少了，如慈善、环保、教育、做好事等。显然，征信业监管也是如此。

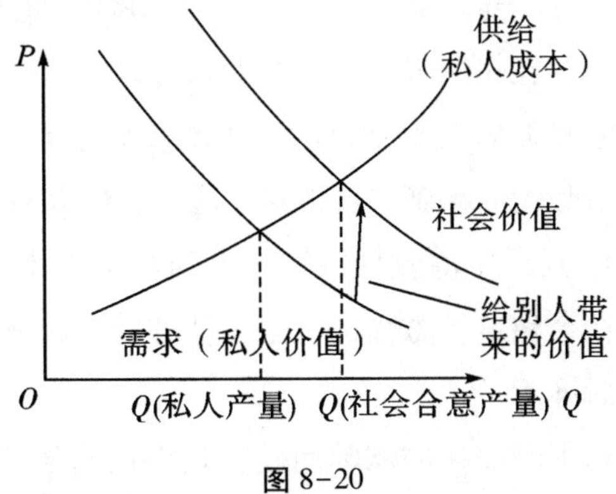

图 8-20

诺贝尔经济学奖获得者施蒂格勒、贝克尔等人基于美国的经验提出了“规制俘虏理论”。该理论认为，规制的提供正是适应产业对规制的需求，规制者被规制中的产业控制和俘获，不管规制方案如何设计，规制提高了产业利润而不是社会福利。规制者并不是追求公共利益最大化，而是私人利益最大化。监管者与被监管者其实是猫与老鼠的关系。消灭老鼠，并不符合猫的利益，在金钱的攻击下，猫不但不抓老鼠，猫与老鼠甚至可能成了朋友，监管若隐若现、若有若无，这就是监管的真实写照。

我们再看司法。在理论上，基于国家强制力实施的法律规则可以实施惩罚机制，改变交易主体的行动空间或支付函数，从而改变均衡结果①，法律可以建立起诚信。但是，法律对交易治理的有效性建立在法律本身的有效性上。司法制度遵循“不告不理”和“一事一议”的原则。只有个人认为自己的权益遭受侵犯时，在受害者的诉讼请求下，法院才会介入。法院不能主动处罚欺骗行为，民不告，法不究。

在征信行业，若个人认为权益被侵犯，要诉诸法律并不容易，法律执行是有成本的，法律规则的建立往往滞后于市场发展，常常无法可

---

① BASU B B. The Spontaneous Evolution of Commercial Law [J]. Southern Economic Journal, 1989, 55: 644-661.

依。司法原则又讲究“谁主张，谁举证”，要证明征信机构提供的信用报告虚假并不容易。在司法诉讼中，个人和资本之间根本无法进行平等的诉讼，法院常常是偏向资本企业的，法律并不能阻止强者欺凌弱者，资本企业可以聘请强大的律师，可以对立法者、法官和陪审团行贿。在社会的价值判断中，往往也容易牺牲个人的利益而维护企业、企业员工、国家税收、社会稳定等方面的利益。法律是冲突解决的最后屏障，但并非可靠的最后屏障。

对于征信机构可能存在的欺骗问题，我们仍然强调多边声誉机制，把征信机构视为交易主体，在征信系统中也有其信用账户。任何人若从征信机构获得虚假信息而受损，他将这家征信机构欺骗的信息传递给行业协会和征信系统。一方面，行业协会将实施集体惩罚，行业内一个机构的欺骗行为可能搞臭整个行业的声誉，行业协会有激励采取措施对不良征信机构做出处理；另一方面，这家征信机构在征信系统中将存在不良记录，其潜在交易对象可以实施多边惩罚，最好的惩罚是中断与之交易，使之失去生存的基础。在这种机制下，诚信成为征信机构的理性选择。

8.6 结语

随着经济的发展、城市化的推进和全球化的深入，市场交易的范围不断扩大，匿名市场交易不断扩展。如何治理匿名市场交易，建立有效的市场经济秩序是中国特色社会主义市场经济的重要内容。

市场与法制的关系，已经深入人心，市场交易建立在法制的基础上，法律保护产权和契约执行，司法是正义的守护神。但法律也有其局限性，如司法的成本、有些事实的不可证实性、执法者的公正与监督问题等。

我们主张，在法律之外，依靠私立秩序也可以实现部分的匿名市场交易治理，在征信系统的作用下，匿名声誉机制可以运行，人们从征信系统查询匿名交易对象的信用记录，并据此决定是否与之交易。人们的风险规避特征会让他们避免和信用记录不良的人交易。人的生存依赖于无限重复的匿名市场交易，如果信用记录不良会失去交易对象，那么每个人都有激励保持诚信的声誉，即使是坏人也尽力装成好人与他人诚信交易。

我们模拟了一个体现征信系统的实验，在信任博弈实验的基础上，对委托人的投资信息进行公布，可以显著提高委托人的投资水平，这表明征信系统可以有效提高匿名市场交易的信任水平。对代理人的返还信息进行公布，可以明显地提高代理人的意愿返还率，这表明征信系统可以促进代理人的交易诚信。即使在实验组取消信息公布的操作之后，代理人的返还率仍然表现出和基准组不一样的特征，征信系统可以起到一个教育或威慑的作用，只要让行为人知道有一个机制叫征信系统，就可以起到教育或威慑的作用。

9 结论与对策建议

9.1 结论

按照古典经济学的斯密传统，分工是经济发展的源泉，分工受限于市场范围。亚当·斯密将市场范围与运输效率联系在一起，因为运输可以在一定程度上解决市场范围的问题。杨小凯等发展的新兴古典经济学把斯密传统和科斯的交易费用理论结合在一起，交易效率促进分工演进，从而促进经济发展。杨小凯等吸收了新制度经济学的制度因素，认为交易费用既包括外生交易费用，也包括内生交易费用，前者指运输效率意义上的交易费用，如交通、通信等物流设施；后者则指交易有关的制度因素。我国近年推进的供给侧改革符合古典增长思维，即强调市场配置资源，强调降低交易费用，强调制度改革，激活市场供给要素的活力。

分工专业化和市场交易是同一硬币的两面，分工发展必然导致交易扩张。我们分析了具有禀赋差异的经济主体，可以通过交换获得更高的效用，即贸易双赢。交易费用、交易效率与经济发展的逻辑遵从斯密-科斯框架，我们获得数据构筑交易效率指数，交易效率指数由外生交易费用指标和内生交易费用指标构成，前者包括运输条件、通信条件和服务业三项指标；后者包括市场效率、政府效率、法律制度和国民教育四项指标。我们测度了各省（市、区）的交易效率，北京、天津、河北位列前三，青海、宁夏、新疆位列后三位。相关系数说明，分工水平与交易效率呈明显的正相关关系，而经济发展水平与分工水平呈明显的正相关关系。

随着分工的发展，市场交易扩张，交易从人格化交易扩张到非人格化匿名交易，熟人社会的关系型治理可能逐渐瓦解，市场交易需要治理机制应对匿名交易中的产权保护和契约执行。我们采取威廉姆森（Williamson，1985）对“契约人”的行为假设进行研究，即有限理性和机会主义行为，这两点基本上反映了人类的本质特征。在有限理性和机会主义行为假设下，需要有效的制度机制来治理交易，以约束人的机会主义行为。制度可以分为正式制度和非正式制度。正式制度对应于建构秩序，依靠正式的机制权威强制实施。非正式制度指人们在长期社会交往过程中自发形成，并得到社会认可和共同恪守的行为准则，可以称之为私序。

主流经济学强调法律是市场经济的基础，任何纠纷都假想存在万能的法律会加以解决，这叫法律中心主义。法律作为强制实施的正式规则，可以改变行为人的行动空间和支付函数，从而改变博弈的均衡结果，基于法律的惩罚机制可以实现诚信和信任。法律作为可以预见的结果对行为人起到威慑作用。因此，法律这样的正式机制是治理交易的一种手段。本书从世界价值观调查（WVS）获得社会信任度指标，从世界正义工程（WJP）获得法治指数，匹配国家数据，发现这两项指标呈现明显的正相关关系，法治指数越高的国家，其社会信任度也越高。然而，主流经济学经常忽视了法律可能存在的种种局限性，如法律执行是有成本的，法律规则的建立往往滞后于市场发展，常常无法可依；由于有限理性和不完全信息，合同是不完备的，有些违约行为无法证实，司法公正和判决的执行也是问题；等等。法律还有一个天生未解的难题，强调法律是假想存在一个天使般的执法者，若执法者也是理性人，那么监管执法者就是必要的，这使问题更进一步——谁来监管监管者？

声誉机制始终是治理交易的有效手段。正式机制有其局限性，非正式的自发秩序也是实现交易治理的有效途径。声誉机制是主要的非正式秩序。人们在长期的市场交易中，有激励保持诚信的声誉。声誉机制依赖于有效的信息传递和惩罚手段。若欺骗信息无法传递，人们无法识别交易主体的声誉状况，轻易信任他人易陷入受骗的境地，因此欺骗有恃无恐，人们普遍不信任。若对欺骗者的惩罚难以实施，会导致同样的结果。一般来说，声誉机制在熟人社会运作良好，如乡土社会、社团组织、俱乐部等。声誉机制包括单边声誉机制、双边声誉机制和多边声誉机制。单边声誉机制是指自觉维护自己的声誉，已内在化为个人的道德修养，是自我实施的自律行为。双边声誉机制基于双边惩罚，在双边的无限重复博弈中参与人为了长期利益保持诚信的声誉。多边声誉机制基于多边惩罚或集体惩罚。多边声誉机制可以区分为熟人社会的多边声誉机制和匿名社会的多边声誉机制。熟人社会的多边声誉机制已成共识，我们认为匿名社会也可以实现信息传递和多边惩罚，前提是需要建立起覆盖全社会的征信系统。匿名交易主体通过征信系统查询交易对象的声誉信息，避免与信用记录不好的人交易，中断与欺骗者交易就是一种自我实施的惩罚。在这种机制下，交易主体有激励保持诚信的声誉，社会信任也会重建起来。我们把匿名社会的声誉机制称为匿名声誉机制。

在不完全信息情况下，即使重复博弈的次数是有限的，只要博弈次数足够大，人们也有激励建立起合作的声誉，合作在有限重复博弈中仍然可以出现。即使是坏人，因为不完全信息，他可能在重复博弈开始时装作好人，保持合作，直到最后阶段才暴露坏人本性。在这种情况下，发送信号至关重要，人们会根据接收的信号对参与人的类型做贝叶斯修正，好人发送好人的信号，维护自己是好人的声誉，坏人也可能发送好人的信号，掩盖自己是坏人，装扮自己是好人，从而获得一些合作的机会。在连锁店悖论这样的博弈中，参与人可以利用不完全信息，开始阶段发送好斗的信号，从而建立起好斗的声誉。

乡土熟人社会的交易治理，体现了熟人社会的多边声誉机制。乡土社会是熟人社会，人口流动性小，信息传递快，差序格局，容易实施多边惩罚。村庄的流言蜚语可以迅速传递信息，人们会避免与口碑不好的人交往，这就构成一种多边惩罚。我们在问卷星网站上发布问卷，针对来自农村的受访者调查，共收集到489份有效问卷。调查发现，在乡土熟人社会，道德自律是绝大多数村民的行为理念。当出现交易纠纷时，采取法律、仲裁和行政解决的情况有，但比较少，双方协商解决交易纠纷比较普遍，民间调解（如长辈、邻里、村里能人、村干部等）解决纠纷也比较普遍。力量较弱的一方可能选择忍让、回避或逃避，骂街、咒骂的情况也较为常见，但通过暴力解决纠纷的还是很少。在乡土熟人社会，协商和解、忍让、逃避可能比暴力相向、骂街这样的自我解决更为普遍。可见，在熟人社会，单边声誉机制、双边声誉机制和多边声誉机制都发挥着作用。

城市匿名社会的交易治理，法律当然起到重要的作用。在法律之外，匿名声誉机制也可以实现诚信交易。若存在一个征信系统，匿名交易主体从征信系统查询交易对象的信用账户，根据其过往的声誉状况决定是否与之交易。信息传递通过征信系统完成，惩罚通过交易主体自发实施，中断与声誉不佳的交易对象交易，就是一种惩罚。我们模拟了一个体现征信系统的实验，在信任博弈实验的基础上，对委托人的投资信息进行公布，可显著提高委托人的投资水平，这表明征信系统可以有效提高匿名市场交易的信任水平。对代理人的返还信息进行公布，可以明显地提高代理人的意愿返还率，这表明征信系统可以促进代理人的交易诚信。即使在实验组取消信息公布的操作之后，代理人的返还率仍然表现出和基准组不一样的特征，征信系统可以起到一个教育或威慑作用。对于征信机构本身的诚信问题，法律、政府管制、行业自律可以发挥一定的作用，在征信系统作用下，多边声誉机制仍然可以抑制征信机构本身的欺骗。

9.2 对策建议

本书的政策含义可以落脚到三个方面：其一，提高交易效率，促进分工发展，是促进经济增长的手段，这是古典式增长途径，供给侧改革符合古典式增长思维。其二，加强法制建设，可以实现交易的有效治理，制度建设可以降低内生交易费用，促进分工发展和经济繁荣。其三，不可忽视法律天生的局限性，声誉机制是治理交易的有效手段。华人社会对熟人社会的声誉机制早已司空见惯，但匿名社会的声誉机制至今没有建立起来。我们呼吁投资建设覆盖全社会的征信系统，要像建设铁路、公路、机场等基础设施建设一样，重视建设覆盖全社会的征信系统。

9.2.1 提高交易效率，促进分工发展

按照杨小凯对交易费用的分类，交易费用可分为外生交易费用和内生交易费用。降低交易费用，提高交易效率，可以促进分工发展，分工正是经济增长的源泉。

外生交易费用是在交易过程中直接或间接发生的客观存在的实体费用，如运输、信息、谈判成本、合同签订成本等。科斯认为，交易费用应包括度量、界定和保障产权的费用；发现交易对象和交易价格的费用；讨价还价、订立合同的费用；督促契约条款严格履行的费用。对此，我们建议：

第一，加强交通基础设施建设，提高运输效率，降低物流成本和运输时间。我国应加强铁路、公路、机场建设，构建四通八达的交通网络，有条件地区实现海、陆、空联运；加快高铁、高速公路、城际快铁、城市轨道交通等交通设施的建设，扩大投资本身可以促进经济增长，长期内，这些资产有利于增强经济发展的后劲。

第二，加强通信基础设施建设，构建具有先进技术水准的电信网

络、无线通信网络，加大通信网络的区域覆盖，实现“三网”融合，提高网络容量，提高速度，降低电信资费。

第三，加强油、气、电等管网建设，提高能源输送能力、稳定性，降低费用。

第四，大力发展中介服务业或第三方服务业，提高交易契约过程中的专业化分工水平，如信息搜寻、评估、谈判、比价、支付、物流配送、售后服务外包等。

内生交易费用是因为机会主义行为引起的交易费用。内生交易费用可以通过制度改革而降低。对此，我们建议：

第一，界定和保护产权。有“恒产者有恒心”，产权明晰可以定纷止争，保护私有财产的制度，可以限制人们对财产的争夺。对知识产权、专利权的保护，可以鼓励知识、技术创新。

第二，减少政府的机会主义行为。政府对民众财产的掠夺和征用，会降低民众创造的热情。政府不诚信、巧取豪夺、腐败会间接鼓励民众的机会主义行为，上梁不正下梁歪，既然通过贿赂政府就可以解决问题，就没有谁有积极性诚信经营了。因此，政府要依法行政，把权力关进制度的笼子里，保持政策的透明、稳定。

第三，加强法制建设，打击机会主义行为，建立诚信经营的氛围。国家须对侵犯生命、财产、自由等人身权利的种种机会主义行为严厉打击，形成威慑。

第四，放开市场竞争，鼓励理性决策。在市场竞争中，机制设计可以解决机会主义行为。例如，信息不对称会产生道德风险和逆向选择问题，通过一定的合约设计，会激励参与人避免机会主义行为。

9.2.2 加强法制建设，实现交易的有效治理

好的市场经济离不开好的法制，法制保护产权和契约执行，是市场经济的应有之意。本书分析过法律实施的一些局限性，法制建设可以从

缓解这些局限性着手。对此，我们建议：

第一，加强立法，促进有法可依。立法部门要与时俱进地推进立法，修订不合时宜的法律，紧跟时代变化，推进立法进程，加快立法速度，尽量做到有法可依。

第二，严格执法，违法必究。法律部门要加大对侵犯产权和契约的违法活动的打击力度，执法必严，违法必究，提高司法效率，加快审判速度，加强判决执行力度，形成遵纪守法、依法依规的良好氛围，对违法犯罪活动形成强有力的威慑。

第三，执法与司法公平、公正。法律部门要公正执法，形成透明、公平、公正、文明的执法氛围，防止执法、司法部门的腐败，保障人民的产权和契约自由。国家应推进独立审判，使司法免受任何组织的干预，加快推进巡回法庭制度、异地审判制度。

第四，依法行政、依宪施政。行政部门要在宪法及法律的框架内行政，把权力关进制度的笼子里。任何组织、任何部门要尊重宪法的权威，依宪施政，绕开宪法施政可能陷入政府机会主义，造成上梁不正下梁歪的局面。

第五，加大法律援助、司法救助力度。国家应降低司法门槛，防止经济困难或有特殊困难的人无法行使正当的法律权利。

9.2.3 建设覆盖全社会的征信系统

在理论上，即使在匿名社会，只要有覆盖全社会的征信系统，即使法律存在局限性，也可以实现诚信交易。我国欺骗等犯罪活动一定时期内盛行与缺乏这样的征信系统有关。对此，我们建议要像建设铁路、公路、机场等基础设施一样，建设覆盖全社会的征信系统。对此，我们建议：

第一，大力发展征信业。发展征信业是大势所趋，而且潜力巨大，我国应通过多种途径发展征信业，鼓励民营资本进入征信行业。

第二，加快完善征信相关的立法工作，使征信工作有法可依。目前，我国征信业法律体系尚不完善，《征信业管理条例》是粗线条的法规，在个人隐私权保护和合法征集信用信息之间难以区分。我国应该立法规范经济主体信用信息的收集、记录、开放和使用。我国对收集、记录、开放经济主体信用信息的征信机构应立法加以规范，依法加以监管。

第三，建立机制协调共享各行政部门的信用数据库。我国应成立社会信用体系建设领导小组，建立起协调共享各行政部门信用数据的机制，组织建设统一的信用数据检索平台。

第四，建立信用信息收集和评级标准。我国应建立信用信息收集和评级的标准体系，明确收集、记录、开放个人、企事业单位、政府部门信用信息的标准；建立信用评级标准，根据信用主体的信用记录，确定其信用等级，甚至建立“黑名单”和“红名单”制度。

第五，加大征信体系建设的信息化投入，建设覆盖全社会的征信系统。目前，与信用有关的信息分散在各个部门，如工商、税务、交通、银行、证券、公安、法院等，由于多头管理、技术标准不一致、数据无法共享、不对外开放，造成大量信息资源的浪费。我国应建立统一、开放的征信数据检索平台，各部门的信用数据库要互联互通，统一服务标准。

第六，宣传推广征信工作。我国应加强对征信工作的宣传力度，广泛宣传征信体系的意义和作用，为征信体系建设创造良好的社会条件和舆论氛围。我国应引导交易主体向征信系统查询交易对象的信用记录。

第七，通过法律、征信业主管部门和征信行业本身，共同确保征信机构的诚信。我国应完善征信相关的法律法规，成立征信行业协会，与征信业主管部门一起确保征信机构本身的诚信。在征信体系中，征信机构本身也是经济主体，也有其信用账户，不诚信的征信机构将被市场淘汰。

第八，构建诚实守信的社会环境。

目前对不诚信行为的处罚措施难以有效地治理失信行为，需要建立起多部门联动监管机制，在市场准入、银行贷款、航空、网络、消费等领域实现“一处失信、处处受限”，让失信者真正付出代价。

参考文献

[1] 安德烈·施莱弗，罗伯特·维什尼. 掠夺之手——政府病及其治疗［M］. 赵红军，译. 北京：中信出版社，2004.

[2] 阿夫纳·格雷夫. 大裂变：中世纪贸易制度比较和西方的兴起［M］. 郑江维，等，译. 北京：中信出版社，2008.

[3] 阿林·杨格，贾根良. 报酬递增与经济进步［J］. 经济社会体制比较，1996（2）：52-57.

[4] 彼得·林德特，郇雷. 民主制度如何影响经济发展［J］. 国外理论动态，2012（12）：23-32.

[5] 曹曦. 法律、信任与经济增长［D］. 成都：西南财经大学，2013.

[6] 陈柏峰. 暴力与屈辱：陈村的纠纷解决［J］. 法律和社会科学，2006（1）：199-233.

[7] 陈叶烽，叶航，汪丁丁. 超越经济人的社会偏好理论：一个基于实验经济学的综述［J］. 南开经济研究，2012（1）：63-100.

[8] 大卫·李嘉图. 政治经济学及赋税原理［M］. 丰俊功，译. 北京：光明日报出版社，2009.

[9] 唐·布莱克. 社会学视野中的司法［M］. 郭星华，等，译. 北京：法律出版社，2002.

[10] 道格拉斯·诺斯，罗伯特·托马斯. 西方世界的兴起［M］.

厉以宁，蔡磊，译. 北京：华夏出版社，1999.

[11] 道格拉斯·C. 诺思. 经济史中的结构与变迁［M］. 陈郁，罗华平. 上海：上海三联书店，上海人民出版社，1995.

[12] 傅郁林. 中国基层法律服务状况的初步考察报告［J］. 北大法律评论，2004，6（1）：86-123.

[13] 费正清. 美国和中国［M］. 孙瑞芹，陈泽宪，译. 北京：商务印书馆，1987.

[14] 冯泰文. 生产性服务业的发展对制造业效率的影响——以交易成本和制造成本为中介变量［J］. 数量经济与技术经济研究，2009（3）：56-64.

[15] 樊纲，王小鲁，等. 中国市场化指数［M］. 北京：经济科学出版社，2001.

[16] 费方域. 契约人假定和交易成本的决定因素：威廉姆森交易成本经济学述评之一［J］. 外国经济与管理，1996（5）：26-29.

[17] 费孝通. 乡土中国［M］. 北京：生活·读书·新知三联书店，1985.

[18] 古德. 家庭［M］. 魏章玲，译. 北京：社会科学文献出版社，1986.

[19] 顾自安. 制度演化的逻辑［M］. 北京：科学出版社，2011.

[20] 亨利·勒帕日. 美国新自由主义经济学［M］. 李燕生，王文融，译. 北京：北京大学出版社，1985.

[21] 贺海仁. 自我救济的权利［J］. 法学研究，2005（4）：63-74.

[22] 何兵. 现代社会的纠纷解决［M］. 北京：法律出版社，2003.

[23] 黄少安，韦倩. 合作与经济增长［J］. 经济研究，2011（8）：51-64.

[24] 黄宗智. 长江三角洲小农家庭与乡村发展［M］. 北京：中华

书局，1992.

［25］贺雪峰. 论乡村治理内卷化——以河南省K镇调查为例［J］. 开放时代，2011（2）：85-101.

［26］霍布斯. 利维坦［M］. 黎思复，黎廷弼，译. 北京：商务印书馆，1985.

［27］哈特. 企业、合同与财务结构［M］. 费方域，译. 上海：上海三联书店，2006.

［28］黄少卿. 经济转轨中的合同执行［M］. 上海：上海远东出版社，2012.

［29］贾根良. 报酬递增经济学：回顾与展望［J］. 南开经济研究，1998（6）：29-34.

［30］姜爱东. 中国进一步强化基层司法所建设［J］. 中国法律，2006（3）：32-34.

［31］康芒斯. 制度经济学［M］. 于树生，译. 北京：商务印书馆，1997.

［32］孔泾源. 经济理性与体制变迁［J］. 经济研究，1989（12）：61-68.

［33］骆永民. 公共物品、分工演进与经济增长［J］. 财经研究，2008（5）：110-122.

［34］刘翠芳. 惩罚、声誉与重建信任［D］. 成都：西南财经大学，2011.

［35］梁治平. 乡土社会中的法律与秩序［M］//王铭铭，王斯福. 乡土社会的秩序、公正与权威. 北京：中国政法大学出版社，1997.

［36］梁漱溟. 中国文化要义［M］. 上海：上海人民出版社，2005.

［37］马克斯·韦伯. 经济与社会（下卷）［M］. 林荣元，译. 北京：商务印书馆，1997.

［38］马克思恩格斯全集：第1卷［M］. 中共中央编译局，译. 北

京：人民出版社，1972.

[39] 马克思. 资本论：第1卷 [M]. 中共中央编译局，译. 北京：人民出版社，2004.

[40] 曼瑟尔·奥尔森. 集体行动的逻辑 [M]. 陈郁，等，译. 上海：上海三联书店，1995.

[41] 青木昌彦. 比较制度分析 [M]. 周黎安，译. 上海：上海远东出版社，2001.

[42] 钱颖一. 市场与法治 [J]. 经济社会体制比较，2000 (3)：1-11.

[43] 世界银行. 1997年世界发展报告 [M]. 北京：中国财政经济出版社，1997.

[44] 史晋川. 温州模式的历史制度分析——从人格化交易与非人格化交易视角的观察 [J]. 浙江社会科学，2004 (5)：34-37.

[45] 唐天伟，卢少辉，等. "十五"期间中国省级地方政府效率测度及其分析 [J]. 太平洋学报，2005 (11)：38-45.

[46] 马克斯·韦伯. 学术与政治 [M]. 冯克利，译. 北京：生活·读书·新知三联书店，1998.

[47] 威廉·伊斯特利. 在增长的迷雾中求索——经济学家在欠发达国家的探险与失败 [M]. 姜世明，译. 北京：中信出版社，2005.

[48] 汪丁丁. 经济学理性主义的基础 [J]. 社会学研究，1998 (2)：3-13.

[49] 汪丁丁. 在经济学与哲学之间 [M]. 北京：中国社会科学出版社，1996.

[50] 武建奎. 走出自然状态——论霍布斯的和平之思及其缺陷 [J]. 重庆科技学院学报（社会科学版），2010 (5)：5-7.

[51] 吴敬琏. 呼唤法治的市场经济 [M]. 北京：生活·读书·新知三联书店，2007.

[52] 王铭铭，王斯福. 乡土社会的秩序、公正与权威［M］. 北京：中国政法大学出版社，1997.

[53] 艾尔费雷德·D. 钱德勒. 看得见的手［M］. 重武，译. 北京：商务印书馆，2004.

[54] 项继权. 中国乡村治理的层级及其变迁——兼论当前乡村体制的改革［J］. 开放时代，2008（3）：77-87.

[55] 徐勇. "法律下乡"：乡土社会的双重法律制度整合［J］. 东南学术，2008（3）：19-27.

[56] 熊彼特. 经济发展理论［M］. 何畏，易家详，译. 北京：商务印书馆，1990.

[57] 徐昕. 论私力救济［M］. 北京：中国政法大学出版社，2005.

[58] 西蒙·库兹涅茨. 各国的经济增长［M］. 常勋，译. 北京：商务印书馆，1999.

[59] 约瑟夫·熊彼特. 资本主义、社会主义与民主［M］. 吴良健，译. 北京：商务印书馆，1999.

[60] 亚当·斯密. 国民财富的性质和原因的研究（上卷）［M］. 郭大力，王亚南，译. 北京：商务印书馆，1972.

[61] 亚当·斯密. 道德情操论［M］. 益群，宏峰，译. 北京：中国致公出版社，2008.

[62] 杨小凯. 发展经济学：超边际与边际分析［M］. 北京：社会科学文献出版社，2003.

[63] 杨小凯，张永生. 新兴古典经济与超边际分析［M］. 北京：社会科学文献出版社，2003.

[64] 杨小凯. 经济学原理［M］. 北京：中国社会科学出版社，1998.

[65] 杨玉豪. 乡土社会视野的法治［J］. 求实，2003（2）：60-63.

[66] 叶初升，孙永平. 信任问题经济学研究的最新进展与实践启

示［J］. 国外社会科学，2005（3）：9-16.

［67］约翰·冯·杜能. 孤立国同农业和国民经济的关系［M］. 吴衡康，译. 北京：商务印书馆，1986.

［68］邹薇，庄子银. 分工、交易与经济增长［J］. 中国社会科学，1996（3）：4-14.

［69］郑东雅. 市场规模、劳动分工和内生增长模型——兼论内生增长理论是否误解了 Young？［J］. 世界经济文汇，2015（5）：76-90.

［70］周浩，郑筱婷. 交通基础设施质量与经济增长：来自中国铁路提速的证据［J］. 世界经济，2012（1）：78-87.

［71］郑世林，周黎安，何维达. 电信基础设施与中国经济增长［J］. 经济研究，2014（5）：77-86.

［72］赵红军，尹伯成，孙楚仁. 交易效率、工业化与城市化——一个理解中国经济内生发展的理论模型与经验证据［J］. 经济学季刊，2006（4）：1041-1066.

［73］中国科学院可持续发展战略研究组. 2009 中国可持续发展战略报告［M］. 北京：科学出版社，2009.

［74］詹姆斯·科尔曼. 社会理论的基础（上册）［M］. 邓方，译. 北京：社会科学文献出版社，1999.

［75］张维迎. 法律制度的信誉基础［J］. 经济研究，2001（1）.

［76］张维迎. 博弈与社会［M］. 北京：北京大学出版社，2013.

［77］张维迎. 信息、信任与法律［M］. 北京：生活·读书·新知三联书店，2003.

［78］赵晓峰. 漫谈近代以来乡村基层组织的演变逻辑［J］. 调研世界，2008（11）：24-27.

［79］ABREU DILIP. On the Theory of Infinitely Repeated Games with Discounting［J］. Econometrica，1988，39：383-396.

［80］ARROW K J. The Economic Implications of Learning by Doing

[J]. Review of Economic Studies, 1962, 29: 155-173.

[81] ARROW K J. The Organization of Economic Activity: Issues Pertinent to the Choice of Market versus Non-market Allocation [C]. The Analysis and Evaluation of Public Expenditure: The PPB System. Economic Committee, 1969.

[82] AVNER GREIF. Historical and Comparative Institutional Analysis [J]. American Economic Review, 1998 (2): 80-84.

[83] AVNER GREIF. Contracting, Enforcement, and Efficiency: Economics beyond the Law [C]. Annual World Bank Conference on Development Economics, 1997.

[84] AVNER GREIF. Contract Enforceability and Economic Institutions in Early Trade: The Maghribi Traders Coalition [J]. American Economic Review, 1993, 83 (3): 525-548.

[85] AVNER GREIF. Reputation and Coalitions in Medieval Trade: Evidence on the Maghribi Traders [J]. Journal of Economic History, 1989, 49 (4): 857-882.

[86] AVNER GREIF. Cultural Beliefs and the Organization of Society: A Historical and Theoretical Reflection on Collectivist and Individual Societies [J]. Journal of Political Economy, 1994, 102: 912-950.

[87] AVNER GREIF. The Birth of Impersonal Exchange: The Community Responsibility System and Impartial Justice [J]. Journal of Economic Perspectives, 2006, 20 (2): 221-236.

[88] AVINASH K DIXIT. Lawlessness and Economics: Alternative Models of Governance [M]. Princeton: Princeton University Press, 2004.

[89] AXELROD R M. The Evolution of Cooperation [M]. NewYork: Basic Books, 1984.

[90] BASU B B. The Spontaneous Evolution of Commercial Law [J].

Southern Economic Journal, 1989, 55: 644-661.

[91] BERNSTEIN LISA. Private Commercial Law in the Cotton Industry: Creating Cooperation through Rules, Norms, and Institutions [J]. Michigan Law Review, 2001, 99: 1724-1788.

[92] BERG J, JOHN D, KEVIN M. Trust, Reciprocity, and Social History [J]. Games and Economic Behavior, 1995, 10 (1): 122-142.

[93] BHAGWATI J N. Splintering and Disembodiment of Services and Developing Countries [J]. The World Economy, 1984, 7 (2): 133-143.

[94] BLANCHARD O, M KREMER. Disorganization [J]. The Quarterly Journal of Economics, 1997, 112: 1091-1126.

[95] BUCHANAN J M. Explorations into Constitutional Economics [D]. College Station: Texas A&M University Press, 1989.

[96] CAMERER C F. Behavioral Game Theory: Experiments in Strategic Interaction [M]. Princeton: Princeton University Press, 2003.

[97] CARMICHAEL H, W B MACLEOD. Gift - giving and the Evolution of Cooperation [J]. International Economic Review, 1997, 38: 485-509.

[98] CARTER J R, IRONS M D. Are Economists Different, and if So, Why? [J]. Journal of Economic Perspectives, 1991, 5 (2): 171-177.

[99] CHENERY H B, ALAN M S. Foreign Assistance and Economic Development [J]. American Economic Review, 1966, 56 (4): 679-733.

[100] COASE R H. The Nature of the Firm [J]. Economica, 1937, 4 (16): 386-405.

[101] COASE R H. The Problem of Social Cost [J]. Journal of Law and Economics, 1960, 3 (1): 1-44.

[102] COOTER R D. Structural Adjudication and the New Law Merchant: a Model of Decentralized Law [J]. International Review of Law and

Economics, 1994, 14: 215-231.

[103] COOTER R D. Law and Unified Social Theory [J]. Journal of Law and Society, 1995, 22 (1): 50-67.

[104] COOTER R D. Three Effects of Social Norms on Law: Expression, Deterrence, and Internalization [J]. Oregon Law Review, 2000, 79: 1-22.

[105] DARON A, JAMES A R. Why Nations Fail: Origins of Power, Poverty and Property [M]. New York: Crown Business, 2012.

[106] DING L E, HAYNES Y L. Telecommunication Infrastructure and Regional Income Convergence in China: Panel Data Approach [J]. Annuals of Regional Science, 2008, 42: 843-861.

[107] DNNIELS P W. Some Perspectives on the Geography of Services [J]. Progress in Human Geography, 1989 (13): 427-437.

[108] EIGEN-ZUCCHI CHRISTIAN. The Measurement of Transaction Costs [D]. Fairfax: George Mason University, 2001.

[109] FUDENBERG D, J TIROLE. Game Theory [M]. Cambridge: MIT Press, 1992.

[110] FUKUYAMA FRANCIS. Trust: The Social Virtues and the Creation of Prosperity [M]. NewYork: Free Press, 1995.

[111] GALANTER M. Justice in Many Rooms: Courts, Private Ordering and Indigenous Law [J]. Journal of Legal Pluralism & Unofficial Law, 1981, 19 (1): 1-47.

[112] GRANOVETTER M. Economic Action and Social Structure: the Problem of Embededness [J]. American Journal of Sociology, 1985, 91: 481-510.

[113] GRANOVETTER M. The Strength of Weak Ties [J]. American Journal of Sociology, 1973, 78: 1360-1380.

[114] GROSSMAN S J, OLIVER HART. The Costs and Benefits of Ownership: A Theory of Vertical and Lateral Integration [J]. Journal of Political Economy, 1986, 94 (4): 691-719.

[115] GOLDBERG V. Relational Exchange, Economics, and Complex Contracts [J]. American Behavioral Scientist, 1980, 23 (3): 337-352.

[116] GOW H, J SWINNEN. Private Enforcement Capital and Contract Enforcement in Transition Countries [J]. American Journal of Agricultural Economics, 2001, 83 (3): 686-690.

[117] HAYEK F A. The Constitution of Liberty [M]. Chicago: University of Chicago Press, 1960.

[118] HAYEK F A. Law Legislation & Liberty [M]. London: Routledge Kegan & Paul, 1979.

[119] HENDRIKS PAUL. Why Share Knowledge? The Influence of ICT on Motivation for Knowledge Sharing [J]. Knowledge and Process Management, 1999, 6 (2): 91-100.

[120] HENDLEY K, P MURRELL, RYTERMAN. Law, Relationships, and Private Enforcement: Transactional Strategies of Russian Enterprises [J]. Europe-Asia Studies, 2000, 52: 627-656.

[121] JOHN SHUHE LI. Relation-based versus Rule-based Governance: An Explanation of the East Asian Miracle and Asian Crisis [J]. Review of International Economics, 2003, 11: 651-673.

[122] JOSEPH E STIGLITZ, ANDREW WEISS. Credit Rationing in Markets with Imperfect Information [J]. The American Economic Review, 1981, 71 (3): 393-410.

[123] KANDORI M. Social Norms and Community Enforcement [J]. Review of Economic Studies, 1992, 59 (1): 61-80.

[124] KLEIN B R G CRAWFORD, A ALCHAIN. Vertical Integration,

Appropriable Rents, and the Competitive Contracting Process [J]. Journal of Law and Economics, 1978, 21 (2): 297-326.

[125] KNIGHT F H. Risk, Uncertainty, and Profit [M]. Boston: Hart, Schaffner & Marx; Houghton Mifflin Company, 1921.

[126] KREPS DAVID. Corporate Culture and Economic Theory [M] // M TSUCHIYA. Technological Innovation and Business Strategy. Nihon Keizai Shimbun, Inc, 1986.

[127] KREPS DAVID. Corporate Culture and Economic Theory [M] // JAMES ALT, KENNETH SHEPSLE. Perspectives on Positive Political Economy. Cambridge: Cambridge University Press, 1990: 90-143.

[128] KREPS D, P MILGROM, ROBERTS, et al. Rational Cooperation in the Finitely Repeated Prisoners Dilemma [J]. Journal of Economic Theory, 1982, 27: 245-252.

[129] KOFORD B, J B MILLER. A Model of Contract Enforcement in Early Transition [C]. Washington: ISNIE Conference paper, 1999.

[130] KORNAI J, B ROTHSTEIN, S ROSE-ACHERMAN. Creating Social Trust in Post-Socialist Transition [M]. Palgrave MaCmillan, 2004.

[131] LEWIS W ARTHUR. Economic Development with Unlimited Supplies of Labor [J]. Manchester School, 1954, 22: 139-192.

[132] LIN NAN, ENSEL W, VAUGHN J. Social Resources and Strength of Ties: Structural Factors in Occupational Status Attainment [J]. American Sociological Review, 1981, 46 (4): 393-405.

[133] LUCAS R. On the Mechanics of Economic Development [J]. Journal of Monetary Economics, 1988, 22 (1): 3-42.

[134] MILGROM PAUL, DOUGLAS NORTH, BARRY WEINGAST. The Role of Institutions in the Revival of Trade: The Law Mechant, Private Judges, and the Champagne Fairs [J]. Economics and Politics, 1990

(2): 1-23.

[135] MACAULAY STEWART. Non - contractual Relations in Business: A Preliminary Study [J]. American Sociological Review, 1963 (28): 55-69.

[136] MERRY S E. Rethinking Gossip and Scandal [M] // DONALD BLACK. Toward a General Theory of Social Control. NewYork: Academic Press, 1984.

[137] MACNEIL IAN R. The Many Futures of Contracts [J]. Southern California Law Review, 1974, 47: 691-816.

[138] MAHONEY P G, SANCHIRICO C W. Norms, Repeated Games, and the Role of Law [J]. California Law Review, 2003, 91: 1281-1329.

[139] MATTLI W. Private Justice in a Global Economy: from Litigation to Arbitration [J]. International Organization, 2001, 55: 919-947.

[140] MCADAMS D P. A Conceptual History of Personality Psychology [M] // R HOGAN, J JOHNSON, S BRIGGS. Handbook of Personality Psychology. San Diego: Academic Press, 1997: 3-39.

[141] MCMILLAN J, C WOODRUFF. Private Order under Dysfunctional Public Order [J]. Michigan Law Review, 2000, 98: 2421-2458.

[142] MCMILLAN J, C WOODRUFF. Interfirm Relationships and Informal Credit in Vietnam [J]. The Quarterly Journal of Economics, 1999, 10: 1285-1315.

[143] NORTH D, THOMAS R P. The Rise of the Western World [M]. Cambridge: Cambridge University Press, 1976.

[144] NORTH D. Institutions, Institutional Change and Economic Performance [M]. Cambridge: Cambridge University Press, 1990.

[145] NORTH D. Institutions, Transaction Costs and Economic Growth [J]. Economic Inquiry, 1987, 25 (3): 419-428.

[146] NORTH D, WEINGAST B. Constitutions and Commitment: The Evolution of Institutions Governing Public Choice in Seventeenth Century England [J]. Journal of Economics History, 1989, 49 (4): 803-832.

[147] NORTH D. Economic Performance through Time [J]. American Economic Review, 1994, 84: 359-368.

[148] NORTH D. Sources of Productivity Change in Ocean Shipping 1600-1850 [J]. The Journal of Political Economy, 1968, 76 (5): 953-970.

[149] PUTNAM R D. Making Democracy Work: Civic Traditions in Modern Italy [M]. Princeton: Princeton University Press, 1993.

[150] PUTNAM R D. Bowling Alone: America's Declining Social Capital [J]. Journal of Democracy, 1995 (6): 65-78.

[151] PUTNAM R D. Bowling Alone: the Collapse and Revival of American Community [M]. NewYork: Simon and Schuster, 2000.

[152] POSNER ERIC. Law and Social Norms [M]. Cambridge: Harvard University Press, 2000.

[153] PANT SOMENDRA, CHENG HSU. Business on the Web: Strategies and Economics [J]. Computer Networks and ISDN System, 1996, 28: 1481-1492.

[154] ROBERT E GALLMAN. Long-Term Factors in American Economic Growth [M]. Chicago: University of Chicago Press, 1986.

[155] ROSTOW W W. The Stages of Economic Growth: A Non-communist Manifesto [M]. Cambridge: Cambridge University Press, 1960.

[156] ROMER P. Increasing Returns and Long-run Growth [J]. Journal of Political Economy, 1986, 94 (5): 1002-1037.

[157] ROMER P. Endogenous Technological Change [J]. Journal of Political Economy, 1990, 98 (5): 71-102.

[158] RUBIN PAUL H. Growing a Legal System in the Post - communist Economies [J]. Cornell Internatonal law Journal, 1994 (27): 1-47.

[159] SAMUELSON P A. The Transfer Problem and Transportation Costs: Analysis of Trade Impediments [J]. Economic Journal, 1952, 64: 264-289.

[160] SCHULTZ T W. Investment in Human Capital [J]. American Economic Review, 1961, 51 (1): 1-17.

[161] SEN A. Development as Freedom [M]. New York: Alfred A. Knopf Publisher, 1999.

[162] SIMON H A. Administrative Behavior [M]. NewYork: Macmillan, 1961.

[163] STIGLER G. The Successes and Failures of Professor Smith [J]. Journal of Political Economy, 1976, 84 (6): 1199-1213.

[164] SOLOW R. Technical Change and the Aggregate Production Function [J]. Review of Economics and Statistics, 1957, 39: 312-320.

[165] SOLOW R. A Contribution to the Theory of Economic Growth [J]. Quarterly Journal of Economics, 1956, 70: 65-94.

[166] SWALEHEEN M. Economic Growth with Endogenous Corruption: an Empirical Study [J]. Public Choice, 2011, 146: 23-41.

[167] WALLIS J J, NORTH D C. Measuring the Transaction Sector in the American Economy, 1870-1970 [M]. Chicago: University of Chicago Press, 1986.

[168] WEINGAST BARRY. Constitutions as Governance Structures: The Political Foundations of Secured Markets [J]. Journal of Institutional

and Theoretical Economics, 1993, 149 (1): 286-311.

[169] WILLIAMSON O E. The Economic Institutions of Capitalism [M]. New York: Simon & Schuster Press, 1985.

[170] WILLIAMSON O E. The Vertical Integration of Production: Market Failure Considerations [J]. American Economic Review, 1971 (61): 112-123.

[171] WILLIAMSON O E. Organization Form, Residual Claimants, and Corporate Control [J]. Journal of Law and Economics, 1983, 26 (2): 351-366.

[172] YANG XIAOKAI, BORLAND J. A Microeconomic Mechanism for Economic Growth [J]. Journal of Political Economy, 1991, 99: 460-482.

[173] ZAK P. Knack S. Trust and Growth [J]. The Economic Journal, 2001, 111: 295-321.